한·중 신어의 대조 연구

한·중 신어의 대조 연구

여익현(呂翊炫)

역락

이 책은 필자가 2017년에 가천대학교 박사학위논문으로 제출한 바 있는 「한·중 신어의 대조 연구」를 주요 내용으로 하여 내용을 약간 보태어 다듬은 것이다. 신어를 연구하는 학자들에게 조금이라도 도움이 될 수 있다면 다행이라고 생각한다.

이 책은 형태론적 방법을 활용하여 한·중 신어의 차이를 밝히는 것을 목적으로 한다. 신어(新語, neologism)는 형태적·의미적 면에서 기존언어와 다른 특징을 보이는 단어라는 점에서 단어의 공시적 속성을 밝히는 데에 있어서 주목할 만한 대상이다. 이에 이 책에서는 최근 10년 동안의 신어 자료집의 단어를 수집한 후, 이들 자료를 실증적으로 탐구한 후에 형태적, 통사적, 의미적 이론을 활용하여 한·중 신어에 대해 체계적인 분석과 연구를 진행하고자 한다.

본격적인 내용에 앞서 제2장에서는 이 책의 전체적인 문법 배경을 제시하고, 한·중 신어의 기본적 논의를 대조한다. 기존연구를 통해 신어의 개념을 제시하고 대체로 품사별 특징, 어원별 특징, 조어적 특징 이렇게 세 가지 측면에서 대조해 본 한·중 신어의 특징에 관한 자료를 살펴보며 분류 방식에 대한 검토도 설명한 후에 이것을 뒷받침으로 과연 우리가 어떠한 이론적 문법 기제와 방식을 취하는지 파악할 것이다.

제3장과 제4장은 이 책의 핵심적 틀인 '형성기제'와 '조어 방식'의 체계

를 확립하는 데에 주력한다. 각 부분별 학자들의 의견을 검토하면서 이 책의 체계를 밝힐 것이다. 특히, 한·중 신어의 분류 및 판별하는 기준을 세밀하게 제시하며 언어 내적 형태구조, 의미관계를 이 책에서 구별하는 점을 밝히는 바이다. 아울러 각 부분의 양상, 비율을 대조하는 논의도 함께 전개될 것이다. 제3장에서 신어의 형성기제는 '생성, 유추, 차용, 축소, 확대, 이의'로 세우며 제4장에서 신어의 조어 방식은 '합성, 파생, 통사론적 구성의 단어화, 혼성, 두음절어 형성, 절단'으로 확립하면 한·중 모두 공통적으로 적용될 기준이다. 유형별로 신어 예를 최대한도로 세분하고 해당 예를 바탕으로 확립한 체계 내에서 언어 현상의 특징을 찾고자 노력할 것이다.

이상의 논의는 기존연구를 참고하면서 신어 자료집에 예를 하나하나를 분류하고 모든 유형을 고려하면서 최대한 완정한 신어 체계를 제시하고자 시도한다.

십년 전에 한국어를 전혀 몰랐던 필자를 오늘날 학자로서의 작은 걸음을 내딛을 수 있도록 많은 분들이 따뜻한 사랑과 끊임없는 응원을 주셨다. 이 자리를 빌려 그분들께 감사의 마음을 전하고자 한다.

먼저 한국어가 서툰 중국 유학생인 필자를 어엿한 박사로 키워주신, 영원한 스승이신 정한데로 교수님께 진심으로 감사드린다. 교수님께서 몸소 보여주신 학자로서의 엄격한 학문 태도와 스승으로서 제자에 대한 끝없는 사랑은 이루 말할 수가 없다. 무사히 학업을 마치고 귀국할 수 있었던 것은 모두 지도교수님의 덕분이다. 연구와 강의에 바쁘신 외에도 필자의 학위논문 심사를 흔쾌히 맡아 주시고, 격려와 함께 논문의 세세한 부분까지 꼼꼼하게 지적해 주셨다. 교수님으로부터 진정한 학자의 마음가짐과 삶을 대하는 성실한 태도, 그리고 제자에 대한 따뜻한 사랑을 배웠다. 또한, 필자의 유학생활에 도움을 주신 모든 분들에게 감사를 드린다.

끝으로 필자가 가장 사랑하는 부모님과 남편께 감사드리며, 늘 필자를 포용하고 이해해주시고 성원해 주셔서 감사합니다. 그리고 이 책을 정성껏 편집하여 출판해 주신 역락 출판사에 진심으로 감사드린다.

여익현(呂翊炫)

2021년 7월

● 차례

제4장 한·중 신어의 조어 방식

제5장 한·중 신어 연구의 요약과 한계

● 표 차례

제1장

총론

1.1. 신어의 연구 배경

언어는 언어유형론에서 고립어(중국어, 베트남어), 교착어(한국어, 터키어), 굴절어(영어, 프랑스어), 포합어(에스키모어)의 4가지 유형으로 나눈다. 한국어는 문법적 기능이 접사(주로 접미사)에 의하여 표시되는 교착어이나, 중국어는 어형변화가 없고, 문법적 기능이 주로 어순에 의하여 표시되는 고립어이다. 한·중 언어는 언어유형론 차원에서 성격이 다른 언어인데, 단어형성 차원에서 어떤 차이가 있는지를 밝히는 것을 목적으로 한다.

이 책은 형태론적 방법을 활용하여 한·중 신어의 차이를 밝히는 것을 목적으로 한다. 신어(新語, neologism)는 형태적·의미적 면에서 기존언어와 다른 특징을 보이는 단어라는 점에서 단어의 공시적 속성을 밝히는 데에 있어서 주목할 만한 대상이다. 이에 이 책에서는 최근 10년 동안의 신어 자료집의 단어를 수집한 후, 이들 자료를 실증적으로 탐구한 후에 형태적, 통사적, 의미적 이론을 활용하여 한·중 신어에 대해 체계적인 분석과 연구를 진행하고자 한다.

신어들을 '형성기제' 및 '조어 방식'으로 나눈 후에 어원별로, 품사별로 분류하고, 형태론적 특징을 위주로 한·중 신어의 형성과 양상을 자세히 대조하는 것이 이 책의 주된 목적이다. 일반적으로 단어형성론 연구에서 단어는 단일어와 복합어로 구분되며, 복합어는 합성어와 파생어로 나뉜다. 그러나 신어 '미자(未成年者), 감튀(감자튀김)' 등은 온전한 형태소 집합이 아니기 때문에 기존 분류방식에 맞지 않는데, 신어에서 이러한 예가 다수 관찰된다는 점에서 새로운 기제나 방식을 밝힐 필요가 있다. 그럼 기존언어와 달리 신어에서만 나타나는 방식에는 어떠한 것이 있을까? 어떠한 신어의 생산성이 높으며, 어떠한 형성기제나 조어 방식이 많이 나타날까? 단어 형성 과정에 외래어와 한자어, 고유어는 어떠한 비중으로 관여하는 것일까? 이 책에서는 이러한 다양한 물음에서 출발하였다.

1.2. 신어의 연구 영역

한국어의 신어 조사 보고서는 1994년 국립국어연구원의 『신어의 조사 연구』부터 조사되었다. 이 자료집은 한국어의 신어 분야에 관해 처음으로 이루어진 언어학적 조사가 된다. 이어서 『95년 신어』, 『신어의 조사 연구』(1996), 『2000년 신어』, 『2001년 신어』, 『2002년 신어』, 『2003년 신어』, 『2004년 신어』, 『2005년 신어』, 『2014년 신어 조사 보고서』를 출판했다. 1994년, 1995년, 1996년, 2000년, 2001년의 보고서에서는 신어와 미등재어를 구별하지 않지만 2002년 이후부터의 연구 방식은 차이를 보인다. 『2002년 신어』에서는 신어와 미등재어를 구분하기 시작하고 있다. 이 책에는 2002년 신어, 2003년 신어, 2004년 신어, 2005년 신어 그리고 2014년 신어만 연구대상으로 고찰하고 사전 미등재어까지 연구하지 않을 것이다. 중국어 신어 자료집은 교육부언어문자정보관리사(司)에서 출간하는『2006漢語新詞語』,『2007漢語新詞語』,『2008漢語新詞語』,『2009漢語新詞語』,『2010漢語新詞語』,『2011漢語新詞語』,『2012漢語新詞語』,『2013漢語新詞語』총 8권을 출판했다. 이 책에서는 한국어와 같이 대조하기 위해『2006漢語新詞語』,『2007漢語新詞語』,『2008漢語新詞語』,『2012漢語新詞語』,『2013漢語新詞語』이 대표적인 5권만 연구대상으로 선정한다. 또한, 신어의 품사를 살펴보면 명사가 다른 품사에 비해 압도적 우위를 점하고 있어서 신어는 모두 명사라 해도 크게 틀린 것이 아니다. 따라서 본 논문의 연구대상은 명사에만 치중할 것이다.

〈표 1-1〉 연도에 따른 신어 수

언어	권 수	연도	신어 등재어 수	명사 신어 수	총
한국어	1	2002	408	197	1371
	2	2003	656	379	
	3	2004	626	358	
	4	2005	408	269	
	5	2014	335	168	
중국어	1	2006	171	88	1059
	2	2007	420	208	
	3	2008	444	256	
	4	2012	525	279	
	5	2013	363	228	

<표 1-1>에서 보듯이 5년 동안 한국어 신어는 총 1371개이며 중국어 신어는 총 1059개이다. 총 개수는 비슷하게 나타나므로 대조 연구 진행하는 것에는 의미가 있는 작업이 될 것이다. 한국어와 중국어의 신어 자료를 조사한 후에, 양국 신어들이 어떤 특징을 가지고 있는지 자세히 대조하고

논의할 것이다.

먼저, 아래와 같은 한·중 신어 학술계 어법 용어 대조표를 알아보자.

〈표 1-2〉 한·중 신어의 용어 대조

본문 한국어 용어	본문 중국어 용어	본문 한국어 용어	본문 중국어 용어
형태소	詞素, 語素, 語位	두음절어 형성	頭字詞語形成
단어, 낱말	詞	절단	截取
단일어	單純詞	음절	音節
생성	生成	어근	詞根
유추	類推	어미	詞尾
차용	借用	구	詞組, 短語
축소	縮略, 縮小	관형사	冠詞
확대	擴大	감탄사	嘆詞
이의	异義	외래어	外來詞
합성어	合成詞		
복합어	夏合詞		
파생어	派生詞		
접사	詞綴		
접두사	前綴, 詞頭		
접미사	后綴, 詞尾		
혼성어	混合詞		

다음, 연구 방법은 형태론적 측면에서부터 의미론적 측면까지 연구에 접근한다. 단어형성론에서 단어의 분류는 단일어와 복합어로 나눈다. 본 논문에서 단일어는 형성기제로 분류하며 복합어는 조어 방식으로 분류한다. 그러나 한자어는 하나의 글자가 하나의 형태소가 되는 형태소와 형태소의 결합이다. 여기서 한자어는 하나의 단어로 보고 단일어(형성기제)로 분류한다. 이 책의 구체적인 연구 방법은 다음 두 가지이다.

(1) 신어의 형성기제

　　가. 다몽증(多夢症), 冤斯基 ⇒ [생성]

　　나. 먹사(牧師)

　　　　목(牧): 목사(牧師)= 먹: X, X= 먹사 ⇒ [유추]

　　　　壓洲

　　　　亞: 亞洲= X: 洲, X= 壓洲 ⇒ [유추]

　　다. 덕트(duct), 谷歌(Google) ⇒ [차용]

　　라. 곰신(고무(gomme)신), 三胺(三聚氰胺, Melamine) ⇒ [축소]

　　마. 즈엄집(점+집) ⇒ [확대]

　　바. 도토리, 奇葩 ⇒ [이의]

(2) 신어의 조어 방식

　　가. 개구리관광(개구리+觀光), 房妹(房+妹), H7N9禽流感(H+7+N+9+
　　　　禽+流+感)　　　　　　　　　　　　　　　　 ⇒ [합성]

　　나. 신선족(新鮮+-族), 봄맞이족(봄+맞-+-이+-族), 女漢子(女+漢+-子)
　　　　　　　　　　　　　　　　　　　　　　　　　 ⇒ [파생]

　　다. 집으로족(집+-으로+-族) ⇒ [통사론적 구성의 단어화]

　　라. 할마(할머니+엄마), 筆替(文筆+替身) ⇒ [혼성]

　　마. 빠충(patteri+充電器), 医訴(医療+訴訟) ⇒ [두음절어 형성]

　　바. 카폭(카폭족), 大謠(网絡+大謠) ⇒ [절단]

　(1)은 형성기제, (2)는 조어 방식의 예이다. 이 책에서 신어를 형성기제와
조어 방식의 두 가지 방법으로 분류한다. 형성기제에는 생성, 유추, 차용,
축소, 확대, 이의로 나누며 조어 방식에는 합성, 파생, 통사론적 구성의 단
어화, 혼성, 두음절어 형성, 절단으로 나눈다. 그 다음에 형태적 특징을 위

주로 의미적 특징을 부차적인 것으로 삼아서 한·중 신어의 다른 점과 같은 점을 고찰하고자 한다. 1차적인 분류는 어원별로 한국어에는 고유어, 한자어, 외래어, 고유어+한자어, 외래어+고유어, 한자어+한자어 등에 따라 나눌 것이다. 어원분류에는 '봄맞이족(봄+맞-+-이+-族)'과 같은 '명사+동사+고유어 접미사+한자어 접미사' 이렇게 접사의 어원도 같이 다룰 것이다. 그러나 중국어는 한국어와 달리 원래 한자이기에 한자어라는 명칭이 없고 고유어, 외래어, 고유어+고유어, 고유어+외래어 등에 따라 나누었다. 2차적 작업은 품사 결합에 따라 한국어에는 명사, 동사, 형용사, 관형사, 부사, 수사 등에 따라 분류할 뿐만 아니라 형용사의 관형사형(존맛), 동사 어간(어울통신), 'ㅅ'(갯작업), 어근(문화맹)을 참여하는 결합 양상도 정리할 것이다. 중국어는 명사, 동사, 형용사, 부사, 양사, 개사, 대명사, 접속사 등의 결합이 외에 'H7N9禽流感'과 같은 '자모+숫자+자모+숫자+명사+동사+명사' 이런 숫자나 자모를 참여하는 결합 양상도 따로 분류할 것이다. 3차적으로, 한국어에는 1음절, 2음절, 3음절의 음절수에 따르며 중국어에는 1음절, 2음절, 3음절, 4음절의 음절수별로 나누고자 한다. 또한 이에 그치지 않고 4차에서는 형태적 특징, 음성적 유사성, 의미적 유사성, 음운 탈락, 음절 탈락, 의미관계에 의한 의미유형에 따라 더 자세히 분류하고자 한다.

1.3. 신어의 연구 흐름

그 동안 신어와 관련된 한·중 대조 연구는 서사명(2009), 유영식(2013), 이가익(2016) 등이 있고, 연구자들이 연구내용을 '유추, 축소, 합성, 파생, 통사론적 구성의 단어화, 혼성, 두음절어 형성, 절단'과 같이 분야별 정리하면 채현식(2003), 양명희·박미은(2015), 이주영·김정남(2014), 박선옥(2015), 노명희(2006), 이익섭 · 채완(2000), 남기심 · 고영근(2015), 구본관 · 박재연 · 이선웅 · 이진호 · 황선엽(2015), 이현미(1995), 송철의(2008), 정한데로(2011), 노명희(2010), 임지룡(1996), 이영제(2015), 이호승(2011) 등을 대표 자료로 꼽을 수 있다.

서사명(2009)에서 한 · 중 신어는 모두 2003~2007 신어집[1]을 연구대상으로 명확히 밝히었다. 신어와 인접 개념을 구분할 뿐만 아니라 필자는 신어의 개념에 대해 자기의 관점으로 다시 제시하였다. 사회언어학적으로 양국의 신어를 분야별로 자세히 비교해보았다. 신어의 생성경로와 구조방식에 따라 한 · 중 신어들을 새로운 조합, 차용, 의미의 부가, 지역 방언으로 분류해서 양국 신어의 형태적, 의미적 특징을 대조해봤다. 그리고 신어의 생성 원인과 유래도 서술하였다. 그러나 이 책은 한 · 중 신어의 예를 일부분만 선택한 연구의 한계를 가지고 있다. 선택한 단어의 총수 및 각 분야별로, 구조방식별로 해당 비율을 보여주지 못한 부분도 아쉽다. 또한, 어원별, 품사별 분석했지만 도표로 정리하면 더 명확히 나타날 것이다.

유영식(2013)에서는 2010년까지의 신어를 대상으로 언어학적 각도와 사회학적 각도에서 형태와 의미 특징을 대조 분석하였다. 또한 시기별 시대적 특징을 분석하여 양국 신어 생성의 특징적 관계를 서술하였다. 언어학적 연구부분은 품사별 특징, 조어법적 특징, 신어 도입방식과 생성 방식으로 분류하여 분석하였다. 사회언어학적 연구부분은 최근 15년 동안 한 · 중 신어의 영역변화 분석, 사회발전과 시대적 특징을 갖는 신어 분석, 사람들의 의식변화와 외래어 신어의 생성으로 논의하였다. 유영식(2013)에서 신어 조어법적 특징은 한국어는 단일어와 혼종어로 분류하였다. 혼종어는 합성어와

---

1) 한국어는 국립국어원이 출판된 『신어집』(2003~2007)과 『새국어사전』(동아출판사, 2003)을 참고로 분석하였고, 중국어는 중국교육부가 발표한 『중국 언어생활 상황보고서(2003~2007)』과 『新詞新語詞典』(四川辭書出版社, 2005)을 참고로 분석하였다.

파생어로 나누었다. 중국어는 단일어와 합성어로 분류하였다. 합성어는 혼종어와 파생어로 나누었다. 그러나 한·중 신어 대조 연구는 가능한 한 최대한도로 같은 분류기준을 내리면 더 뚜렷하게 반영할 것이다. 또한 이 책에서 신어의 의미적 분석도 추가하면 더 완벽할 것이다.

이가익(2016)에서 한국어의 『2013년 신어』, 『2014년 미등재어』, 『2014년 신어』를 살펴봤다. 중국어는 『2014漢語新詞語』, 『漢語新詞2015』, 그리고 2010-2016년도 중국 인터넷에서 자주 쓰인 신어를 중심으로 연구하였다. 사회언어학적으로 신어의 양상을 인문 사회, 정치경제, 과학기술 등 3가지로 구분하여 신어의 유래를 검토하였다. 언어학적 각도에서 한·중 신어는 형태적으로 단일어, 복합어로 나누어 분류하였다. 복합어는 합성어와 파생어로 나누어 분석하였다. 의미적으로는 양국 신어의 의미의 전환과 의미의 확장에서 분석하였다. 이 책에서 파생어는 접두파생어와 접미 파생어로 분류했다. 그러나 접사로 인정하는 기준을 명확히 밝히지 못하였다. 특히, 중국어의 접사는 너무 발달하지 못하므로 준접사로 분류하는 단어가 많다. 또한, 한·중 신어를 자세히 대조했지만 비율도 보여주면 더 명확하게 알 수 있을 것이다.

채현식(2003)에서는 유추에 의한 단어 형성의 분류를 '음성적 유사성, 의미적 유사성, 구조적 유사성'로 설명하였다. 또한, 유추의 과정은 비례식의 방법으로 나타내었다. 그러나 의미적 유사성에 기초한 유추와 구조적 유사성에 기초한 유추는 구분하기 어려울 수도 있다.

양명희·박미은(2015)에서 단일어의 형식 삭감은 '음운 축약, 음운 탈락, 음절 탈락, 절단'의 방식으로 이루어졌다. 그러나 단일어에서 절단을 통하여 형식 삭감을 실현하는 예는 보편성을 띠지 않았다.

이주영·김정남(2014)에서 형태가 축소하여 형성된 신어들에 대하여 음운 탈락을 통한 준말 형식의 신어와 음절 탈락을 통한 두자어 형식의 신어로 크게 나누어 살펴보았다. 그러나 최근에 신어 자료집을 보면 음절 탈락을 통하여 형성된 신어들은 두자어 형식뿐만 아니라 중간 부분 중간 음절이 아예 탈락한 예도 있었다.

박선옥(2015)에서는 신어 축약의 구조종류를 '음운의 축약, 음절의 축약'으로 분류하였다. 원어결합, 품사 표시, 비율 분석도 자세히 살펴보았다. 음절의 축약 부분에서는 명사 나열의 병렬적 구조를 보여주었다. 의미적으로 사람을 수식하는 구조를 이루는 예들을 보여주었다. 그러나 2014년 신어만 연구대상으로 국한하여 더 많은 양상을 나타내지 못한 한계가 있었다.

노명희(2006)에서는 신어 합성어가 먼저 어원에 따라 '고유어+고유어, 고유어+한자어, 한자어+고유어, 한자어+한자어, 고유어+외래어, 외래어+고유어, 한자어+외래어, 외래어+한자어, 외래어+외래어'로 분류하였다. 그 다음은 품사 결합에 따라 '명사+명사, 부사+명사' 등으로 나누었다. 형태적 분석뿐만 아니라 의미적 논의도 같이 진행하였다. 그러나 그 당시에 신어 자료집이 많지 않아서 연구의 한계가 있으므로 더 많은 원어 결합, 품사결합의 유형을 자세히 제시하지 못하였다.

남기심·고영근(2015), 이익섭·채완(2000), 구본관·박재연·이선웅·이진호·황선엽(2015)에서는 기존 합성어 품사에 따른 분류 방식을 살펴보았다. 그러나 학자들의 의견이 다르게 나타났다. 신어 합성어는 기존 합성어와 같은 품사 결합 방식으로 만든 것이 있을 뿐만 아니라 그 기초에서 변화시켜 만드는 방법도 있었다.

이현미(1995)에서는 합성명사의 의미관계가 모양, 재료, 도구, 시간, 성격, 용기, 기원, 장소, 성별의 9개 유형으로 분류하였다. 그러나 이 책은 종속합성명사를 대상으로만 하는 논의이었다. 대등 합성명사의 분류는 언급하지 못하였다.

송철의(2008)에서 파생어의 유형은 접두사에 의한 파생과 접미사에 의한 파생으로 구분되었다. 또한, '[-이]', '[-음]', '[-기]', '[-질]'의 형태·의미 구조 분류를 설명한 바 있다. 그러나 최근에 신어들을 접두·접미 파생의 예도 나타내었다.

정한데로(2011)에서 통사론적 구성의 단어화에 대한 기존 논의의 분류를 '어간+어미', '체언+조사', '통사적 구성의 원자화'로 나누었다. 그리고 품사 결합은 '[V-ㄴ]-N], [V-ㄹ]-N], [V-종결어미]]-N/suf]' 등의 양상으로 분류한 바 있다.

노명희(2010)에서는 혼성어를 계열적 혼성어와 통합적 혼성어로 구별하여 살펴보았다. 혼성어의 음절수 제약에 중점을 두었다. 그리고 혼성어 형성과정을 고찰하였다. 절단어와 혼성어, 합성어와 혼성어, 두음절어와 혼성어의 비교를 통하여 혼성어의 범위를 밝히었다. 혼성어 형성하는 두 단어가 절단되는 부분에 따라 'AB+CD→AD형, AB+CD→ABD형, AB+CD→ACD형, AB+CD→BD형'으로 분류하였다. 그러나 2014년 신어 자료집을 보면 더 많은 유형을 나타내었다.

임지룡(1996)에서는 혼성어의 유형을 의미적으로 '동의적 혼성어, 등위적 혼성어, 연어적 혼성어'로 분류하였다. 혼성어의 의미특성에서는 '혼성어의 생성원인, 혼성어의 어순, 욕조효과'를 밝히었다.

이영제(2015)에서는 한국어의 두음어화 연구는 통사적 구성의 두음어화를 중심으로 진행하였다. 임시어로서의 두음어의 개념과 문제점, 그리고 대안을 살펴보았다. 두음어의 형성 원리와 의미 변화에서 두음어의 형성 원리와 유형, 의미변화를 분석하였다. 혼성과 두음어화도 비교하였다. 그 다음은 두음어화의 선택 기제를 논의하였다. 그러나 아직 AC와 같은 신어는 두음절어인지 혼성어인지의 명확한 기준을 내리지 못하였다.

이호승(2011)에서는 절단어와 혼성어를 둘러싼 문제의 예들을 검토하였다. 이를 통하여 절단어와 혼성어의 개념적 특성을 밝히었다. 절단어는 절

단되어 선택되는 부분의 위치, 언어 단어의 성격 등에 따라 하위분류되었
다. 그러나 형태적 분석만 진행하고 의미적 분석은 부족하였다.

1.4. 신어의 연구 구성

이 책의 중심을 이루는 두 가지 주제, '형성기제'와 '조어 방식'은 각각 장
을 달리하여 논의한다. 본격적인 내용에 앞서 제2장에서는 이 책의 전체적
인 문법 배경을 제시하고, 한·중 신어의 기본적 논의를 대조한다. 기존연구
를 통해 신어의 개념을 제시하고 대체로 품사별 특징, 어원별 특징, 조어적
특징 세 가지 측면에서 대조해 본 한·중 신어의 특징을 살펴보며 분류 방식
에 대한 검토 후에 이 책의 이론적 문법 기제와 방식을 파악할 것이다.

제3장과 제4장은 이 책의 핵심적 틀인 '형성기제'와 '조어 방식'의 체계
를 확립하는 데에 주력한다. 각 부분별 학자들의 의견을 검토하면서 이 책
의 체계를 밝힐 것이다. 특히, 한·중 신어의 분류와 판별하는 기준을 세밀
하게 내며 언어 내적 형태구조, 의미관계를 구별하는 점을 강조한다. 아울
러 각 부분의 양상, 비율을 대조하는 논의도 함께 전개할 것이다. 제3장에
서 신어의 형성기제는 '생성, 유추, 차용, 축소, 확대, 이의'로 세우며 제4장
에서 신어의 조어 방식은 '합성, 파생, 통사론적 구성의 단어화, 혼성, 두음
절어 형성, 절단'으로 확립한다. 이는 한·중 공통적으로 적용될 기준이다.
유형별로 신어 예를 최대한도로 세분하고 해당 예를 바탕으로 확립한 체계
내에서 언어 현상의 특징을 찾고자 노력할 것이다.

신어의 연구는 합성명사나 파생명사, 혼성과 같이 특정 유형에 집중하여
연구되어 온 것이 대부분이다. 그러나 우리의 관심은 복합어, 혼성어 등을
아우르는 언어 전체에 걸쳐 있다. 따라서 이 책은 기존 연구를 참고하면서

신어 자료집의 예를 하나하나 분류하고 모든 유형을 고려하면서 최대한 완전한 신어 체계를 제시하고자 한다.

제2장

신어란 무엇인가

2.1. 신어의 개념

[한국어 신어의 개념]

새로 형성된 단어들은 일반적으로 '신어'로 일컬어진다. 이에 대한 구체적인 개념 설명은 학자에 따라서 조금씩 달리 파악되는데, 그 현황은 다음과 같다.

(1) 신어를 사회의 변동에 따라 새로운 사물이 생겨났을 때 이 사물을 표현해야 될 필요성에 의하여 부득이 만들어 낸 어휘(강신항 1991).[1]

(2) 신어를 '언어 사회의 물질적·사회적 변동에 따라 새로운 개념이 등장하였을 때 이를 표현해야 할 필요성에 의하여 만들어진 어휘'(김광해

---

[1] 新語는 그 범위가 매우 넓어서 流行語와 새롭게 받아들인 借用語, 그리고 新學問에 관련되는 學術用語 등도 신어에 포함시킬 수 있다고 본다(강신항 1991:50).

1993).

(3) '신어(新語)'라고 하면 기존 언어와 유연성 없이 새롭게 창조된 말, 기존의 언어재를 그대로 이용해서 만든 말, 기존의 어휘에 새로운 의미를 부여해서 만든 말, 외국어에서 차용한 말 등을 모두 포함한다(문금현 1999:296).[2]

[중국어 신어의 개념]

신생어휘에 대한 용어로는 중국에서는 '新詞語'라고 한다. 학자마다의 다양한 중국어 신어의 개념을 살피면 다음과 같다.

(1) 신어라는 것은 어떤 언어학 사회 안에서, 어떤 특정한 역사 시기 안에서, 하나의 언어의 현실 존재로서 대중사회에게 공인하고 새롭게 나타나는 어휘, 새로운 의미를 얻는 어휘 및 다시 사용하게 되는 어휘이다(常志斌 2001:49).[3]

(2) 신어는 하나의 새로 만든 어휘나 다른 언어나 본 민족 언어의 방언, 고어와 전문 용어 중에서 새롭게 차용해 온 어휘를 가리킨다. 또 새로운 어의, 새로운 용법을 생긴 고유의 어휘를 가리키기도 한다(王鐵昆 1992:16).[4]

(3) 신어는 새로운 만든 단어이다. 그가 지시하는 대상이 새롭거나 혹은 대표하는 개념이 새로운 것이며 동시에 그의 형식도 새로운 것이다. 현재

---

2) 문금현(1999:296)에서 새로 생겨난 어휘에 대한 용어로는 그간 '신어(新語)', '신조어(新造語)', '새말' 등을 사용해 왔다. '신어'에 비해 '신조어(新造語)'는 고유어든지 외래어든지 간에 기존 언어재를 새롭게 조합해서 만든 말이나 기존 어휘의 일부를 잘라내어 형태를 변화시켜 만든 말을 의미한다. 이 책에서는 기존 언어와 유연성 없이 새롭게 창조된 말은 '신생어(新生語)'라고 하고, 기존 언어재를 바탕으로 생성된 이차 어휘는 '신조어(新造語)'라고 하기로 한다. 그리고 이들을 아우르는 용어로는 '신어(新語)'를 사용한다.

3) 원문: 所謂新詞語, 是指在某個語言學社會里, 在某個特定歷史時期內, 作爲一種語言的現實存在而被大衆社會公認的新出現的詞語, 獲得新意義及夏活的詞語.

4) 원문: 新詞語是指一个新創造的或從其他語言中, 從本民族語言的方言詞, 古語詞和行業語中新借用過來的詞語, 也指一个産生了新語義, 新用法的固有詞語.

에 현대한어의 신어로 인정하게 된 신어는 우리나라가 개혁 개방[5]을 실행해 온 후에 나타난 신어이다(符淮靑 2014:172).[6]

이상의 논의처럼 한·중 학자들은 신어의 개념을 다양한 방식으로 제시하여 왔다. 앞서 제시한 기존 연구의 몇 가지 개념을 토대로 이 책은 다음과 같이 한·중 신어의 개념을 정리하고자 한다.

'신어는 일정한 시기에 사용되는 새로운 만든 말로서 가리킨 말의 대상·형태·의미적인 면에서 새로운 특징을 가진 말과 원래 있던 말에다가 새로운 의미를 부여해주는 사전에 등재되지 않은 말.'

2.2. 한·중 신어의 특징

2.2.1. 품사별 특징

[한국어]

2002년 신어의 품사별 특징을 국립국어원에서 출판된 신어 자료집을 참조해서 정리하면 아래와 같다.

---

5) 1978년 12월에 개혁 개방을 실행한다.
6) 원문: 新詞語就是新創造的詞語。它或者指示的對象是新的, 或者代表的槪念是新的, 同時它的形式也是新的。当前被認作是現代漢語的新詞語, 也就是我國改革開放以來出現的新詞語。

<표 2-1> 『2002년 신어』 품사에 따른 신어 분류(국립국어연구원 2002:3 수정)

구		단어		
		명사	동사	형용사
수(개)	88	312	6	2
비율(%)	/	97.5	1.9	0.6

2002년 신어의 수량 및 비율은 <표 2-1>과 같다. 구 구성의 전문어를 제외하고 신어의 품사를 살펴보면 명사가 총 312개로 2002년 신어 전체에서 97.5%를 차지한다. <표 2-1>의 분석에 의거하여 명사가 다른 품사에 비해 압도적 우위를 점하고 있어서 2002년 신어가 모두 명사라 해도 크게 틀린 것이 아니다(국립국어연구원 2002:2). 2002년부터 2014년까지 명사 상당 어구의 비율이 계속 95% 이상의 높은 상태로 유지되어 왔다. 신어는 새로운 물건이나 개념, 현상 등을 표현하기 위해서 지어낸 말로, 새로 생겨난 것을 나타났을 때 대응한 신어도 자연스럽게 대부분 다 명사일 수밖에 없다. 이 때문에 신어의 품사는 대부분 명사인 것을 알 수 있다. 신어의 95% 이상이 명사 또는 명사구이며 동사, 부사 그리고 형용사의 생산성은 명사에 비해 대단히 낮다. 왜냐하면 동사와 형용사는 새로운 단어가 생성되기보다는 '-하다, -지다'가 붙어 파생된 것이 많고 부사는 모양을 이르는 고유어가 주로 생산되었기 때문이다(국립국어원 2014:5).

[중국어]

<표 2-2> 『2012년 한어 신어』 품사에 따른 신어 분류

구		단어		
		명사	동사	동명겸류사(動名兼類詞)
수(개)	200	279	45	2
비율(%)	/	85.58%	13.8%	0.61%

2012년 중국어 신어는 모두 326개이다. 326개 신어는 각각 명사, 동사, 동명겸류사7)에 속하는 것이다. 그 중에 명사는 279개, 즉 전체의 85.58%로 가장 많은 분포를 차지한다. 동사는 45개로 13.8%에 해당하는 그 다음 순위이며, 동명겸류사는 2개만이 있다.

한·중 신어는 모두 85% 이상이 명사라는 점에서 공통적이다. 중국어 신어보다 한국어 신어에서 명사가 차지하는 비율이 더 높은 것이지만, 중국어 신어에 동사의 비율이 한국어보다 아주 많이 차지하는 것이다. 한국어 신어에서 형용사는 2개를 나타나지만 중국어 신어에서는 나타나지 않는다. 그러나 중국어 신어만 가지고 있는 특이한 현상은 '동명겸류사'가 나타난다는 것이다.

2.2.2. 어원별 특징

[한국어]

〈표 2-3〉『2014년 신어』어원에 따른 신어의 결합 유형(국립국어연구원 2014:28-29 수정)

원어		결합 유형	단어 수	비율(%)	예
단일 원어	고유어	고	20	5.97	소으름
		고+고			감튀
		고+고+고			너곧나
	한자어	한	45	13.43	광삭
		한+한			교육 절벽

---

7) 겸류사(兼類詞)는 하나의 단어가 두 개의 품사를 겸하는 경우입니다. 중국어에서 비교적 흔히 볼 수 있는 겸류사는 세 가지가 있다. 하나는 명사와 동사의 겸류사이다. 예를 들어, '經歷(경력, 경험하다)'. 다른 하나는 명사와 형용사의 겸류사이다. 예를 들어, '錯誤(착오, 부정확하다)'. 또 하나는 형용사와 동사의 겸류사이다. 예를 들어, '討厭(싫다, 싫어하다)'.

원어		결합유형	개수	소계	비율	소계비율	예시
		한+한+한					조수 악퇴 발효
	외래어	외	**96**		**28.66**		기프
		외+외					레티켓
		외+외+외					리젠트 볼륨 펌
계				161	48.06		
복합 원어	고+외	고+외	17	25	5.07	**7.46**	꾸러기템
		외+고	8		2.39		어그로꾼
	고+한	고+한	27	57	8.06	17.01	갯작업
		한+고	23		6.87		고대짤
		한+고+한	6		1.79		남사친
		고+한+고	1		0.3		헛모양새
	한+외	**외+한**	**56**	**86**	16.72	**25.67**	갓수
		한+외	21		6.27		개파
		한+외+한	8		2.39		뇌섹남
		외+한+외	1		0.3		호모 욕쿠스
	고+외+한	한+고+외	2	6	0.6	**1.79**	고소미 드립, 위꼴샷
		고+외+한	1		0.3		맞디스곡
		외+고+한	1		0.3		껌딱지녀
		외+한+고	1		0.3		셀기꾼
		고+한+고+외	1		0.3		애유엄브
계				174	51.94		
합계				335	100		

　2014년 신어의 기원별 분류는 <표 2-3>과 같다. 이 표를 분석한 후에 신어의 생성에 관여하는 결합 유형 및 결합 경향성을 알 수 있다.

　일반적으로 한국어를 고유어, 한자어, 외래어로 나누는 것과 같이 신어도 같은 방식으로 살펴보았다. 한국어는 한자어 약 70%, 고유어 20%, 외래어 10% 정도를 차지하지만 신어는 이와 같지 않다.

2014년 신어 중에 외래어가 과반수를 차지한다. 단일어와 복합어 중에 외래어 및 외래어와 부분적으로 관련된 신어까지 포함하면 모두 213개이며 전체 신어(335개)의 절반 이상을 차지해서 신어가 적극적으로 생산된다는 것을 보여준다. 이들은 '외래어, 외래어+외래어, 외래어+외래어+외래어 (96개)', '외래어+한자어(56개)', '한자어+외래어(21개)', '고유어+외래어(17개)', '외래어+고유어(8개)', '한자어+외래어+한자어(8개)', '한자어+고유어 +외래어(2개)', '외래어+한자어+외래어(1개)', '고유어+외래어+한자어(1개)', '외래어+고유어+한자어(1개)', '외래어+한자어+고유어(1개)', '고유어+한자어+고유어+외래어(1개)' 순으로 많이 나타난다. 단일어의 결합인 '외래어, 외래어+외래어, 외래어+외래어+외래어'의 구조 가장 많고, 그 다음 순위는 '외래어+한자어'의 구조이다. 외래어 대부분은 영어에 기원하지만 프랑스어, 독일어, 이탈리아어에 기원한 예도 조금 있고 동양권 언어인 중국어와 일본어에 기원한 외래어도 몇몇 확인된다.

이와 비교하면 한자어의 조어력은 2위로 내려간다. 단일어와 복합어 중에 한자어가 총 194개로 전체의 57.91%를 차지한다. 이들은 '외래어+한자어(56개)', '한자어, 한자어+한자어, 한자어+한자어+한자어(45개)', '고유어 +한자어(27개)', '한자어+고유어(23개)', '한자어+외래어(21개)', '한자어+외래어+한자어(8개)', '한자어+고유어+한자어(6개)', '한자어+고유어+외래어(2개)', '외래어+한자어+외래어(1개)', '고유어+외래어+한자어(1개)', '외래어+고유어+한자어(1개)', '외래어+한자어+고유어(1개)', '고유어+한자어+고유어+외래어(1개)', '고유어+한자어+고유어(1개)' 순으로 많이 나타난다. '외래어+한자어'의 구조 가장 많고, 그 다음순위는 단일원어의 결합인 '한자어, 한자어+한자어, 한자어+한자어+한자어(45개)'의 구조이다.

고유어의 비율은 예상하는 바와 같이 더 낮은 것이다. 고유어로 형성된 신어는 모두 포함해도 총 108개로 32.23%에만 차지한다. 그 중에 '고유어+

한자어(27개)'의 구조는 가장 많이 차지하며 '한자어＋고유어(23개)'의 구조
는 그 다음 순위이다.

[중국어]

〈표 2-4〉 2013년도 한어 신어 어원에 따른 구성 재료 분포(侯敏, 邹煜 2014:머리말1-2)

유형	고유어(純漢字式, Pure Chinese character)	비고유어(非純漢字式, Non pure Chinese character)	총계
수량(개)	349	14	363
비율(%)	96.14	3.86	100.00

구성 재료를 볼 때 2013년 신어는 고유어(순한자식)를 중심으로 하며, 동
시에 다양한 형태로 된 비고유어(비순한자식)도 확인된다. 비고유어 신어 중
에 순자모(純字母)로 된 것이 있다. 예를 들어, 'OTT, OTA'. '고유어(한자)＋
외래어'로 된 것이 있다. 예를 들어, 'wifi族(wifi족)'. '고유어(한자)＋아라비아
숫자'로 된 것도 있다. 예를 들어, '80分女生(80점여자)'. '자모＋숫자' 및 '자
모, 숫자＋고유어(한자)'가 있다.

한국어 신어에서는 고유어만으로 형성된 단어는 20개가 있고, 그 외에
고유어가 참여한 신어는 88개가 있으니 모두 합치면 총 108개로 32.23%의
낮은 비율을 보인다. 그러나 중국어 신어에 고유어로 형성된 단어는 349개
로 96.14%의 높은 비율을 차지하는 것이다. 중국어 신어에 대부분 거의 고
유어인 것이고 외래어의 비율이 높지 않으나 한국어 신어에 외래어가 과반
수를 차지한 것이다.

2.2.3. 조어적 특징

[한국어]

신어 중 명사만을 대상으로 하여 조어법에 따라 구분하면, 먼저 형성기제와 조어 방식으로 나눈다. 형성기제의 경우, '생성, 유추, 차용, 축약, 확대, 이의'로 신어를 나누고, 조어 방식에 따라 '합성, 파생(접두 파생, 접미 파생, 접두·접미 파생), 통사론적 구성의 단어화, 혼성, 두음절어 형성, 절단, 기타'로 구분하였다.

조어적 특징에 따른 한국어 신어의 분포는 아래의 <표 2-5>와 같다.

〈표 2-5〉『2003년 신어』, 『2005년 신어』, 『2014년 신어』 조어적 특징에 따른 신어 분류

| | | 합성 | 파생 | | | 통사론적 구성의 단어화 | 혼성 | 두음절어 형성 | 절단 | 기타 | 총 |
			접두 파생	접미 파생	접두·접미 파생						
2003년	단어수	109	16	124	5	3	23	5	1	4	290
	비율	37.59	5.52	42.76	1.72	1.03	7.93	1.72	0.34	1.38	100
				50							
2005년	단어수	99	12	77	1	1	25	4	0	1	220
	비율	45	5.45	35	0.45	0.45	11.36	1.82	0	0.45	100
				40.91							
2014년	단어수	36	5	40	2	1	32	27	0	1	144
	비율	25	3.47	27.78	1.39	0.69	22.22	18.75	0	0.69	100
				32.64							

신어 단어를 대상으로 하여 조어적 특징에 따라 살펴보면 조사된 5년 중에 2002년, 2003년, 2014년 이렇게 3년간 파생어의 비율이 신어 전체 유형

중에서 가장 많고, 2004년 및 2005년 이렇게 2년간 합성어의 비율이 제일 많다는 결과가 나온다. 예를 들면, 2003년 신어 파생어는 조어 방식 전체의 50%를 차지하며, 2014년 신어 중에 가장 높은 비율은 32.64%를 차지하는 파생어이고, 2005년 신어 중에 파생어는 40.91%를 차지하나 합성어는 더 높은 비율인 45%를 차지한다. 그리하여 한국어 신어 전체 유형 중에 거의 대부분 경우는 다 파생어의 비율이 가장 많고 가끔 합성어의 비율이 더 높은 해도 있다.

신어 전체 유형 중에서 '합성'으로 만든 구조는 높은 비율을 차지하고 있는데 '접미 파생'과 '혼성'의 비율상에서 큰 변화를 보인다. '접미 파생'은 위 도표에 2003년, 2005년, 2014년 이렇게 3년 동안 '50%, 40.91%, 32.64%'에 지속적인 감소를 보이는 반면에 '혼성'은 '7.93%, 11.36%, 22.22%'에 급격한 증가를 보이는 것이다. '1.72%, 1.82%, 18.75%'를 차지하는 '두음절어 형성'도 최근에 급격한 증가를 보여서 신어 생성에 날수록 강한 생산력을 가진 방식이다. '절단'은 아주 생산적이지 않는 조어법이지만 신어 만들어 낼 때 사용하는 방식 중에 하나이다.

[중국어]

〈표 2-6〉『2013년 한어 신어』 조어적 특징에 따른 신어 분류

| | 합성 | 파생 | | | 통사론적 구성의 단어화 | 혼성 | 두음절어 형성 | 절단 | 기타 | |
		접두 파생	접미 파생	접두·접미 파생						
단어수	149	0	2	0	0	43	22	5	0	221
비율	**67.42**	0	0.9	0	0	19.46	9.95	2.26	0	100
		0.9								

중국어 신어 단어를 대상으로 하여 조어적 특징에 따라 살펴보면 '합성어'의 비율이 5년 동안 모두 제일 많다. 2013년에 '합성'으로 만든 신어는 전체의 67.42%를 차지하며 2014년 한국어 신어 중에 '합성어'보다 2.5배 이상을 더 많이 차지하는 것이다. 한국어와 다르게 중국어 전체에서 '파생'[8]은 극소수만 차지하고 '통사론적 구성의 단어화'의 조어 방식으로 만든 신어는 없는 것이다. 한·중 '혼성' 및 '두음절어 형성'은 모두 최근에 급격한 증가를 보이는 것이다. 2013년 중국어 '혼성어'는 '19.46%'를 차지하고, 2014년 한국어 '혼성어'는 '22.22%'를 차지한다. 한국 2002~2014년 및 중국 2006~2013년 조사된 자료를 보면 양국 '혼성어'의 비율이 거의 비슷하게 나온 것이다. 중국어 신어 중에 '두음절어 형성'으로 만든 신어는 2006~2012년에 모두 한국어보다 많지만 2013년에 오면 중국어 '두음절어 형성'으로 만든 신어는 한국어보다 거의 두 배가 적다. 또 다른 차이점은 중국어에서 '절단'으로 만든 신어는 한국어보다 많이 나타난 것이다.

『20013년 한어 신어』의 조사결과를 통해 본 중국어 신어의 조어적 특징은 '합성'으로 만든 신어는 압도적 우위를 차지하고 '혼성'은 두 번째 순위를 차지하고 그 다음 순위는 '두음절어 형성'이다.

2.3. 기존 논의에서의 신어 분류 방식 검토

[한국어]

기존의 신어 자료가 몇 편을 읽고 몇 가지 배울만한 점과 문제점을 발견

---

8) 중국어 신어 파생어에 '접두 파생' 및 '접미 파생'으로 만든 단어만 있고 '접두·접미 파생'의 방식으로 만든 단어가 없는 것이다.

한다.

노명희(2006)에서는 국립국어원에서 조사된 2002년~2005년의 신어를 대상으로 최근 신어의 조어적 특징을 고찰한다. 이 책에서 주로 신어로서 많이 사용하는 '합성·파생·혼성'의 조어적 특징을 고찰한 것이다.

〈표 2-7〉 한국어-신어 합성명사 조어적 구성 분류 도표(노명희 2006:33-40)

분류		예
고유어+ 고유어	① 명사+명사	그림말('이모티콘'), 길도우미('내비게이션'), 멋울림('컬러링'), 빗장풀기('코드프리')
	② 부사+명사	다걸기('올인'), 두루누리('유비쿼터스')
	③ 명사+명사9)	떡잔디, 물깔창, 불닭, 밤도깨비, 밑걸림, 배바지
고유어+ 한자어	① 명사+명사	곱창마차(--馬車), 동생부대(--部隊)
	② 어간+명사	어울통신(--通信)
	③ 명사형/어근 +명사	꾸림정보(--情報, '콘텐츠'), 시드름병(---病), 싱싱회(--膾)
	④ 부사형+명사	이래서야정국(----政局)
한자어+ 고유어	① 명사+명사	군대끈(軍隊-), 명품개(名品-)
	② 명사+명사형	문잡이(門--)
한자어+ 한자어	① 명사+명사	도시농부(都市農夫), 문화접대(文化接對), 소아강박증(小兒强拍症), 태반주사(胎盤注射)
	② 어근+명사	반려동물(伴侶動物), 기숙과외(寄宿課外)
고유어+ 외래어	① 명사+명사	가위슛(--shoot), 공기캔(--can)
	② 명사+어근	올챙이송(---song), 싸가지송(---song)
외래어+ 고유어	① 명사+명사	바나나똥(banana-), 에어컨옷(air conditioner-)
	② 형용사+명사	트로피아내(trophy--)
한자어+ 외래어	① 명사+명사	보행벨트(步行belt), 온달콤플렉스(溫達complex)
	② 어근+명사	총명파스(聰明pasta), 무실세트(無失set)
외래어+ 한자어	① 명사+명사	디지털치매(digital癡呆), 베이비채소(baby菜蔬)
	② 형용사+명사	솔로부대(solo部隊)
외래어+ 외래어	① 명사+명사	다이어트폰(diet phone), 스트레스폰(stress phone), 박스폰(box phone)

위 도표에서 제시한 조어적 구성 분석을 보면, '고유어+고유어' 결합유형에서 '①명사+명사, ②부사+명사'의 품사 결합방식을 제시한다. 이것은 아마 노명희(2006)에서는 2002년~2005년의 신어를 대상으로 조사하기 때문에 한정되어 있어서 그때에서 최선이지만 지금은 2014년까지의 신어 자료집을 분석해 보면 더 많은 유형을 포함되어 있다. 예를 들어, '고유어+고유어' 결합유형에서 위에 제시한 유형 이외에 '명사+'ㅅ'+명사'형에 2014년 신어인 '잿개비(재+ㅅ+개비)'가 있고, '동사+명사'형에 2005년 신어인 '먹짱(먹-+짱)'이 있으며, '동사+동사'형에 2014년 신어인 '읽씹(읽-+씹-)'이 있다. 본 논문에서 2005년 이후에 나온 유형들을 보완할 것이다. 그 다음에 '고유어+한자어'의 결합방식도 네 가지만 제시하지만 이 책에서도 그 이외에 '명사+'ㅅ'+명사', '동사 어간+어미+명사', '형용사+명사' 그리고 '명사+어근'의 유형을 덧붙일 것이다. '한자어+한자어'의 유형에서도 '형용사+명사'의 유형을 더 추가할 수 있다. 또한 각 원어 각 품사의 결합 '빈도'를 같이 조사하면 신어의 조어법에 대해 더 명확히 파악할 수 있다.

〈표 2-8〉 한국어-신어 파생명사 조어적 구성 분류 도표(노명희 2006:40-43)

분류	예
한자어 어근	문화족, 신명품족
고유어 어근	반딧불족, 밤도깨비족, 봄맞이족
외래어 어근	피크닉(picnic)족, 더블라이프(double life)족
구	[올빼미 헬스]족, [도심 호텔 휴양]족

노명희(2006)은 접두사와 접두·접미사를 논의하지는 않았으며, 접미사

---

9) (1다)도 고유어 명사끼리 결합한 신어로, 선행 명사가 대상을 지시하는 본래의 의미로 쓰이지 않고 후행 명사에 성상(性狀), 재료, 시간, 위치 등의 의미를 덧붙여 주는 역할을 한다.

유형만을 제시하였다. 노명희(2006:40)에서 '신명품족'은 접미사로 분류하였지만 이 책에서는 '접두·접미사'로 분류하고자 한다. 왜냐하면 『표준국어대사전』에서 '신(新)-'은 '새로운'의 뜻을 더하는 접두사로 분류되며, '신명품족'의 '명품'도 혼자 쓸 수 있기 때문이다. 그리하여 이와 같은 신어들을 접두·접미사로 분류한 후에 더 자세히 논의할 수 있다. 또한 노명희(2006)에서는 파생명사의 유형을 나누지 않았다. '반딧불족(반디+ㅅ+불+-族)' 및 '밤도깨비족(밤+도깨비+-族)'은 '합성+파생'으로 볼 수 있으며, '봄맞이족(봄+맞-+-이+-族)'은 '파생+파생'으로 볼 수 있다.

〈표 2-9〉 한국어-신어 혼성의 조어적 구성 분류 도표(노명희 2006:43-44)

분류			예
외래어+외래어		AB+CD → AD형	유티즌, 넷포터
		AB+CD → AC형	셀카, 필카
		AB+CD → ABD형	폰티즌, 카켓팅
외래어/한자어/고유어	한자어+외래어	AB+CD → AD형	노티즌, 번팅
		AB+CD → ABD형	군대스리가
	고유어+외래어	AB+ CD → ABD형	땅팅

노명희(2006)에서 '혼성(blending)'의 개념에 대해 제기할 뿐만 아니라 'AB+CD→AD형, AB+CD→AC형, AB+CD→ABD형'과 같이 보다 구체적인 분류 방법을 제시하고 있다. 이 책도 노명희(2006)의 방식에 따라 그 이후의 자료들, 즉 2014년까지의 신어를 조사하여 그 유형을 나누어 보고자 한다. 노명희(2006)에서 주로 외래어끼리 결합하는 '혼성', 외래어와 한자어 또는 고유어가 결합한 '혼성'의 두 가지를 구분하여 제시하지만 이 책에서는 '한자어+한자어'의 유형도 보충하고자 한다. 예를 들면, 'AB+CD→ABD형'에서 '중매혼(仲媒+結婚), 자살철(自殺+地下鐵)'과 같은 신어가 이에 해당한다. 또한, 시기별 신어 자료집을 정리하면서 '유추, 이의, 통사론적

구성의 단어화' 등 더 다양한 유형을 확인하여 이 책에서 함께 논의하고자
한다.

[중국어]

〈표 2-10〉 한 · 중 합성법으로 생성된 신어(유영식 2013:69-77)[10]

유형			예	
			한	중
원형 어근 합성 방식 (原行詞根 合成方式)	한 · 중 공유의 합성구조	명사＋명사/명사＋명사＋명사[11]	기러기아빠	汽車
		형용사＋명사	급배기	彩鈴
		동사＋동사(보조동사)	받아먹다	點擊
		동사＋명사	근접비행	放鴿子
		명사＋동사	물건너가다	盤跌
		형용사＋동사(보조동사)	급배기하다	熱捧
		명사＋형용사	물설다	貓膩
	한국만 있는 합성 구조	부사＋명사	깜짝쇼	×
		부사＋보조용언	생뚱하다	×
		연음	귀요미	×
	중국만 있는 합성 구조	형용사＋형용사	×	柔美
		동사＋형용사	×	婚荒
변형어근 합성방식 (變行詞根 合成方式)	약어방식	따오기 (提取法)	두음 따오기(첫 글자 따오기)(頭字語提取法)	차도남	家暴
			비 두음 따오기 (非頭字語提取法)	지파라치	簽售
		자르기(節略法)		지방대	防衛體

10) (유영식 2013:69-77)에서 한국어 합성법으로 생성된 신어는 품사 유형에 따라서 '합성
명사, 합성형용사, 합성부사, 합성관형사'로 나누며, 중국어 합성법으로 생성된 신어는
형태소의 정상적인 조합 순서에 따라서 '편정(偏正)방식, 연합(聯合)방식, 동빈(動賓)방
식, 주술(主謂)방식'으로 나눈다.

	음절줄이기(音節節略法)		
혼합방식		민박 (민tel+hotel)	

유영식(2013)에서 한국어 신어의 연구대상은 국립국어원에서 나온 '94년 신어', '2001년 신어', '2005년 신어', '2009년 신어', '2010년 신어'이며, 중국어 신어의 연구대상은 '1997년~20010년 신어'[12]이다. 유영식(2013:65)에서 한국어는 조어법에 따라 크게 '단일어'와 '혼종어'로 나누어지고, '혼종어'는 '합성어'와 '파생어'로 나누어진다. 중국어는 조어법에 따라 크게 '단일어'와 '합성어'로 나누어지며, '합성어'는 '혼종어'와 '파생어'로 나누어진다. 이 책은 2014년 신어까지 보면 그 이후에 더 많은 유형을 포함하고 있기 때문에 이 분류방식을 따르지 않는다.

유영식(2013)에서 한국어에만 있는 합성구조에서 세 가지 유형만 제시한 부분에 대해 보충이 필요하다. '동사 어간+어미+명사', '명사+'ㅅ'+명사', '어근+명사' 등 유형도 한국어에만 있는 구조방식이다. 예를 들면, '어울통신', '잿개비', '싱싱회' 등이다. 중국어에만 있는 합성구조도 위에 제시한 두 가지 외에 보충이 필요하다. '수사+양사+명사+명사', '합성+첩어형성' 등 유형을 덧붙일 수 있다. 예를 들어, '一句话体', '楼水水' 등이다.

유영식(2013:77)에서 '중국어 신어 혼성의 예를 비교적 적다'라고 하지만

---

11) 두 개나 두 개 이상의 명사 형태소의 결합.
12) 유영식(2013)에서 신어 연구대상으로 참고하는 자료집은 다음과 같다.
『最新中韓新造語辭典』(學古房, 2009年版:從1997年到2008年出現的8000多个新詞語), 『21世紀華語新詞語詞典』(夏旦大學出版社2007年5月版, 鄒嘉彦, 游汝杰著, 2000年以后出現的1500條新詞語), 『2008年漢語新詞語』(商務印書館, 2009年侯敏, 周荐主編: 444條), 『2009年漢語新詞語』(商務印書館, 2010年侯敏, 周荐主編: 573條), 『2010年漢語新詞語』(商務印書館, 2011年侯敏, 周荐主編: 626條).

2013년 한어 신어까지 보면 혼성으로 만든 중국어 신어 단어 수는 18%이상 차지하므로 최근에 그리 적지 않다. 예를 들면, '高孝帥(身材高＋孝順＋長相帥)', '土肥圓(長相土＋肥胖＋体型圓)' 같은 신어는 계속 등장하고 있다.

　지금까지 기존의 신어 자료 연구를 검토하면서 그 내용을 정리하였다. 그러나 이상의 각 논의에서 몇 가지 한계도 관찰되었다. 이를 보완하기 위한 방안으로, 이 책에서는 신어의 형성기제와 조어 방식의 구분을 통해 본격적인 논의를 진행할 것이다.

제3장

한·중 신어의 형성기제

신어의 형성기제는 생성, 유추, 차용, 축소, 확대, 이의로 살펴볼 수 있다.

형성기제는 단어의 어근인 형태소가 하나로만 이루어진 것이다. '사석(死席), 덕트(duct)'가 형성기제의 예이다. 이들은 모두 하나의 형태소로 만들어 있어서 더 이상 분석하면 원래의 의미가 없는 말이 될 뿐이다. 기존형식을 이용하지 않는 신어는 형성기제로 분류한다.

중국어에서 '單純詞(단순사)'라고 하는 단어는 한국어 형성기제에 있는 단어들과 대응할 수 있다. (劉月華 2004:10-11)에서 '單純詞(단순사)'는 형태소 하나로 만든 것이고, 어음에서 대부분 단음절이다. 예를 들면, 天(천), 地(땅), 人(인). '單純詞(단순사)'도 쌍 음절어가 있다. 어떤 것은 두 음절이 완전히 똑같은 것이 있다. 예를 들면, 奶奶(할머니), 蛐蛐(귀또라미). 어떤 것은 완전히 다르다. 예를 들면, 玻璃(유리), 葡萄(포도). 또한, 3음절 이상의 단순어도 있다 (주로 외래어). 예를 들면, 奧林匹克(올림픽(Olympic)), 麥克風(마이크로폰). 그 밖에, 의성어가 있다. 예를 들면, 砰(펑. 쾅. 쿵. 꽝. 탁. 딱), 轟隆(쾅. 쿵쿵. 우르르. 덜커덕덜커덕), 稀里嘩啦(달그락달그락. 짤그락짤그락. 후두두둑).

신어 전체에서 형성기제가 차지하는 비율은 예상하는 바와 같이 아주 낮다. 왜냐하면 신어도 기존의 말에서 형성해왔기 때문이다.

3.1. 생성

[한국어]

생성은 완전히 새로 만들어 낸 단어이며 한국 사람들이 생성을 하려는데 한자어에 대해 인식이 있으니까 그 중에 대부분은 한자어를 끌려와서 기존의 어떤 단어를 새롭게 만들었다. '사석(死席)', '무초(舞草)'[1]처럼 자립적으로 쓰이지 못하는 한자로 만든 말이 이고, 그 이외에 순수 고유어로 만든 '아헿헿'[2]이 있으며 고유어와 한자어를 결합하여 만든 '새혼(-婚)'[3] 등도 있다.

1) 고유어

　　(1) 바라카라바, 가온머리, 아헿헿

(1)에 예는 고유어로만 생성해 온 신어이다. '바라카라바'는 '눈 주위만 빼고 머리 전체를 덮어쓰는 형태의 방한 용품'의 뜻이고, '아헿헿'은 '인터넷상에서, 기분이 좋거나 황당하고 어리둥절할 때 느끼는 기운이나 감정'을 대신하여 이르는 말.

---

1) 무초(舞草)는 음악을 들으면 춤을 추는 식물(국립국어원 2002:29).
2) 아헿헿은 인터넷상에서, 기분이 좋거나 황당하고 어리둥절할 때 느끼는 기운이나 감정을 대신하여 이르는 말(국립국어원 2002:42).
3) 새혼: '재혼(再婚)'을 달리 이르는 말.

2) 한자어

(2) 사석(死席), 무초(舞草), 차면선(遮面扇), 말진(末陣), 분락기(分駱妓), 강패(强牌), 급전(給電), 맥적(貊炙), 면식(麵食), 사점(死點), 생점(生點), 원화(元火), 유분(遺粉), 주궁(主宮), 추태(秋太), 한상(韓商), 할약(割藥), 전유(前乳), 후유(後乳), 주차(酒車), 야인(夜人), 후맹(嗅盲), 건탄(乾彈), 교철(交鐵), 미노(迷老), 애필(愛必), 의적(衣敵), 일수거사(一水去士), 일진(一陣), 횡와상(橫臥像), 벽비(壁碑), 다두화(多頭火), 초흔(焦痕), 폐출수(廢出水), 빙면(氷麪), 투괴(鬪魁), 택남택녀(宅男宅女), 차치지청(次置支廳), 추모목(追募木), 우박흔(雨雹痕), 인골흔(人骨痕), 신수(新手), 합화(合火), 혼입(婚入), 방청(防聽), 난빙(亂氷), 분찬(分餐), 세기(細技), 우풍(右風), 좌풍(左風), 관고민저(官高民低), 성역(性域), 운지(運指), 원투(遠投), 월문(越門), 정빙(整氷), 제연(除燃), 족압(足壓), 종속(終速), 주례(周例), 초등(初登), 타심(打心), 통방(通放), 필청(必聽), 반권(半權), 다몽증(多夢症), 강보(强步), 개뇌(開腦), 견명(犬名), 광변(光變), 근중(近中), 부심(父心), 일당십락(一當十落), 입창(入廠/入倉), 전류(戰流), 유민착소(柔敏着小), 속식(速食), 혼검(婚檢), 정랭(政令), 고성불패(高聲不敗), 범심(犯心), 검력(檢力), 경완탈대(硬緩脫大), 불독불타(不獨不打), 빈비부낙(貧悲富樂), 광삭(光削), 착협고(着莢高), 퇴록(退綠), 관민비(官民比), 협한류(協韓流), 보편칙(普遍則).

(2)에는 한자어로 완전히 새로 만들어 낸 신어이다. '무초(舞草)'는 '음악을 들으면 춤을 추는 식물'을 가리킨 것이다.

3) 고유어+한자어

(3) 곰사(곰舍), 빛삭(-削)

(3)에 예는 고유어와 한자어를 결합하여 만들어 낸 신어이다.

4) 기타

(4) 뷰러

(4)에 '뷰러'는 어원을 알기 어려워서 '기타'로 분류되고, '속눈썹을 말아 올리는 데 사용하는 기구'를 의미한다.

『2002년 신어』~『2014년 신어』 신어 '생성' 중의 예를 보면, '대부분 어근과 단어가 동일한 경우이며 한자어 어근 위주로 한다.'는 특징을 보인다.

예: 무초(舞草), 합화(合火), 혼입(婚入), 방청(防聽) 등이다.

〈표 3-1〉 한국어 '생성'의 분류 및 예

원어	단어 수	비율(%)	예
고유어	3	3.09	바라카라바, 가온머리
한자어	**91**	**93.81**	사석(死席), 무초(舞草), 차면선(遮面扇)
고유어+한자어	2	2.06	곰사(-舍), 빛삭(-削)
기타	1	1.03	뷰러(?)
계	97	100	

<표 3-1>를 통해서 한국어 '생성'에서는 '고유어, 한자어, 고유어+한자어, 기타' 이렇게 네 종류의 어원이 있으며, 한자어만 형성하는 신어는 93.81%를 차지하며 한자어를 참여하는 것은 95.87%에 달한다.

그럼 '생성'에서는 한자어가 이렇게 높은 비율로 나타난 이유가 무엇일까? 왜 고유어보다 훨씬 높은 생산력을 가질까? 먼저 학자들의 의견을 보자.

이익섭·채완(2000:80)에서는 국어 어휘 중에는 한자어가 유난히 많다고 설명한 바가 있다. '밥, 옷, 하늘, 춥다' 등 기초 어휘에는 이른바 고유어가 주류를 이루는 편이지만 '학교, 자동차, 관공서, 법률, 정치, 도덕' 등 문명 생활과 관련되는 어휘에는 한자어가 훨씬 큰 비중을 차지한다. 그런가 하면 한자어는 고유어에서는 볼 수 없는 독자적인 규칙으로 새 단어를 만들 뿐 아니라 고유어보다 훨씬 활발하게 새 단어를 만들어 내기도 한다.

남기심(1983:214)에서는 한자어가 신어 형성에 높은 비중을 차지하고 있는 현상에 대해는 고유어가 일상용어로 많이 쓰이는 만큼 여러 주변적인 의미가 있는데 비해, 한자어는 우리 생활의식과 밀접하지 않기 때문에 부의(副意)가 없어 새말을 이루는 데 자유롭다고 설명하였다.

위에 서술한 학자들의 의견을 정리해보고 한자어가 신어 '생성'에 절대적인 비중을 차지하는 이유를 주로 다음 세 가지 면에서 설명할 수 있다. 첫째, 원래 한국어 어휘에서 한자어가 이미 큰 비중을 차지하고 있으므로 기존의 어떤 단어를 새롭게 만든 신어도 한자어가 많을 수밖에 없는 것이다. 둘째, 한자어는 고유어에 비해 더 쉽게 단어를 만들며 더 다양하고 자유롭게 생산적으로 단어 형성에 참여한다는 특징이 있다. 셋째, 한자어는 문명생활과 관련되는 어휘가 많을 뿐만 아니라 부의(副意)도 없어서 고유어보다 신어 생성하기가 상대적으로 유리한 편이다.

[중국어]

중국어 생성은 완전히 새로 만들어 낸 단어이며 주로 기존의 어떤 고유어를 새롭게 만들었다. 중국어 중에 '생성'으로 만든 신어는 주로 최근에 생겨난 신제품의 이름이나 애플리케이션 프로그램들이다. 구체적인 예를 아래와 같다.

1) 고유어

    (1) 魚浮灵, 冤斯基, 海宝, 思客, 過車拍, 医達通

예문 (1가)에 신어 '魚浮灵,[4) 冤斯基,[5) 海宝,[6) 思客,[7) 過車拍',[8) '医達通'[9)

는 각각 '신제품 이름, 캐릭터 이름, 마스코트로 이름, 인터넷 플랫폼 이름,

교통 감시 시스템 이름, 은행카드 이름'을 가리킨 단어이다. 이들은 다 기존

에 고유어를 사용하여 완전히 새로운 생성해 온 것들이다.

2) 고유어+자모

    (2) 飯Q

(2)에 '飯Q'[10)는 '고유어+자모'로 만든 것이다. 요새 자모 어휘[11)가 많아

지는 경향이 있다.

---

4) 魚浮灵: 산소발생제.
5) 冤斯基: Tuzki는 왕묘묘라는 중국대학생을 만든 캐릭터.
6) 海宝: 해보는 2010년 상하이박람회의 마스코트로.
7) 思客: 우한(武漢)시정부 참사실 인터넷 포털사이트는 매 참사에게 창립된 개인 사상 공
   간. 이것도 사람들은 일하기, 공부와 교류를 다 가능한 새로운 인터넷 플랫폼(platform).
8) 過車拍: 오고가는 차량을 자동으로 스냅 사진을 찍을 수 있으며 교통 신호등 시간의 장
   단을 조절할 수 있는 교통 감시 시스템.
9) 医達通: 중국은행 및 전국 수 백 개 병원과 함께 협력해서 출시한 일종의 금용 서비스,
   고객들에게 '접수를 예약하기', '스스로 진찰받기' 등 의료 보건 종목을 제공해줄 수 있
   다. 요새 은행과 같이 합작하여 '医達通'은 은행카드의 형식으로 나온다.
10) 飯Q: 인터넷에서 음식을 주문하는 애플리케이션 프로그램.
11) 자모 어휘는 자모로 구성되거나 자모를 함유한 어휘. 예를 들면 'DVD' · 'AA制'와 같
   은 경우.

〈표 3-2〉중국어 '생성'의 분류 및 예

원어	단어 수	비율(%)	예
고유어	6	85.7	魚浮灵, 兔斯基, 海宝, 思客, 過車拍
고유어+자모	1	14.3	飯Q
계	7	100	

<표 3-2> 통해 중국어 '생성' 원어결합에는 '고유어', '고유어+자모'이
렇게 두 종류가 있는데 고유어만 참여하는 신어의 비율은 85.7%를 차지한
다. 이 특징은 한국어와 다르다. 한국어 '생성'에서 한자어만 형성하는 신어
는 92%를 차지하기에 고유어보다 압도적으로 많은 편이다.

3.2. 유추

[한국어]

유추(analogy)란 유사성에 기초한 추론이며 화자에게 익숙한 기존의 단어
(들)에 기초해서 새로운 단어를 만들어 내는 과정이다. 유추에 의해 형성된
단어들은 음성적 유사성, 의미적인 공통성, 구조적인 공통성12) 등에 유추된
단어 형성이 있다(채현식 2003:104-105). 채현식(2003)에서 유추에 의한 단어
형성은 아래와 같이 분류할 수 있다.

---

12) 구조적으로 유사하다는 것은 유추에 의해 만들어진 단어와 유추의 근거가 되는 단어의
내적 구조가 같다는 뜻이다. 입력형과 출력형의 통사 범주 자질, 핵-비핵 관계와 같은
형태론적 관계가 내적 구조의 유사성을 결정하는 중요한 요소이다(채현식 2003:113).

<表 3-3> 유추에 의한 단어 형성의 분류(채현식 2003)

표면적 유사성에 기초한 유추	음성적 유사성에 기초한 유추
	의미적 유사성에 기초한 유추
구조적 유사성에 기초한 유추	개별 단어에 의한 유추
	유추의 틀에 의한 유추

채현식(2003:117)에서 비례식의 방법으로 유추의 과정을 나타낸다. '근거 단어와 표적의 비교·정렬: 근거 단어의 '개념: 형식'과 표적의 '개념: 형식(X)'을 비교·정렬해서 근거 단어와 표적 사이의 공통성을 포착한다.'

(1) 가. 공처: 공처가=등쳐(먹-): X, X=등처가

　나. 신(新): 신세대=쉰: X, X=쉰세대

(2) 가. 맞(二): 맞벌이→세(三):X, X=세벌이([신어의 조사 연구](1994)에서 가져옴)

　나. 내: 내송=외:X, X=외송

　다. 글: 文: 문맹(文盲)=컴퓨터: 컴: X, X=컴맹

(3) 가. 팔찌→ 귀찌, 목찌

　나. 약발, 화장발→ 옷발

(1)은 음성적 유사성에 기대어 유추된 단어들이다. (1가) '등처가'의 경우 '공처'와 '등쳐(먹)-' 사이의 음성적 유사성이 유추의 기반으로 작용한 것으로 보인다. (2)는 의미의 유사성에 기대어서 유추된 단어들이다. (2가)에 '세벌이'는 '맞벌이'를 유추의 기반으로 해서 형성된 단어이다. 이때 '맞-'은

접두사이고 '세'는 관형사이므로 구조적인 공통성이 존재하지 않지만 '수와 관련된 표현'이라는 유사성을 보인다. 둘 사이에는 의미적인기 공통성을 포착하여 만든 것이다. (2나)의 '외숭'은 '내숭'의 '내'를, '內'를 뜻하는 한자어로 재분석한 후, 그 의미에 기초해서 만들어졌다. (2다) '컴맹'의 '컴'은 '컴퓨터'로부터 절단에 의해 형성되었다. 현대어에서 '컴박사, 컴도사, 컴마을' 등의 신어를 만드는 데 생산적으로 쓰인다. (3)은 구조적 유사성에 기대어 유추된 단어들이다. (3가)의 단어들은 '명사+접미사'의 구조를 지닌다. 그 어근인 '팔-귀-목' 등도 모두 신체의 일부를 나타내는 명사라는 점에서 동일 범주의 구성원들이다(채현식 2003:104-113).

언어는 형식과 의미의 결합체이다. '형식'은 '음성'과 '형태'를 가리켜서 '음성적 유사성'과 '구조적 유사성'을 가리킨다. 채현식(2003)에서 '음성적 유사성, 의미적 유사성, 구조적 유사성'을 이렇게 분류했는데 실제 논의를 보면 의미적 유사성에 기초한 유추와 구조적 유사성에 기초한 유추는 아주 비슷해서 구분하기 어려운 편이다. 그러니까 이 책에서 구조적 유사성에 기초한 유추는 다루지 않고 표면적으로 음성적 유사성에 기초한 유추와 의미적 유사성에 기초한 유추 두 가지만 구분할 것이다.

〈표 3-4〉 한국어 '유추'의 분류

유추에 의한 단어 형성의 분류	
표면적 유사성에 기초한 유추	음성적 유사성에 기초한 유추
	의미적 유사성에 기초한 유추

신어 자료집에서 구체적인 예를 통해 다음과 같이 살펴보고자 한다.

1) 한자어

(1) 가. ① 헹자(行者), 잉재(剩才)

② 먹사(牧師), 검새(檢事)

③ 주부(主夫)

나. 반수(半修), 고사(高四), 탈미(脫美), 용풍(傭風), 선동(善童), 합찬(合餐), 연투(年鬪), 중경(中京), 주연(酒緣), 애묘(愛貓), 시심(視心), 해물(害物), 하동(夏童), 비삼(飛蔘), 수욕(樹浴), 용과(龍果), 설계(雪界)

(1) 가'. 목(牧): 목사(牧師)= 먹: X, X= 먹사

사(事): 검사(檢事) =새: X, X=검새

나'. 음식을 각자의 접시에 따로 담음: 분찬(分餐)= 큰 접시에 담긴 음식을 자기 숟가락이나 젓가락으로 덜어 먹는 먹음: X, X=합찬(合餐)

나쁜 아이: 악동(惡童)=착한 아이: X, X=선동(善童)

예문 (1)은 2음절 한자어로 구성한 예문이다. (1가)는 음성적 유사성에 기대어 유추된 단어들이다. (1가①)에 '헹자(헹)'와 '행자(오)', '잉재(잉)'와 '인재(ㄴ)'는 자음 대치로 만든 것이며 (1가②)에 '먹사(먹)'와 '목사(오)', '검새(새)'와 '검사(아)'는 모음 대치의 기반으로 작용한 것이다. (1가③)에 '주부(主夫)'는 '주부(主婦)'에서 유추된 것. 둘 사이에 음성적 유사성뿐만 아니라 의미적 유사성도 보인다. (1나)는 의미의 유사성에 기대어서 유추된 단어들이다. '선동(善童)'은 기존 단어 '악동(惡童)'의 의미에 기초해서 만들어졌다. '합찬(合餐)'은 '분찬(分餐)'의 의미에 기초해서 만들어졌다. '중경(中京)'은 '상경(上京)'을 유추의 기반으로 해서 생성된 예이다. 이때 '중(中)'과 '상(上)'은 모두 방위명사이다. (1가'~나')는 비례식으로 나타낸 것.

(2) 소통령(小統領), 반통령(半統領), 사십견(四十肩), 삼십견(三十肩)

(2') 권력을 행사하는 국가의 원수: 대통령(大統領)=대통령보다는 못하지만 그에 못지않은 권력을 행사하는 사람: X, X=소통령(小統領)

　(2)는 3음절 한자어로 구성한 의미의 유사성에 기대어서 유추된 단어들이다. '소통령(小統領)'과 '반통령(半統領)'은 '대통령(大統領)'에서 유추해오며 '사십견(四十肩)'과 '삼십견(三十肩)'은 모두 '오십견(五十肩)'에 유추하여 만들어 낸 단어들이다.

(3) 가. 어주구리(魚走九里)

　나. 한일동주(韓日同舟), 자부엄모(慈父嚴母), 주경조독(晝耕朝讀), 모협불이(母協不二), 곡학아통(曲學阿統), 춘우추동(春雨秋冬), 고고익선(高高益善), 사필귀도(事必歸道), 주고외비(株高外肥), 주침야활(晝寢夜活), 주경조독(晝耕朝讀), 천고여비(天高女肥), 속속익선(速速益善), 속수무동(束手無動), 조산조해(鳥山鳥海), 조출잔업(早出殘業), 백견백락(百見百樂), 주침야활(晝寢夜活), 사면송사(四面訟事), 노풍당당(老風堂堂), 불여일착(不如一着), 경국지남(傾國之男), 삼당사락(三當四落)

　(3)는 사자성어에서 유추된 예문들이다. (3가)는 음성적 유사성에 기대어 유추된 단어. '어주구리(주)'와 '어쭈구리(쩌)' 사이에 음성적 유사성 중에 자음 대치로 만든 것이다. (3나)는 의미의 유사성에 기대어서 유추된 단어들이다. '한일동주(韓日同舟)'와 '오월동주(吳越同舟)'의 '한일(韓日)'과 '오월(吳越)'은 다 두 나라를 의미한다. '주경조독(晝耕朝讀)'과 '주경야독(晝耕夜讀)', '곡학아통(曲學阿統)'과 '곡학아세(曲學阿世)', '모협불이(母協不二)'와 '신토불이(身土不二)' 등 사이에 의미의 유사성을 나타낸다. '사필귀도(事必歸道)'와

'사필귀정(事必歸正)', '천고여비(天高女肥)'와 '천고마비(天高馬肥)', '노풍당당 (老風堂堂)'과 '위풍당당(威風堂堂)', '불여일착(不如一着)'과 '불여일견(不如一見)', '주침야활(晝寢夜活)'과 '주경야독(晝耕夜讀)', '사면송사(四面訟事)'[13]와 '사면초 가(四面楚歌)', '경국지남(傾國之男)'[14]과 '경국지색(傾國之色)', '삼당사락(三當四 落)'과 '사당오락(四當五落)' 등 사이에도 의미적 유사성을 나타낸다.

2) 외래어

(2) 가. 모모스(momos), 사우디-아메리카(Saudi America)

　　나. 배드빙(bad-being), 일빙(ill-being)

(2가)는 음성적 유사성에 기대어서 유추된 외래어 단어들이다. '모모스 (momos)'와 '보보스(Bobos)' 사이에 'm'와 'b'가 비슷해서 음성적 유사성에 생 겨난 단어이며 "모(mo)두가 빚, 모(mo)두가 가짜'인 인생을 살아가고 있는 사람'을 뜻한다. '사우디-아메리카'는 '사우디-아라비아'에 유추된 단어. 둘 다 받침이 없고 글자 수가 똑같고 다 '아'로 시작한 단어. (2나)는 의미적 유사성에 기대어서 유추된 외래어 단어들이다. '배드빙(bad-being)'과 '일빙 (ill-being)'은 모두 '웰빙(well-being)'의 반대 의미로서 그에 유추해 온 것이다.

3) 한자어+고유어

(3) 가. 취집(就-), 손풍기(손風機)

　　나. 본살(本+살), 새혼(-婚), 불봉(-棒)

---

13) 사면송사는 여기저기서 잇따라 제기한 소송으로 곤란한 지경에 빠진 형편을 비유적으 로 이르는 말(국립국어원 2002:34).

14) 경국지남은 뛰어나게 잘생긴 남자를 이르는 말(국립국어원 2002:17).

(3가)는 음성적 유사성에 기대어서 유추된 단어들이다. '취집(취)'과 '시집(시)'은 소리가 유사하고, '손풍기(손)'와 '선풍기(어)'는 소리가 유사하다. (3나)는 의미의 유사성에 기대어서 유추된 단어. '본살(本살)'은 '덧살', '군살'에 유추된 단어. '본살(本살)'은 '[[x]ₙ-살]ₙ'이라는 '명사+명사'의 구조가 형성되는데, '덧살', '군살'은 '[[x]ₚ-살]ₙ'이라는 '접두사+명사'의 구조가 형성된 것. 구조가 다르지만 '주변에 붙은 살'에서 '중심이 되는 살'을 유추하여 의미적 유사성만 파악된다. '새혼(-婚)'은 고유어 '새'와 한자어 '혼(婚)'을 결합하여 '재혼(再婚)'을 의미한다. '불봉(-棒)'은 고유어 '불'와 한자어 '봉(棒)'을 결합하여 '유도봉'을 뜻한다.

4) 한자어+외래어

    (4) 가. 팬생팬사(fan生fan死)
        나. 주골야독(晝golf夜讀)

(4가)는 음성적 유사성에 기대어서 유추된 단어. '팬생팬사(팬)'는 '품생품사(우)'와 소리가 유사하다. (4나)는 의미의 유사성에 기대어서 유추된 단어. '주골야독(晝golf夜讀)'과 '주경야독(晝耕夜讀)' 사이에 '경(밭을 갈다)' 대신에 '골(골프 치다)'을 쓴 의미차원에서 대치가 된 것이다.

〈표 3-5〉 한국어 '유추'의 분류 및 예

분류	원어	단어 수	비율(%)	예
음성적 유사성	고유어	/	/	/
	한자어	6	13.33	행자(行者), 먹사(牧師), 잉재(剩才), 어주구리(魚走九里)

	외래어	2	4.44	모모스(momos), 사우디-아메리카(Saudi America)
	한자어+고유어	2	4.44	취집(就-), 손풍기(손風機)
	한자어+외래어	1	2.22	팬생팬사(fan生fan死)
	계	11	24.44	
의미적 유사성	고유어	/	/	/
	한자어	26	57.78	반수(半修), 고사(高四), 한일동주(韓日同舟)
	외래어	2	4.44	배드빙(bad-being), 일빙(ill-being)
	한자어+고유어	5	11.11	본살(本+살), 새혼(-婚)
	한자어+외래어	1	2.22	주골야독(畫golf夜讀)
	계	34	75.56	
계		45	100	

'유추'에서는 '음성적 유사성'과 '의미적 유사성'으로 나누고 있다. '음성적 유사성'은 전체의 24.44%를 차지하며, '의미적 유사성'은 75.56%를 차지하는 것이다. 그리하여 '의미적 유사성'은 2배 더 높은 것이다. '경국지남(傾國之男), 사필귀도(事必歸道), 사면송사(四面訟事)' 등 의미적 유사성에 기대어서 유추된 사자성어들이고, '고사(高四), 잉재(剩才)' 등 기존 단어의 일부 형태를 손상하고 의미적 유사성, 음성적 유사성에 기반으로 유추해온 2음절 한자어이다. 표를 통하여 보면 '고유어 유추'로 만든 예문이 하나도 없고, '한자어 유추', '외래어 유추', 그리고 '한자어+고유어' 유추, '한자어+외래어' 유추 네 가지로 나누어 볼 수 있다. 그 중에서 '한자어 유추'는 가장 높은 비율을 차지하고 있다.[15]

---

15) 그럼, 왜 '유추'에서 고유어로 유추한 신어가 하나도 없는 반면에 한자어만 구성하는 단어와 한자어를 참여하는 단어를 합치면 모두 93%의 높은 비율 차지할까?
한자는 대부분 어근으로서 행세하지만 한자어 어근은 일반 어근과 달리 그 생산성이 매우 높다. 그리고 한자는 그 조합이 자유로워 새 단어로 나타내는 데에 큰 장점을 가지고 있다. 더욱이 한자는 단어문자로서 의미를 압축적으로 담고 있는 특성이 있다.

[중국어]

중국어 유추는 기존 단어 중 일부를 대치하여 새로이 만들어 낸 것. 대부분은 고유어로 만든 것이다. 표면적으로 음성적 유사성에 기초한 유추와 의미적 유사성에 기초한 유추 두 가지로 구분한다.

〈표 3-6〉 중국어 '유추'의 분류

유추에 의한 단어 형성의 분류	
표면적 유사성에 기초한 유추	음성적 유사성에 기초한 유추
	의미적 유사성에 기초한 유추

1) 고유어

(1) 가. 壓洲[yā zhōu], 樂羊羊[lè yáng yáng], 皇瓜[huáng guā], 葱擊波[cōng jī bō]

나. 金立方[jīn lì fāng], 藍立方[lán lì fāng]

(1) 가는 음성적 유사성에 기대어서 유추된 단어들이다. '壓洲[yā zhōu]'는 '亞洲[Yà zhōu]'에서 유추해온 것이고 '아시아로 서방의 자본이 흘러들어왔을 뿐 아니라 동시에 아시아 일대 국가에서 전체적으로 압력도 증가했다는 뜻으로 아시아'를 부르는 말이다. '樂羊羊[lè yáng yáng]'는 '樂洋洋[lè yáng yáng]'에서 유추해온 것이다. '皇瓜[huáng guā]'는 '黃瓜[huáng guā]'

한자를 자유롭게 조합하여 새 단어를 쉽게 만들어 낸다는 것이 한자어의 가장 두드러진 조어법적 특성이다(이익섭·채완 2000:86-87). 그리하여 기존 단어 중 자립할 수 없는 요소의 일부를 대치하여 새로이 유추해 낼 때는 한자어가 가장 많이 선택한 법이다.

에서 유추해온 것이고 '요새 대폭적 가격이 인상하는 오이'에 대해 皇帝(황제)의 皇(황)으로 우스개로 부른 것이다. '葱擊波[cōng jī bō]'는 '冲擊波[chōng jī bō]'에서 유추해온 것이다. (1나)는 의미적 유사성에 기대어서 유추된 단어. '金立方' 및 '藍立方'는 모두 '水立方'에서 유추해온 것이다.

2) 외래어+고유어

　(2) 好萊虎(Hollywood虎)[hǎo lái hǔ]

(2)는 음성적 유사성에 기대에서 유추된 단어. '好萊虎[hǎo lái hǔ]'는 '好萊塢(할리우드, Hollywood)[hǎo lái wù]'에서 유추해온 것이며, 네티즌들은 할리우드 영화 및 그에 따르는 창작 집체의 애칭.

〈표 3-7〉 중국어 '유추'의 분류 및 예

분류	원어	단어 수	비율(%)	예
음성적 유사성	고유어	4	57	壓洲, 樂羊羊, 皇瓜, 葱擊波
	외래어+고유어	1	14	好萊虎
	계	5	**71**	
의미적 유사성	고유어	2	29	金立方, 藍立方
	계	2	29	
계		7	100	

중국어 '유추'는 '음성적 유사성'과 '의미적 유사성'으로 나누어 있다. '음성적 유사성'은 전체의 71%를 차지하는데 '의미적 유사성'은 전체의 29%만 차지한다. 원어결합에는 주로 고유어로 만든 것이며 고유어만 유추된 단어는 전체의 86%를 차지한다. 중국어 유추에서 주로 고유가 형성하는 특징은 고유어가 하나도 없는 한국어 유추와 크게 다르다.

3.3. 차용

[한국어]

차용은 외국어를 가감 없이 그대로 한국어에 들어와서 쓰이는 것. 차용어 중에 영어의 비율이 가장 높다. '덕트(duct)', '드로어즈(drawers)'16) 따위를 그런 예로 들 수 있다. 영어 아닌 외래어로는 중국어의 '치우미(球迷)',17) '하한쭈(哈韓族)'18) 등이다. 최근 서구 외래어 신어는 영어의 원뜻을 한국식으로 새롭게 인식하여 서구 문물의 유입으로 인해 현대 사회에 부합되도록 차용된 것이 많다.

'차용'에는 주로 영어를 기반으로 생성되었는데 전체의 약 80% 이상을 차지한다. 동양권 외래어는 주로 중국 및 일본에서 차용해 온다. 구체적인 예를 보면 다음과 같다.

1) 서구 외래어

① 영어에서 온 경우

    (1) 덕트(duct), 드로어즈(drawers), 리클라이너(recliner), 사이벡스(sybex), 스켈레톤(skeleton), 스토캐스틱(stochastic), 아트웨어(artware), 컬러링(coloring), 코즈모크래츠(cosmocrats), 틴팅(tinting), 플래시(flash), 레즈(Reds), 퀴저

---

16) 드로어즈는 삼각팬티와 사각팬티를 절충하여 만든 팬티. 팬티의 끝이 가랑이까지 늘어지는 것이 특징이다(국립국어원 2002:23).
17) 치우미는 중국의 광적인 축구 팬을 이르는 말(국립국어원 2002:56).
18) 하한쭈는 한국의 대중문화에 열광하는 중국의 신세대(국립국어원 2002:67).

(quizer), 클러버(clubber), 박테리오세러피(bacteriotherapy), 사이버세러피 (cybertherapy), 리플릿(leaflet), 매지션(magician), 리드(lead), 뷰로(bureau), 브릭스(BRICs), 블로거(blogger), 비르투오시티(virtuosita), 세그웨이(segway), 스와핑(swapping), 오버그라운드(overground), 와이너리(winery), 왁스(wax), 인터미션(intermission), 파우치(pouch), 플라노(flano), 헴(hem), 호젤(hosel), 힐리스(Heelys), 구골(googol), 로또(lotto), 웰빙(well-being), 구골플렉스 (googolplex), 내비게이션(navigation), 노플레이션(noflation), 드라이브(drive), 미션(mission), 밀리유닛(milliunit), 브릭(brick), 비니(beanie), 살라피스 (salafis), 선다운(sundown), 셰프(chef), 알레아토릭(aleatorik), 오아르브(orb), 오지지(Ogg), 웰루킹(well-looking), 타투이스트(tattooist), 지피(zippie), 차 브(chav), 초피(choppie), 큐팩(Q-pack), 텔레코즘(telecosm), 트림(trim), 티 머니(T-money), 티보드(T-board), 포크로어(folklore), 플라이(vlei), 피겨(figure), 피타야(pitaya), 헬스웨어(healthware), 카르복시세러피(carboxytherapy), 에어로 바틱(aerobatic), 위버섹슈얼(Ubersexual), 인텔리데이팅(Intellidating), 잔토휴 몰(xanthohumol), 에고서프(egosurf), 에고서핑(egosurfing), 코레니즘(Corenism), 유라시아니즘(Eurasianism), 기프(geep), 베이핑(vaping), 셀피(selfie), 잼스 (jams), 콘드룰(chondrule), 테크볼(teqball), 우먼나이제이션(womanization), 이타루시주맙(idarucizumab), 스테이셔닝(stationing), 트윕(tweep), 프래깅 (fragging), 필록싱(piloxing), 이멜디픽(Imeldific)

(1)에 예문은 영어에서 온 것이다. '스테이셔닝'은 '돌고래가 몸을 수직으 로 세운 뒤 얼굴을 물 밖으로 내미는 행동'을 의미하고, '트윕'은 '트위터를 이용하는 사람'을 뜻한다.

② 영어 아닌 다른 서구 외래어에서 온 경우

    (2) 야마카시(yamakasi), 바리스타(barista)

(2)에 '야마카시(yamakasi)'는 아프리카 어이며, '바리스타(barista)'는 이탈리아 어이다.

2) 동양권 외래어

①　일본어에서 온 경우

    (3) 오타쿠(おたく[お宅]), 욘사마(ようん[勇]＋さま), 부르카(ブルカ, burqa)

②　중국어에서 온 경우

    (4) 치우미(球迷), 빠스(拔絲), 삼보일배(三步一拜), 샤오쯔(小資), 안전투(安全套), 하이구이(海歸), 파빙지려(破氷之旅), 하한쭈(哈韓族)

③　남방 불교에서 온 경우

    (5) 위파사나

(5)에 '위파사나'는 '남방 불교에서, 정념(正念)을 사용하여 진리를 깨닫고자 하는 수행법'을 의미한다.

<표 3-8> 한국어 '차용'의 분류 및 예

분류(기원)	단어 수	비율(%)	예
서구 외래어	88	88	덕트(duct), 드로어즈(drawers), 리클라이너(recliner), 바리스타(barista)
동양권 외래어	12	12	오타쿠(おたく[お宅]), 치우미(球迷), 빠스(拔絲), 삼보일배(三步一拜), 샤오쯔(小資)
계	100	100	

<표 3-8>을 통해 한국어 '차용'의 형성은 주로 서구 외래어에서 빌려온 것을 알 수 있다. 한국어 '차용'에서 88%를 서구 외래어로 만들고 12%만 동양권 외래어로 형성된다. 서구 외래어는 주로 '티머니(T-money), 리클라이너(recliner)'와 같은 영어에서 차용해 온 것이며, 동양권 외래어는 주로 '하한쭈(哈韓族), 오타쿠(おたく[お宅])'와 같은 중국이나 일본에서 온 것을 많이 차지한다.

[중국어]

중국어 '차용'은 외국어를 그대로 중국어에 들어와서 쓰이는 것. 차용어 중에 주로 영어와 동양권 외래어로 구성된 것이다.

1) 서구 외래어

   (1) 가. 谷歌(Google), 跑酷(park-our), 掘客(digger), 斷背(Brokeback), 威客(witkey)

      나. 笨nana(Banana)[19]

      다. 慕課(MOOC)[20]

---

19) 笨nana는 아이스크림의 이름이며, 겉모습은 바나나와 비슷하다.

예문 (1)은 영어에서 차용해 온 것이다. (1가)는 영어를 그대로 차용해온 것이고, (1나)에 '笨nana'는 영어에서 차용해온 후에 한자어 '笨'와 영어 'nana'를 같이 표시한 단어이다. (1다)에 '慕課'는 'Massive Open Online Courses'의 두문자어 'MOOC'를 중국어에 차용해온 것이다.

2) 동양권 외래어

① 한국어에서 차용해온 경우

  (2) 世宗(sejong), 辛奇(김치)21)

② 일본어에서 차용해온 경우

  (3) 控(コン)

③ 인도네시아에서 차용해온 경우

  (4) 安代克22)

중국어 '차용'의 분류 및 예를 정리하면 아래와 같다.

---

20) 慕課 명사. 대규모 공개 온라인 강좌. MOOC의 음역. Massive(대규모), Open(공개), Online(온라인), Course(강). (侯敏, 鄒煜 2014:66). [2013년 5월 신어]
21) 辛奇 명사. 한국 농림수산부에서 김치의 공식 한자 명칭을 '신치'(辛奇)로 지정했다. 辛奇, 한국어 kimchi의 음역. (侯敏, 鄒煜 2014:112-113). [2013년 11월 신어]
22) 安代克 명사. 安代克(안다이커)복장은 인도네시아가 APEC를 참석한 각국 지도자에게 준비한 복장. [安代克, 인도네시아어 endek의 음역]

분류(기원)	단어 수	비율(%)	예
서구 외래어	7	63.64	谷歌(Google), 跑酷(park-our), 掘客(digger)
동양권 외래어	4	36.36	世宗(sejong), 控(コン)
계	11	100	

중국어 '차용'에 해당하는 신어는 한국어보다 수량이 적은 편이고 똑같이 주로 서구 외래어 및 동양권 외래어로 구성되며 서구 외래어의 비율은 동양권 외래어의 비율보다 높다. 그러나 중국어 신어에서 같은 동양권 외래어에 받은 영향은 한국어보다 더 큰 편이다.

3.4. 축소

[한국어]

축소는 단어의 형태가 줄여서 간략하게 쓰이는 것. '곰신(고무(gomme)신)',[23] '펌(퍼 옴)' 따위가 대표적인 예이다.[24] 축소의 개념이 크게 두 가지가 있다. '좁은 의미의 축소'로 보는 견해가 있고, '넓은 의미의 축소'로 보는 견해도 있다.

먼저, '좁은 의미의 축소'를 보자.

---

23) 곰신은 인터넷상에서, '고무신'을 줄여 이르는 말. 군대 간 남자 친구를 기다리는 여자를 가리킨다(국립국어원 2002:18).
24) '강쥐(강아지)'는 3음절 '강아지'가 2음절 '강쥐'로 합쳐진 것이다. 일반적인 '축소' 현상으로 볼 수 없어서 독특한 예라서 연구대상에서 제외한다.

『표준국어대사전』에서는 단일어에서의 형식 삭감은 단일어 내에서 음운 축약이나 음운 탈락으로 음절수가 줄어든 말을 준말이라고 한다.

양명희, 박미은(2015:6)에서 단일어의 형식 삭감은 음운 축약, 음운 및 음절 탈락, 절단에 의해 새로운 단어형을 형성하며, 이 형식 삭감형은 어근으로 사용되어 새로운 복합어를 만드는 데 참여함을 알 수 있다.

〈표 3-10〉 단일어에서의 형식 삭감-축약(양명희·박미은 2015:6)

종류		예
음운 축약		애(←아이), 쇤(←小人)
음운 탈락	후행 모음 탈락	맘(←마음), 갈(←가을)
음절 탈락	후행 음절의 일부 음절이 탈락	멈(←머슴), 좀(←조금)
	단어의 앞, 뒤, 중간 음절이 아예 탈락	가리(←아가리), 나(←나이), 살그니(←살그머니)
절단		횔(←횔씬)25)

다음, '넓은 의미의 축소'를 보자.

이주영·김정남(2014:49)에서 준말은 단일어에서 하나의 형태소가 내부적으로 줄어들어 축소형으로 생성되는 경우가 있다. 예를 들면, '가을[秋]'이 '갈', '마음[心]'이 '맘'이 되는 것과 같다. 그러나 둘 이상의 형태소가 결합하여 복합어를 이루는 과정에서 형태소 경계에서 일부 음운이나 음절이 탈락하면서 준말로 형성되는 경우가 많다. 이주영·김정남(2014)에서 형태 축소를 통한 한국어 신어 형성은 '음운 탈락'과 '음절 탈락'으로 나누어 있다. '음운 탈락'에는 '모음 연쇄에서의 후행 모음 탈락', '모음 연쇄에서의 선행 모음 탈락', '후행 음절의 음절 말 모음 및 자음 탈락'과 '후행 음절 자음

---

25) '횔'은 후행 음절이 탈락한 것이다. 음절 자체가 잘려나갔기 때문에 이를 자음이나 모음, 음절의 탈락이 아니라 절단으로 설명하는 경우도 있다. 그러므로 절단어의 예이다.

탈락 및 이중모음' 이렇게 네 가지로 나누어 있고, '음절 탈락'에는 크게 두 자어를 포함하여 명사 병렬 구성과 용언이 포함된 구(句) 구성으로 나뉜다. 구체적인 분류 방법은 아래 표와 같다.

〈표 3-11〉 형태 축소를 통한 한국어 신어 형성(이주영 · 김정남 2014:49)

분류			예
음운 탈락	모음 연쇄에서의 후행 모음 탈락	음운 탈락	설(서 · 울), 돔(도 · 움), 짱(짜 · 증)
		형태 축소	갠(개 · 인), 앤(애 · 인)
	모음 연쇄에서의 선행 모음 탈락	후행 자음과 선행 모음 탈락	걍(그 · 냥), 자철(지 · 하철)
		선행 모음 탈락	성복(수 · 영복)
		명사/대명사+조사	언냐(언니 · 야), 자갸(자기 · 야)
	후행 음절의 음절 말 모음 및 자음 탈락	후행 음절의 말 모음 탈락	잼(재 · 미), 놀방(노 · 래+방)
		후행 음절의 말 모음과 자음 모두 탈락	캘터(캐 · 릭터), 땜(때 · 문)
	후행 음절 자음 탈락 및 이중모음		솩(수 · 학), 꽝(포 · 항)
음절 탈락: 두자어 구성	명사 병렬 구성: N+N 구조		무도(무한 도전)
	용언이 포함된 구(句) 구성		가싶남(가지고 싶은 남자)

박선옥(2015:72-76)에서 신어-축약의 어종을 살펴본 후에, 축약의 구조종 류는 '음운의 축약'에 의해 생성된 것과 구나 문장의 '음절의 축약'에 의해 생성된 두 가지 구조로 분석하였다. '음운의 축약'에서 '모음이 연쇄된 환경'과 '모음이 연쇄하지 않는 환경'으로 구분하였다. '음절의 축약'에서는 주로 명사 나열의 병렬적 구조를 제시하였다.

〈표 3-12〉 신어-축약의 구조종류 분류 도표(박선옥 2015:72-76)

		구조 종류		예
축약	음운의 축약	모음이 연쇄된 것	선행 모음 탈락	셩장
			후행 모음 탈락	갠톡
		모음이 연쇄되지 않는 것	선행 모음 탈락	/
			후행 모음 탈락	얼집, 융차
	음절의 축약			여사친, 너곧나

위에 살펴본 바와 같이 '축소'에 관한 논의는 두 가지가 있는데 본 논문에서는 '좁은 의미의 축소'의 관점을 수용할 것이다. 양명희, 박미은(2015:6)에서 단일어의 형식 삭감은 음운 축약, 음운 및 음절 탈락, 절단에 의해 새로운 단어형을 형성한다고 보았는데 본 논문에서 '축소'는 음운 탈락, 음절 탈락에 의해 단어를 생성한 것으로 보고자 한다. 양명희, 박미은(2015)와 비교하면 '절단'은 '축소'에 보지 않고 따로 분류하겠다. 이주영·김정남(2014)에서 '음운 탈락'에는 '모음 연쇄에서의 후행 모음 탈락', '모음 연쇄에서의 선행 모음 탈락', '후행 음절의 음절 말 모음 및 자음 탈락'과 '후행 음절 자음 탈락 및 이중모음' 이렇게 네 가지로 나눌 수 있는데 본 논문에서 '신어-축소'의 예 중에 '곰신(고무(gomme)신)'과 같은 '후행 모음 탈락'의 예만 있어서 '음운 탈락'에서 '후행 모음 탈락'만 유지할 것이다. 이주영·김정남(2014)에서 음절 탈락을 크게 두자어를 포함하는데 이 책에서 음절 탈락에는 두자어를 포함하지 않는다. 그래서 양명희, 박미은(2015) 중에 '음절 탈락'의 분류 방법을 수용할 것이다. 그러나 이 책에 '신어-축소'에서 앞 음절이 탈락한 예가 없어서 양명희, 박미은(2015)와 달리 '음절 탈락'에서 '후행 음절의 일부 음절이 탈락'과 '뒤, 중간 음절이 아예 탈락'으로 나뉜다. 축소의 분류방법은 아래 표와 같이 정리할 수 있다.

〈표 3-13〉 한국어-'축소'의 분류

구조 종류		예
음운 탈락	후행 모음 탈락	곰신(고무(gomme)신), 펌(퍼 옴)
음절 탈락	후행 음절의 일부 음절이 탈락	업글(업그레이드upgrade)
	중간 음절이 아예 탈락	미자(←未成年者)
	뒤 음절이 아예 탈락	사이(사이월드cyworld)

1) 고유어

(1) 펌(퍼 옴)

예문 (1)은 음운 탈락 중에 후행 모음 탈락의 예이다. '펌'은 '퍼 옴'의 축소어인데 뒤 음절 '옴'의 모음 'ㅗ'가 탈락하고 남은 자음이 앞 음절의 받침이 되어 '펌'이 된 것이다.

2) 한자어

(2) 미자(未成年者)

(2)는 음절 탈락의 예이다. '미자'는 '미성년자'의 중간 부분을 아예 탈락해서 '미자'가 된 것이다.

3) 외래어

(3) 업글(업그레이드upgrade)
(4) 사이(사이월드cyworld)

(3)은 음절 탈락 중에 후행 음절의 일부 음절(ㅔ이드)이 탈락의 예이다. '업글'은 '업그레이드'가 줄어든 말로 '업그레이드'의 세 번째 음절의 어두 'ㄹ'은 앞 음절의 받침이 되고 모음 'ㅔ' 탈락 후 남은 음절을 모두 탈락된 것이다. (4)는 음절 탈락 중에 뒤 음절이 아예 탈락의 예이다. '사이'는 앞부분만 취하여 뒷부분 '월드(world)'를 탈락된 것.

4) 고유어+한자어

(5) 할바(한나라黨+알바), 세젤예(世上에서+제일+예쁜+아이)

(5)에 예는 모두 음운의 탈락 중에 모음이 연쇄되어 있는 예이다. '할바'는 우선 '한+알바', '한'의 받침 'ㄴ'이 떨어지고 그 다음에 '하+알바', 모음 'ㅏ'가 탈락하고 남은 자음 'ㄹ'가 앞 음절의 받침이 되어 '할바'으로 축소된 것이다. '세젤예' 전체는 두음절어 형성이지만 그 안에 일부가 축소 현상을 보인다. '제일'은 '젤'로 되는 것이 후행 모음 탈락의 예이다.

5) 외래어+고유어

(6) 곰신(고무(gomme)신)

(6)은 음운 탈락 중에 후행 모음 탈락의 예이다. '곰신'은 '고무+신'에 2음절 '고무'가 1음절 '곰'으로 합쳐진 것. '고무'의 후행 음절의 모음 'ㅜ'가 탈락하고 남은 자음이 앞 음절의 받침이 되면서 음절이 줄어들어 '곰'이 된 것이다.

<표 3-14> 한국어 '축소'의 분류 및 예

분류		원어	단어 수	비율(%)	예
음운 탈락	후행 모음 탈락	고유어	1	14.29	펌(퍼 옴)
		고유어＋ 한자어	2	28.57	할바(한나라黨＋알바), 세젤예(世上에서＋제일＋ 예쁜＋아이)
		외래어＋ 고유어	1	14.29	곰신(고무(gomme)신)
음절 탈락	중간 음절이 아예 탈락	한자어	1	14.29	미자(未成年者)
	후행 음절의 일부 음절이 탈락	외래어	1	14.29	업글(업그레이드upgrade)
	뒤 음절이 아예 탈락		1	14.29	사이(사이월드cyworld)
계			7	100	

한국어 '축소'에서는 '음운 탈락'과 '음절 탈락'으로 나누어 있다. '음운
탈락'에는 '후행 모음 탈락'만 나타나고, '음절 탈락'에는 '중간 음절이 아
예 탈락', '후행 음절의 일부 음절이 탈락'과 '뒤 음절이 아예 탈락' 이렇게
세 가지로 나뉜다. 원어 결합에는 '고유어, 한자어, 외래어, 고유어＋한자어'
의 유형이 나타난다. 그 중에 '음운 탈락'으로 만든 것은 4개이며, '음절 탈
락'으로 만든 것 3개가 생성된다.

[중국어]

周荐(2015:404)에서 '축약'은 '전칭(全稱)'에 대해 말하는 것이다. '축소'는
축소의 기초에서 대표적인 형태소 몇 개를 잘라서 새로운 단위를 만든 것이

며, 이 새로운 단위는 기존 언어 어휘에 존재하지 않는 것이다. 예를 들어, 공청단(공산주의 청년단).[26]

『現代漢語詞典』(1998)에서 '약어'는 구로 줄여서 만든 합성어이다. 예를 들어, 농개(농지개혁).[27]

劉叔新(2005:93)[28]에서 축약어는 일반적 복합어와 같다. 구조상에서 떼어 낼 수 없는 것이고 중간에도 다른 성분을 삽입할 수 없고 그 의미도 표면적 의미를 통해 바로 알 수 없으며 기능상에서 자유롭게 문장 성분이 돼서 그 역할은 한 단어와 같다.

위에서 학자들은 '축소'에 대해 여러 가지 관점을 봤는데 '약칭'이라고 생각하는 학자가 있고, '축약'이라고 부르는 학자도 있고, '약어'라고 부르는 학자도 있지만 본 논문에서는 '축소'로 정의한다. '축소'는 기존언어를 '축소'나 '총괄'을 통해 만든 단어들을 가리키며 합성어에 속하지 않는 것이다. '축소'의 분류방법은 아래 <표 3-15>와 같다.

〈표 3-15〉 중국어 '축소'의 분류

축소를 통한 중국어 신어 형성		
구조 종류		예
형태소(語素) 탈락	중간 형태소가 아예 탈락	三胺(三聚氰胺, Melamine)

---

26) 周荐(2015:404)에서 "縮略, 也是相對于全稱而言的。 縮略是從其所由縮略的基础上戳取出几个有代表性的語素另行組合成一个新的單位。 這新的單位本不存在于語言詞匯中。 例如: 共青團(共産主義青年團)。"

27) 『現代漢語詞典』(1998)略語是由詞組緊縮而成的合成詞, 如土改(土地改革)。

28) 縮略詞和一般的复合詞一樣, 形式上不能拆開, 中間也不能挿入其他成分, 其意義也往往不能凭借字面意義簡單相加而獲得, 在功能上能自由充当句子成分, 其作用相当于一个詞(劉叔新 2005:93)。

1) 외래어

(1) 三胺(三聚氰胺, Melamine)

중국어 '축소'에는 '三胺' 하나만 있다. 예문 (1)에 '三胺'는 중간 형태소가 아예 탈락해서 만든 것, '멜라민'의 뜻이다.

〈표 3-16〉 중국어 '축소'의 분류 및 예

분류		원어	단어 수	비율(%)	예
형태소(語素) 탈락	중간 형태소가 아예 탈락	외래어	1	100	三胺(三聚氰胺, Melamine)
계			1	100	

중국어 '축소'에는 '형태소 탈락'만 있고 그 중에도 '중간 형태소 아예 탈락' 하나만의 하위분류만 있다. 원어결합에는 외래어 한 가지만 있다.

3.5. 확대

[한국어]

확대는 원래 있던 단어의 의미가 유지하고 단어 형태만 변화가 일어난 것. 확대는 음운 추가와 음절 추가로 분류할 수 있다.

1) 고유어

(1) 즈엄집(점+집)

(2) 소오름(소름)

　(1)은 음운 추가의 예이다. '즈엄집'은 '점집'의 확대어이다. '점'의 어두 'ㅈ'에 모음 'ㅡ'가 추가하고 받침이 된 후에, 모음이 연쇄되어 있는데 뒤 음절에다가 'ㅇ'가 추가하여 어두가 되어 '즈엄'이 된 것이다. 이것은 선행 모음 추가의 예이다. (2)는 음절 추가의 예이다. 1음절 '소'는 2음절 '소오' 로 확대된 것. 중간 음절 추가의 예이다.

〈표 3-17〉 한국어 '확대'의 분류 및 예

분류		원어	단어 수	비율(%)	예
음운 추가	선행 모음 추가	고유어	1	50	즈엄집(점+집)
음절 추가	중간 음절 추가	고유어	1	50	소오름(소름)
계			2	100	

　한국어 '확대'에서는 '음운 추가'와 '음절 추가'로 나누어 있다. '음운 추 가'에는 '선행 모음 추가'만 나타나며, '음절 추가'에는 '중간 음절 추가'만 있다. 원어 결합에는 '고유어'의 유형만 나타난다.

3.6. 이의

[한국어]

　이의는 단어의 원래 의미에다가 확장되거나 비유적으로 쓰여 기존 의미 에서 벗어난 것을 가리킨 것이다.

1) 고유어

    (1) 귀때기, 어중치기, 도토리

  예문 (1)에 '도토리'는 원래 '갈참나무, 졸참나무, 물참나무, 떡갈나무의 열매를 통틀어 이르는 말'인데 요새 신어로 '인터넷 서비스 업체인 '싸이월드(cyworld)'에서 아이템을 구입할 때 쓰는 사이버머니'의 의미로 쓰이기도 한다.

2) 한자어

    (2) 삼팔선(三八選), 자살(刺殺), 작업(作業), 폐인(廢人), 마방(馬房), 노선(盧線), 방법(方法), 종선여류(從善如流)

  (2)에 '방법'은 원래 '어떤 일을 해 나가거나 목적을 이루기 위하여 취하는 수단이나 방식'의 뜻인데 최근에 신어로 '인터넷상에서, 호되게 꾸지람을 주거나 벌을 주는 일'을 의미한다.

3) 외래어

    (3) 레플리카(replica), 싱글(single), 콜(call), 자이갠티즘(gigantism)

〈표 3-18〉 한국어 '이의'의 분류 및 예

분류(기원)	단어 수	비율(%)	예
고유어	3	20	귀때기, 어중치기, 도토리
한자어	8	53	삼팔선, 자살, 작업

외래어	4	27	레플리카, 싱글, 콜
계	15	100	

한국어 '이의'의 원어결합에서는 '고유어, 한자어, 외래어'가 있는데 그 중에 한자어의 비율이 가장 높고 그 다음 외래어이며 고유어의 비율이 상대적 낮은 편이다.

[중국어]

1) 고유어

    (1) 叉腰肌, 奇葩, 小二

(1)에 '奇葩'는 원래 '진기하고 아름다운 꽃'의 뜻이고, '수준 높은 문학 작품· 걸작'을 비유하는데 최근에 '이상한 사람 혹은 기이한 사건들'을 뜻하는 신어로 부정적이거나 혐오적인 의미나 코믹한 색채를 지니고 있다.

2) 외래어

    (2) 粉(fans)

〈표 3-19〉 중국어 '이의'의 분류 및 예

분류(기원)	단어 수	비율(%)	예
고유어	3	75	叉腰肌, 奇葩, 小二
외래어	1	25	粉(fans)
계	4	100	

중국어 '이의'에서는 고유어의 비율이 상대적 높은 특징은 한국어와 다르다. 한국어 '이의'에서 고유어의 비율이 가장 낮은 것이다.

3.7. 요약

지금까지 논의한 한·중 '생성, 유추, 차용, 축소, 확대, 이의'를 정리하면 다음 표로 요약할 수 있다.

〈표 3-20〉 한국어 신어의 형성기제 구조 분석 도표

분류		원어	단어 수	비율(%)	예
생성		고유어	3	1.14	바라카라바, 가온머리
		한자어	91	34.47	사석(死席), 무초(舞草), 차면선(遮面扇)
		고유어+한자어	2	0.76	곰사(-舍), 빛삭(-削)
		기타	1	0.38	뷰러(?)
	계		100	**36.74**	
유추	음성적 유사성	고유어	/	/	/
		한자어	6	2.27	행자(行者), 먹사(牧師), 잉재(剩才), 어주구리(魚走九里)
		외래어	2	0.76	모모스(momos), 사우디-아메리카 (Saudi America)
		한자어+고유어	2	0.76	취집(就-), 손풍기(손風機)
		한자어+외래어	1	0.38	팬생팬사(fan生fan死)
	계		11	4.17	

의미적 유사성	고유어	/		/	
	한자어	26	9.85	반수(半修), 고사(高四), 한일동주(韓日同舟)	
	외래어	2	0.76	배드빙(bad-being), 일빙(ill-being)	
	한자어+고유어	5	1.89	본살(本+살), 새혼(-婚)	
	한자어+외래어	1	0.38	주골야독(晝golf夜讀)	
	계	34	12.88		
	계	45	**17.05**		
차용	서구 외래어	88	33.33	덕트(duct), 드로어즈(drawers), 리클라이너(recliner), 바리스타(barista)	
	동양권 외래어	12	4.55	오타쿠(おたく[お宅]), 치우미(球迷), 빠스(拔絲), 삼보일배(三步一拜), 샤오쯔(小資)	
	계	100	**37.88**		
축소	음운탈락 / 후행 모음 탈락	고유어	1	0.38	폄(퍼 옴)
		고유어+한자어	2	0.76	할바(한나라黨+알바), 세젤예(世上에서+제일+예쁜+아이)
		외래어+고유어	1	0.38	곰신(고무(gomme)신)
	계		4	1.52	
	음절탈락 / 중간 음절 아예 탈락	한자어	1	0.38	미자(未成年者)
	음절탈락 / 후행 음절 일부 음절 탈락	외래어	1	0.38	업글(업그레이드upgrade)
	음절탈락 / 뒤 음절 아예 탈락		1	0.38	사이(사이월드cyworld)

			계	3	1.14	
			계	7	2.65	
확대	음운추가	선행 모음 추가	고유어	1	0.38	즈엄집(점+집)
	음절추가	중간 음절 추가	고유어	1	0.38	소오름(소름)
			계	2	0.76	
이의			고유어	3	1.14	귀때기, 어중치기, 도토리
			한자어	8	3.03	삼팔선, 자살, 작업
			외래어	4	1.52	레플리카, 싱글, 콜
			계	15	5.68	
		계		264	100	

〈표 3-21〉 중국어 신어의 형성기제 구조 분석 도표

분류		원어	단어 수	비율(%)	예
생성		고유어	6	20	魚浮灵, 兔斯基, 海宝, 思客, 過車拍
		고유어+자모	1	3.33	飯Q
	계		7	**23.33**	
유추	음성적 유사성	고유어	4	13.33	壓洲, 樂羊羊, 皇瓜, 蔥擊波
		외래어+고유어	1	3.33	好萊虎
		계	5	16.67	
	의미적 유사성	고유어	2	6.67	金立方, 藍立方
		계	2	6.67	
	계		7	**23.33**	
차용	서구 외래어		7	23.33	谷歌(Google), 跑酷(park-our),

						掘客(digger)
	동양권 외래어			4	13.33	世宗(sejong), 控(コン)
	계			11	**36.67**	
축소	형태소 탈락	중간 형태소가 아예 탈락	외래어	1	3.33	三胺(三聚氰胺, Melamine)
	계			1	3.33	
이의			고유어	3	10	叉腰肌, 奇葩, 小二
			외래어	1	3.33	粉(fans)
	계			4	13.33	
계				30	100	

　　한·중 신어의 형성기제 구조 분석 도표를 정리해 보면, 한국어 '차용'은 전체의 37.88%를 차지하고 중국어 '차용'은 전체의 36.67%를 차지해서 한·중 '차용'은 다 가장 높은 비율을 차지하고 있다. 한국어에서 두 번째로 많은 것은 36.74%를 차지하는 '생성'이며, 중국어에서는 모두 23.33%를 차지하는 '생성'과 '유추'이다. 세 번째로 많이 사용하는 형성기제로, 한국어는 17.05%를 차지하는 '유추'이며 중국어는 13.33%를 차지하는 '이의'이다. 한국어 '이의'는 5.68%를 차지한다. 한국어에서 '생성'으로 만든 신어는 중국어 '생성'보다 조금 더 많이 사용하는 반면에 중국어 '유추'는 한국어보다 더 많은 비율을 차지한다. 중국어 '이의'는 한국어보다 두 배 이상을 많이 사용하는 것이다. '축소'의 비율은 비슷하게 나타나고, '확대'는 중국어 신어에서 안 보이는 것이다. 한국어 신어들의 어원별 특징을 살펴보면, '한자어'나 '외래어'의 비율이 '고유어'보다 많은 것이다.[29] 중국어는 주로 고유어와 외래어

---

29) 문금현(1999:313-315)에서 순수 고유어로 된 신어는 매우 드물다. 새로운 문물이나 문명에 의해서 생겨난 신어는 그 문물이 주로 다른 나라에서 유입되기 때문에 고유어로

로 신어를 생성하며 외래어보다 고유어 더 많이 선호한 것이다.

'생성'을 보면 한국어 '생성'에서 한자어의 비율이 제일 많아서 전체의 36.74%를 차지하나 중국어 '생성'에서 고유어의 비율이 가장 많아서 전체의 20%를 차지하는 것이다.

'유추'를 보면 한국어 음성적 유사성은 4.17%를 차지하고 의미적 유사성은 12.88%를 차지하는 것이다. 중국어 음성적 유사성은 16.67%를 차지하고 의미적 유사성은 6.67%를 차지하는 것이다. 이로부터 한국어에서는 '의미적 유사성'을 더 많이 차지하는 반면에 중국어에서는 '음성적 유사성'을 더 많이 차지한 것을 알 수 있다. 또한, 한국어 '유추'에서 한자어의 비율이 제일 많아서 전체의 16.29%를 차지하지만 중국어 '유추'에서 고유어의 비율이 가장 많아서 전체의 20%를 차지하는 것이다.

'차용'을 보면 한국어에서 서구 외래어는 33.33%를 차지하고 동양권 외래어는 4.55%만 차지한다. 중국어에서 서구 외래어는 23.33%를 차지하고 동양권 외래어는 13.33%를 차지한다. 이에 따라 한·중 모두 '동양권 외래어'보다 '서구 외래어'의 비율이 훨씬 더 높은 것을 볼 수 있다.

'축소'를 보면 한국어에서는 '음운 탈락' 및 '음절 탈락'을 통해 신어를 만들었지만 중국어에서는 '형태소 탈락'을 통해 만든 것이다. 한국어 '축소'에서는 고유어, 한자어, 외래어가 모두 있어서 전체의 2.65%를 차지하고 중국어 '축소'에서는 외래어만 있고 전체의 3.33%를 차지하는 것이다.

만들어지기가 힘들다. 한국어 '유추'도 주로 한자어를 사용하며 기존의 어휘에서 유추하여 한 글자만을 바꾸어 신어를 만든다. 이는 한자어 기존의 단어에 한두 개의 한자만을 대치하여 새로운 단어를 만든다는 것을 보여준다. 고영근·구본관(2008:245)에서는 한자어가 많은 어휘에 생산적으로 쓰이고, 독립된 뜻을 가지고 있다는 특성이 있다. 구본관·박재연·이선웅·이진호·황선엽(2015:153-154)에서는 한자어는 고유어에 비해 매우 쉽게 단어를 만든다. '독서(讀書)'처럼 고유어로 표현하기에는 다소 길어질 수 있는 개념이 한자어로는 간단한 단어로 표현될 수 있음을 보여 준다.

'확대'를 보면 한국어에서 '음운 추가'와 '음절 추가'의 비율이 각각 0.38%를 차지하지만 중국어에서 '확대'를 통해 만든 것은 없다.

'이의'를 보면 한국어에서 3.03%를 차지하는 '한자어'의 비율이 가장 많고 그 다음 순위는 외래어이고 마지막으로는 고유어이다. 이와 반대로 중국어에서 10%를 차지하는 고유어의 비율이 제일 많고 그다음 순위는 외래어이다.

제4장

한·중 신어의 조어 방식

4.1. 합성

[한국어]

복합어란 두 개 이상의 형태소로 결합되어 이루어진 단어. 이 책에서 '합성, 파생, 통사론적 구성의 단어화, 혼성, 두음절어 형성'은 모두 복합어의 유형에 속한다고 판단된다. 합성은 합성어를 만드는 단어 형성 절차이다. 합성어는 둘 이상의 실질형태소가 결합한 단어이다(고영근·구본관 2008:230-231). 신어에서는 같은 기원을 가진 단어끼리 결합하는 것이 일반적이지만 다른 기원을 가진 단어끼리와 결합하는 현상도 같이 나타난다. 합성어는 순수 고유어끼리 아니면 한자어끼리, 그리고 '고유어+한자어/외래어' 등과 같은 결합방식이 있다. 이 이외에도 '외래어+외래어'와 같은 방식으로 분류해서 살펴볼 수 있지만 이 책에서 '외래어+외래어'의 결합 방식은 포함하지 않는다. '한자어+외래어'나 '고유어+외래어'같은 결합 유형은 한국어 신어 합성어로 인정한다.

합성은 '단순형', '합성+합성', '파생+합성', '혼성+합성', '두음절어 형성+합성', '절단+합성', '축약+합성', '합성+첩어형성', '기타+합성'으로 나눈다. 합성 중에 '단순형' 및 '합성+합성'형은 형태의 변형이 거의 없는 경우, 나머지 유형은 변형이 있는 경우이다. 4.1에서 주로 합성어들의 '단어와 단어'나 '단어와 어근' 등의 결합 양상을 자세히 관찰하여 밝혀 볼 것이다. '품사'의 결합 양상 및 '음절수'를 위주로 논의한다. '품사'의 결합 영상을 살펴보면 신어에서만 나타난 '부사+명사(납작머리)', '어근+명사(싱싱회)', '명사+어근(도우미견)', '동사 어간+명사(어울통신)', '동사 어간+어미+명사(안다박수)' 등 이런 구조가 있는 것을 알 수 있고, '음절수' 기준으로 분류해보니까 1음절이 결합한 것이 제일 많고, 2음절의 경우에 생산적으로 결합한 양상을 확인할 수 있다.

각 학자들이 명사합성법에 대한 분류 체계는 아래와 같이 정리하고 있다. 합성어의 조어 방식은 우선 원어유형별로 정리한 후에 그 다음으로 품사 기준으로 분류한다. 원어 분류에서는 주로 한자어, 고유어, 외래어의 결합 문제를 중심으로 보여주며, 품사 분류에서는 체언, 용언, 어근의 결합 양상을 다루는 것이다.

〈표 4-1〉 원어 표-복합명사의 구성 방식 분류(이익섭·채완 2000:71-73)

분류	예
한자어 어근+한자어 어근/한자어 어근+X/X+한자어 어근	手足, 父母, 家具
한자어와 고유어同義重複	面刀칼, 外家집, 손手巾, 담墻, 뼛骨

〈표 4-2〉 원어 표-신어 중에 합성어의 분류(노명희 2006:33-40)

분류 원어	품사	예
고유어+고유어	명사+명사	그림말('이모티콘'), 길도우미('내비게이션'), 멋올림('컬러링')
	부사+명사	다걸기('올인'), 두루누리('유비쿼터스')
	명사+명사1)	떡잔디, 물깔창, 불닭, 밤도깨비, 밑걸림, 배바지
고유어+한자어	명사+명사	곱창마차(--馬車), 동생부대(--部隊)
	어간+명사	어울통신(--通信)
	명사형/어근+명사	꾸림정보(--情報, '콘텐츠'), 시드름병(---病), 싱싱회(--膾)
	부사형+명사	이래서야정국(----政局)
한자어+고유어	명사+명사	군대끈(軍隊-), 명품개(名品-)
	명사+명사형	문잡이(門--)
한자어+한자어	명사+명사	도시농부(都市農夫), 문화접대(文化接對)
	명사+명사'2)	소아강박증(小兒强拍症), 태반주사(胎盤注射)
	어근+명사	반려동물(伴侶動物), 기숙과외(寄宿課外)
고유어+외래어	명사+명사	가위슛(--shoot), 공기캔(--can)
	명사+어근	올챙이송(---song), 싸가지송(---song)
외래어+고유어	/	바나나똥(banana-), 에어컨옷(air conditioner-), 트로피아내(trophy--)
한자어+외래어	명사+명사	보행벨트(步行belt), 온달콤플렉스(溫達complex)
	어근+명사	총명파스(聰明pasta), 무실세트(無失set)
외래어+한자어	/	디지털치매(digital癡呆), 베이비채소(baby菜蔬), 솔로부대(solo部隊)
외래어+외래어	/	다이어트폰(diet phone), 스트레스폰(stress phone), 박스폰(box phone)

1) (1다)도 고유어 명사끼리 결합한 신어로, 선행 명사가 대상을 지시하는 본래의 의미로 쓰이지 않고 후행 명사에 성상(性狀), 재료, 시간, 위치 등의 의미를 덧붙여 주는 역할을

〈표 4-3〉 품사 표-명사합성법의 분류(남기심·고영근 2015:213-215)

분류			예
통사적 합성법	명사+명사	대등적 합성어	논밭, 마소
		종속적 합성어	길바닥, 돌다리
	관형사+명사	성상관형사+명사	새해, 새마을
		지시관형사+의존명사	이것, 그것
	관형사형+명사	'-(으)ㄴ'관형사형어미에 의한 합성어	어린이, 큰아버지
		'-(으)ㄹ'관형사형어미에 의한 합성어	날짐승, 열쇠
	동사의 명사형+명사		갈림길, 지름길
비통사적 합성법	형용사 어간+명사		늦더위, 늦잠
	동사 어간+명사		감발
	첩어성을 상실한 의태어+명사		부슬비

〈표 4-4〉 품사 표-복합명사의 구성 방식 분류(이익섭·채완 2000:71-73)

분류	예
명사+명사	손목, 길눈, 고무신
사이시옷 개재되어 이루어진 복합명사	콧물, 곗돈, 바닷가
관형사+명사	새언니, 첫사랑, 헛소리
용언의 관형사형+명사	어린이, 올해, 작은아버지
용언 어간+명사	덮밥, 늦더위, 접칼
부사+부사	잘못
X+명사형/명사형+X[3]	말다툼, 보물찾기
부사+명사	살짝곰보, 왈칵샌님, 딱성냥
부사성 어근+명사[4]	보슬비, 얼룩소

한다(노명희 2006:34).

2) 이러한 부류에 두 명사의 관계가 일반적이고 습관적인 관계라고 보기 힘들다. 또한, 이런 의미 관계는 쉽게 예측이 되지 않아 신어로서의 신선함을 주는 면이 있다. 일반적인 의미관계는 화자가 무의식적으로 받아들이는 데 비해 예측을 벗어난 의미 관계는 화자에게 창조적인 신어로 인식될 수 있다(노명희 2006:37).

| 동사의 부사형+명사 | 섞어찌개, 살아생전 |
| 하나의 명사가 반복됨 | 나날, 집집, 사람사람 |

〈표 4-5〉 품사 표-합성명사의 구성 방식
(구본관·박재연·이선웅·이진호·황선엽 2015:122-124)

<table>
<tr><th colspan="2">분류</th><th>예</th></tr>
<tr><td rowspan="6">통사적 합성어</td><td>명사+명사</td><td>고무신, 창문</td></tr>
<tr><td>명사+ㅅ+명사</td><td>콧물, 바닷가, 봄비</td></tr>
<tr><td>명사+파생명사(혹은 명사형)</td><td>말다툼, 몸가짐</td></tr>
<tr><td>용언의 관형사형+명사</td><td>건널목, 어린이</td></tr>
<tr><td>용언의 명사형+명사</td><td>갈림길, 보기신경</td></tr>
<tr><td>관형사+명사</td><td>새언니, 첫사랑, 이것</td></tr>
<tr><td rowspan="5">비통사적
합성어5)</td><td>용언의 어간+명사</td><td>덮밥</td></tr>
<tr><td>비자립적 어근+명사</td><td>보슬비, 알뜰주부</td></tr>
<tr><td>용언의 연결형+명사</td><td>섞어찌개</td></tr>
<tr><td>부사+명사</td><td>살짝곰보</td></tr>
<tr><td>부사+부사</td><td>잘못</td></tr>
</table>

이익섭·채완(2000)에 원어에 따라 '복합명사의 구성 방식 분류 도표'를 보면 '한자어 어근+한자어 어근, 한자어 어근+X, X+한자어 어근, 한자어와 고유어同義重複'만 제시하며 노명희(2006)에 '신어 중에 합성어의 분류 도표'를 보면 '고유어+고유어, 고유어+한자어, 한자어+고유어, 한자어+한자어, 고유어+외래어, 외래어+고유어, 한자어+외래어, 외래어+한자어,

---

3) 한 쪽 구성요소인 명사를 제외한 '다툼, 찾기' 등이 명사형이긴 하나 그 자립성이 약하여 채 독립된 명사까지는 되지 못한 채 복합어 구성에 참여한 점에서 특이한 유형을 이루는 복합명사이다(이익섭·채완 2000:72).
4) '보슬, 얼룩'은 '보슬보슬, 얼룩얼룩'과 같이 반복되어야만 단어로서의 자립성을 가지는 어근이다(이익섭·채완 2000:72).
5) 구본관·박재연·이선웅·이진호·황선엽(2015:122)에서 합성명사 중에 통사적 합성어는 '명사+명사, 용언의 관형사형+명사'만 언급하고, 비통사적 합성어는 '용언의 어간+명사, 비자립적 어근+명사'만 제시한다. 다른 유형은 필자가 정리해서 추가한 부분이다.

외래어＋외래어'만 제시한다. 기존 연구를 보면 원어에 따라 합성명사의 구성 방식과 신어 중에 합성어의 분류 방식은 모두 많지 않은 편이다. 게다가 노명희(2006)같은 경우는 그 당시에 신어 자료집이 많지 않아서 연구의 한계가 있으므로 더 많은 원어 결합의 유형을 자세히 제시하지 못한다.

품사에 따라 분류한 표를 보면 학자마다 의견이 다르다. 남기심 · 고영근(2015)에서 '명사＋ㅅ＋명사, 명사＋어근, 명사＋명사형(혹은 파생명사), 용언의 연결형＋명사, 부사형＋명사, 부사＋부사, 어근＋명사, 부사＋명사, 부사성 어근＋명사'의 결합 유형이 제시하지 않고 이익섭 · 채완(2000)에서 '명사＋어근, 용언의 연결형＋명사, 첩어성을 상실한 의태어＋명사, 부사＋부사, 어근＋명사, 부사＋명사'의 결합유형을 보여주지 못하며 구본관 · 박재연 · 이선웅 · 이진호 · 황선엽(2015)에서 '명사＋어근, 첩어성을 상실한 의태어＋명사, 부사형＋명사, 부사성 어근＋명사, 하나의 명사가 반복됨'의 결합유형을 보충할 수 있다.

표 두 개를 본 후에 기존 연구에서는 위와 같은 아쉬움이 있어서 이런 바탕을 기준으로 나는 아래와 같이 분류하겠다.

〈표 4-6〉 원어 표-합성명사의 조어 방식

분류	예
고유어＋고유어	그림말, 길도우미, 불닭
고유어＋한자어	곱창마차(--馬車), 동생부대(--部隊)
한자어＋고유어	군대끈(軍隊-), 명품개(名品-), 문잡이(門--)
한자어＋한자어	도시농부(都市農夫), 문화접대(文化接對)
한자어 어근＋한자어 어근/한자어 어근＋X/X＋한자어 어근	手足, 父母, 家具
고유어＋외래어	가위슛(--shoot), 공기캔(--can)
외래어＋고유어	바나나똥(banana-), 에어컨옷(air conditioner-),

	트로피아내(trophy--)
한자어+외래어	보행벨트(步行belt), 온달콤플렉스(溫達complex)
외래어+한자어	디지털치매(digital癡呆), 베이비채소(baby茱蔬), 솔로부대(solo部隊)
외래어+외래어	다이어트폰(diet phone), 스트레스폰(stress phone), 박스폰(box phone)
한자어와 고유어同義重複	面刀칼, 外家집, 손手巾, 담墙, 뼛骨

〈표 4-7〉 품사 표-합성명사의 조어 방식

분류	예
명사+명사	논밭, 마소
명사+ㅅ+명사	콧물, 곗돈
명사+명사형(혹은 파생명사)	문잡이(門--)
관형사+명사	새해, 새마을
관형사형+명사	어린이, 큰아버지
동사의 명사형+명사	꾸림정보(--情報, '콘텐츠'), 시드름병(---病)
형용사 어간+명사	늦더위, 늦잠
동사 어간+명사	감발, 덮밥
용언의 연결형+명사	섞어찌개
첩어성을 상실한 의태어+명사	부슬비
부사형+명사	이래서야정국(----政局)
부사+부사	잘못
어근+명사	총명파스(聰明pasta), 무실세트(無失set), 싱싱회(--膾)
부사+명사	다걸기('올인'), 두루누리('유비쿼터스')
부사성 어근+명사	보슬비, 얼룩소
하나의 명사가 반복됨	나날, 집집, 사람사람

다음에 구체적인 예를 통해 알아보자.

가. 합성-단순형

이현미(1995: iv - vi)에서는 합성명사들을 모양(shape), 재료(material), 도구 (instrument), 시간(time), 성격(property), 용기(container), 기원(source), 장소(place), 성별(sex) 등의 9개 의미유형[6]으로 분류하였다. 종속합성명사[7]의 의미관계 에 의한 의미유형을 다음과 같다.

〈표 4-8〉 종속합성명사의 의미관계에 의한 의미유형 분류(이현미 1995)

분류			예
모양	①	N_1[모양]+N_2	주먹밥, 주먹코
	②	N_1+N_2[모양]	땀방울, 물방울
재료	①	N_1[재료]+N_2	팥죽, 팥떡
도구	①	N_1[도구]+N_2	붓글씨, 손빨래
	②	N_1+N2[도구]	면도칼, 과일칼
시간	①	N_1[시간]+N_2	봄비, 봄바람
	②	N_1+N_2[시간]	달밤, 꽃철, 이슬아침
성격	①	N_1[성격]+N_2	도둑눈, 도둑빨래
용기	①	N_1[용기]+N_2	밥그릇, 모래주머니
기원	①	N_1[기원]+N_2	바닷바람, 콩나물
장소	①	N_1[장소]+N_2	산길, 산토끼
	②	N_1+N_2[장소]	꽃밭, 눈밭
성별	①	N_1[성별]+N_2	암새, 수탉

이현미(1995)의 분류 방식을 보면 종속합성명사의 의미관계만 제시하기

---

6) '모양', '도구', '시간', '장소'의 경우는 합성명사의 결합 순서에 따라 두 가지 결합형태 가 나타난다. 그러나 ②의 유형보다는 ①의 유형에 해당하는 예들이 훨씬 더 생산적이 며, ②유형에 해당하는 예들은 소수에 불과하였다. 이것은 유속 합성명사가 [수식성분+ 핵심명사]의 통사적 성격을 가지고 있기 때문이다(이현미 1995:66-67).

7) 이현미(1995)에서 유속합성명사라고 한다.

때문에 이 책에서 '대등 합성명사'의 분류도 추가하겠다. 이현미(1995)에서 '귀속 대상, 용도/목적'8)의 의미 관계를 보여주지 못하지만 신어 연구에서 이런 예를 발견하여 여기도 보완할 것이다. '재료' 중에 '② N_1+N_2[재료]'의 구조는 기존연구에서 못 봐서 아마 신어에서만 나타나는 새로운 현상이므로 여기에서 보완하겠다. '성별'에 관한 합성명사는 기존연구에서 'N_1[성별]$+N_2$'의 구조만 나타나지만 신어에서 '참치남, 소금남'과 같은 'N_1+N_2[성별]'의 구조가 있다. '성격'에 관한 합성명사도 기존연구에서 'N_1[성격]$+N_2$'의 구조만 나타나지만 신어에서 'N_1+N_2[성격]'의 구조가 있다. 이런 바탕으로 본 논문에서는 아래와 같이 다시 분류하겠다.

---

8) 구본관·박재연·이선웅·이진호·황선엽(2015)에서는 '귀속 대상, 용도/목적'의 예를 발견하여 이런 분류 방식을 이미 언급하였다.

통사/의미관계 표-합성명사와 사잇소리 현상 도표
(구본관·박재연·이선웅·이진호·황선엽 2015:125-126)

분류		예
사잇소리현상이 나타나는 경우	선행 요소가 후행 요소의 **시간**인 경우	어젯밤, 봄비, 겨울잠
	선행 요소가 후행 요소의 **장소**인 경우	뒷집, 안방, 산돼지
	선행 요소(무정물)가 후행 요소의 **귀속 대상**인 경우	나뭇잎, 촛불, 솔방울
	선행 요소가 후행 요소의 **용도**나 **목적**인 경우	담뱃가게, 잠자리, 술잔
사잇소리 현상이 나타나지 않는 경우	선행 요소와 후행 요소가 **대등**한 관계(대등합성어)인 경우	강산, 논밭, 눈비
	선행 요소가 후행 요소의 **형상**인 경우	반달, 실비, 소나기밥
	선행 요소가 후행 요소의 **재료**인 경우	나무배, 금가락지, 도토리묵
	선행 요소가 후행 요소의 **수단**이나 **방법**인 경우	불고기, 칼국수, 전기다리미
	선행 요소가(유정물)가 후행 요소의 **소유주**나 **주체**인 경우	개다리, 새우등, 오리걸음

<표 4-9> 합성명사의 의미관계에 의한 의미유형 분류

분류			예
대등 합성어			개새
종속 합성어	재료	① N_1[재료]+N_2	쌀빵
		② N_1+N_2[재료]	잿개비
	장소	① N_1[장소]+N_2	땅줄
		② N_1+N_2[장소]	피물집, 수달사
	귀속 대상	① N_1[귀속 대상]+N_2	몸살, 족저사마귀
		② N_1+N_2[귀속 대상]	턱미남
	모양	① N_1[모양]+N_2	바나나똥, 매미춤
		② N_1+N_2[모양]	땅배
	성격	① N_1[성격]+N_2	불닭, 신발코, 곰손, 무지개꿀
		② N_1+N_2[성격]	척돌이, 척순이, 군대끈
	시간	① N_1[시간]+N_2	봄마중, 아침병
		② N_1+N_2[시간]	식목철
	도구	① N_1[도구]+N_2	발빨래, 손베개
		② N_1+N_2[도구]	다리베개, 방폭문
	용도/목적	① N_1[용도/목적]+N_2	보청견, 살해견
		② N_1+N_2[용도/목적]	쿨몽둥이, 골반팬티
	성별	① N_1[성별]+N_2	걸잡지
		② N_1+N_2[성별]	참치남, 소금남
	기원	① N_1[기원]+N_2	손반칙, 졸업빵

'합성어-단순형'은 주로 'AB(A+B)'의 구조이다.

1) 고유어+고유어

① 명사+명사

(1) 개새(개+새)

(2) 가. 쌀빵(쌀+빵)

　　나. ① 땅줄(땅+줄)

　　　　② 피물집(피물+집)

　　다. 몸살(몸+살)

　　라. ① 매미춤(매미+춤)

　　　　② 땅배(땅+배)

　　마. 불닭(불+닭), 신발코(신발+코), 곰손(곰+손), 무지개꿀(무지개+꿀)

(3) 가. 몸짱(몸+짱), 몸매짱(몸매+짱), 얼굴짱(얼굴+짱), 푼수짱(푼수+짱),

　　　　뼈짱(뼈+짱), 속짱(속+짱), 말짱(말+짱), 돈짱(돈+짱)

　　나. 몸꽝(몸+꽝), 춤꽝(춤+꽝)

예문 (1)~(3)은 '고유어 명사+1음절 고유어'의 결합 방식으로 이루어진 합성어이다.[9]

(1)에 '개새'는 대등적 합성어의 예이며, (2)는 종속적 합성어의 예들이다. (2가)는 '재료'를 나타나는 말과 결합하여 '재료'의 의미관계를 갖는 합성명사를 형성한다. '쌀빵'을 유형화시키면 'N_1[재료]+N_2'이 된다. '쌀빵'과 같은 새로운 재료들이나 기존의 재료로 새로운 사물을 만들어 낸 말은 이 유

---

9) '땅줄', '피물집', '땅배' 등은 '명사+명사'으로 구성되어 있다. 구성 성분이 모두 자립 어근인 어휘소들과 명사가 결합하여 합성명사를 생성하는 예들이다. 그러나 이중에 "고유어 명사끼리 결합한 신어로, 선행 명사가 대상을 지시하는 본래의 의미로 쓰이지 않고 후행 명사에 성상(性狀), 재료, 시간, 위치 등의 의미를 덧붙여 주는 역할을 하는 신어가 있다. '불닭'은 그 것이다. '불닭'은 '매우 맵게 하여 튀기거나 구운 닭고기'라는 뜻이므로 '불'이 '맵다'라는 새로운 의미를 표현하면서 성상과 관련된다"(노명희 2006: 34). '매미춤'는 직접성분분석을 [매미+춤]과 같이 할 수 있으며, [매미+추-+-ㅁ]와 같이 하는 방법도 있다. 전자와 같이 분석하면 합성어(compound)에 속하는 것으로 보고, 후자와 같이 분석하면 파생어가 된다. 본 논문에서는 『표준국어대사전』을 기준으로 삼고 사전에서 명사로 표기된 단어는 이 책에서 파생어로 보지 않는다. 게다가 '춤'도 완전한 명사로 잘 쓰인다. 이로 인하여 이 책에서 전자인 '[매미+춤]'으로 분석하겠다.

형에 해당하는 합성명사들은 아주 많이 생산될 것으로 보인다. (2나)는 '장소'를 나타내는 말이 결합됨으로써 처소의 의미를 갖는 합성명사를 생성된다. (2나①)에 '땅줄'은 'N₁[장소]+N₂'의 구조이며 (2나②)에 '피물집'은 'N₁+N₂[장소]'의 구조이다. (2다)는 '귀속 대상'을 나타내는 말과 결합하여 그 합성명사가 귀속 관계를 갖게 되는 경우. '몸살'은 'N₁[귀속 대상]+N₂'의 구조이다. (2라)는 명사가 '모양'을 나타내는 말과 결합하여, '모양'의 관계로 분류하는 합성명사이다. (2라①)에 '매미춤'은 'N₁[모양]+N₂'의 구조이며 (2라②)에 '땅배'는 'N₁+N₂[모양]'의 구조이다. 이현미(1995:40-41)에서 '모양'의 의미관계를 갖는 합성명사는 대부분 비유적인 것이 특징이어서 '~과 같다', '~처럼 생기다', '~와 유사하다' 등의 비유표현이 되는 경우가 많다. (2마)는 '성격'의 의미관계로 분류된 것들이다. '불닭, 신발코, 곰손, 무지개꿀'은 'N₁[성격]+N₂'의 구조로 갖는다.

(3가)에 'X+짱'과 (3나)에 'X+꽝'은 생산성이 높은 표현이며 '명사+명사' 구성 성분도 모두 자립어근인 어휘소의 결합이다. '짱'은 '으뜸이다.' 정도의 뜻을 나타내는 1음절 고유어이다. '몸짱'은 몸매가 좋다는 뜻이다. 'X+꽝'은 X가 아주 못하는 사람을 속되게 이르는 말. '몸꽝'은 몸매가 좋지 않은 사람을 속되게 이르는 말. '춤꽝'은 춤을 아주 못 추는 사람을 속되게 이르는 말. '짱'과 '꽝'은 요새 생산성이 높은 1음절 고유어 명사다.

(4) 가. 고기겹빵(고기+겹빵), 물깔창(물+깔창), 바퀴신발(바퀴+신발)

　　나. ① 갈매기아빠(갈매기+아빠), 별사람(별+사람), 송아지바람(송아지
　　　　 +바람), 꽃오빠(꽃+오빠)

　　　② 척돌이(척+돌이), 척순이(척+순이)

　　다. 그물친구(그물+친구)

　　라. 봄마중(봄+마중)

마. ① 발빨래(발+빨래), 손베개(손+베개)

② 다리베개(다리+베개)

예문 (4)는 '고유어 명사+2음절 고유어'가 결합한 예들이며 '명사+명사'의 구성 성분은 거의 자립어근인 어휘소로, 명사와 명사의 결합으로 생성해 온 합성명사이다. (4가)에 명사가 '재료'를 나타내는 말과 결합하여, '재료'의 의미관계를 갖는 합성명사를 형성한다. '고기겹빵, 물깔창,[10] 바퀴신발'를 유형화 시키면 'N₁[재료]+N₂'이 된다. (4나)에 명사가 '성격'을 표현하는 말과 결합하여, '성격'의 의미관계를 갖는 합성명사를 형성한다. (4나①)에 '갈매기아빠, 별사람,[11] 송아지바람, 꽃오빠'들을 'N₁[성격]+N₂'의 구조에 속하며 (4나②)에 '척돌이, 척순이'를 'N₁+N₂[성격]'의 구조에 속한다. (4다)에 '그물친구'는 앞에 명사 '그물'은 뒤에 명사 '친구'를 수식하는 것. (4라)에 명사가 '시간'의 의미를 갖는 합성명사이다. '봄마중'은 'N₁[시간]+N₂'의 구조에 속한다. (4마)에 명사가 '도구'를 나타내는 말과 결합하여 그 합성명사가 도구관계를 갖게 되는 것들이다. ①에 '발빨래, 손베개'는 'N₁[도구]+N₂'의 구조가 된다. ②에 '다리베개'[12]는 'N₁+N₂[도구]'의 구조가 된다.

(5) 가. 길도우미(길+도우미)

나. * 밤도깨비(밤+도깨비)

---

10) 노명희(2006:34)에서 '물깔창'은 선행 명사가 후행명사에 재료의 의미를 덧붙여 주는 역할을 하는 것이다. '물깔창'은 '물을 넣어서 만든 깔창'이란 뜻이므로 '물'이 '깔창'의 재료를 나타낸다.

11) '별사람'은 별을 좋아하는 사람.

12) '다리베개'는 다리를 올려놓고 잘 수 있도록 약간 홈이 파이게 만든 다듬잇돌 모양의 베개.

다. 길먹거리(길+먹거리)

　예문 (5)는 '고유어 명사+3음절 고유어'의 구성 성분은 모두 자립어근인 어휘소로, 명사와 명사의 결합으로 생성해온 합성명사이다. (5가)는 '도구'의 의미관계를 갖는 합성명사이며, '길도우미'[13]는 'N₁+N₂[도구]'의 구조에 속한다. (5나)는 '시간'의 의미관계를 갖는 합성명사이며, '밤도깨비'[14]는 'N₁[시간]+N₂'의 구조에 속한다. (5다)는 '장소'의 의미관계를 갖는 합성명사이며, '길먹거리'는 'N₁[장소]+N₂'의 구조에 속한다.

　② 명사+'ㅅ'+명사

　　(6) 잿개비(재+ㅅ+개비)

　예문 (6)은 '고유어 명사+'ㅅ'+2음절 고유어'인 명사와 명사 사이에 사이시옷이 개입되어 만든 합성명사이다. 선행요소와 후행 요소 모두 자립어근 어휘소이다. (6)에 '잿개비'는 '재료'의 의미관계를 갖는 합성명사이며 'N₁+N₂[재료]'의 구조에 속하고, '잿개비'는 '불에 타고 남은 잿가루'이다.

　③ 동사+명사

　　(7) 먹짱(먹-+짱)

---

13) '길도우미'는 '내비게이션(navigation)'을 순화하여 이르는 말. '고유어+고유어'의 결합 형식에는 순화어가 많다.
14) '밤도깨비'는 밤에 잠을 자지 않고 엉뚱한 짓을 일삼는 사람을 비유적으로 이르는 말. 여기서 밤도깨비도 선행 명사인 '밤'이 대상을 지시하는 본래 의미로 쓰이지 않으며 후행 명사에 시간의 의미를 덧붙여 주는 역할을 하는 것이다.

(7)은 의존어근인 동사의 어간과 자립어근인 1음절 고유어 명사가 결합하여 새로운 합성명사를 만들어 낸 것이다. '먹짱'은 잘 먹는 사람을 속되게 이르는 말. 'x+짱'은 생산성이 높은 구조이다.

④ 부사+명사

(8) 납작머리(납작+머리), 두루누리(두루+누리)

(8)에 '고유어 부사+2음절 고유어'의 구성 성분은 모두 자립어근인 어휘소로, 부사와 명사의 결합으로 생성해온 합성명사이다. 그러나 문장 형성에서 '부사+명사'와 같은 부사가 명사를 수식하는 구조가 일반적이지 않아서 매우 특이한 것이다. 이런 부사가 명사를 꾸미는 합성어는 비통사적 합성어이다. '납작머리'는 뒤통수가 납작한 머리. '머리'라는 명사에 '납작'이라는 부사를 결합한 구성이다. '두루누리'는 '모든 곳에 존재하다'의 뜻이다. 부사인 '두루'는 명사 '누리'를 수식해준다. '유비쿼터스(ubiquitous)'를 순화하여 이르는 말이다.

⑤ 동사+동사

(9) 읽씹(읽-+씹-)

(9)는 '고유어 동사 어간+1음절 고유어'의 구성이다. (7)은 의존어근인 동사의 어간과 의존어근인 1음절 고유어 동사가 결합하여 새로운 합성명사를 만들어 낸 것이다.

2) 고유어+한자어

① 명사+명사

    (10) 벼랑굴(벼랑+窟)

    (11) 가. 벼룩책(벼룩+冊)

        나. 맛깔장(맛깔+醬)

    (12) 가. 공주방(공주+房), 날개방(날개+房), 달방(달+房)

        나. 참치남(참치+男), 소금남(소금+男), 느끼남(느끼-+男), 분위기남

           (분위기+男), 쩨쩨남(쩨쩨-+男), 털남(털+男), 떨남(떨-+男)

        다. 아침병(아침+病)

        라. 아들당(아들+黨), 경로당(경로+黨)

예문 (10)~(12)의 신어는 '고유어 명사+1음절 한자어' 같은 고유어 명사에 한자어 명사가 결합한 구조이다.

(10)은 대등적 합성어이며 '벼랑굴'은 '험하고 가파른 언덕에 있는 외딴 굴'을 뜻한다. (11), (12)은 종속적 합성어이다.

(11가)에 '벼룩책'은 '모양'의 의미관계를 나타나고 'N₁[모양]+N₂'의 구조에 속한다. '벼룩책'은 비유하여 만든 신어로 '크기가 아주 작은 책을 비유적으로 이르는 말'이라는 뜻이다. (11나)에 '맛깔장'은 '도구'의 의미관계를 나타나고 'N₁+N₂[도구]'의 구조에 속한다.

(12가)는 '장소-N₁+N₂[장소]'의 의미구조이며, (12나)는 '성별-N₁+N₂[성별]'의 의미구조를 나타나고, (12다)는 '시간-N₁[시간]+N₂'의 의미구조를 표현하고, (12라)는 '귀속 대상-N₁[귀속 대상]+N₂'의 의미구조가 된다. (12)에 신어 'X+방(房), X+남(男), X+당(黨), X+병(病)'은 생산성이 높은 구

조이다. '방(房), 남(男), 당(黨), 병(病)'은 합성어 중에 높은 빈도로 지속적 나타나는 명사라서 준접미사로 보는 가능성이 높다. 'X+방(房)'은 '무슨 장소나 방'의 뜻으로, '공주방(公主房)'은 대학가에서, 여학생들이 화장을 고칠 수있도록 특별히 마련된 장소나 방. 'X+남(男)'은 '어떤 남자'의 뜻으로, '소금남'은 '피부가 희고 쌍꺼풀이 없으며 큰 키에 마른 몸매를 지녀 여린 소녀의 느낌을 주는 남자. 소금처럼 하얗고 담백한 느낌을 주는 남자'를 의미한다. 'X+당(黨)'은 '무슨 정당(政黨)'을 의미하며, '아들당'은 '기득권을 옹호하는 경향이 강하여 기득권층의 자녀가 아니고서는 공천받기 어려운 정당'을 뜻한다. 'X+병(病)'의 '병'은 원래 '질병'의 뜻인데 신어에서 '무슨 병'이나 'X'를 지나치게 추구하는 병'의 뜻으로 '아침병'은 '아침에 증세가 더 심해지는 병'의 뜻이다.

(13) 가. 개구리관광(개구리+觀光), 바보박사(바보+博士), 칼통제(칼+統制), 빗장도시(빗장+都市), 엄지공주(엄지+公主), 엄지왕자(엄지+王子), 쓰레기편지(쓰레기+便紙), 쓰레기만두(쓰레기+饅頭), 미끼정치(미끼+政治), 안개문서(안개+文書), 뚜껑광고(뚜껑+廣告), 번개군중(번개+群衆), 생떼파업(생떼+罷業)

나. 꽃미남(꽃+美男), 꽃미녀(꽃+美女), 꽃소녀(꽃+少女), 갓난로(갓+煖爐)

다. 곱창마차(곱창+馬車)

라. 턱미남(턱+美男)

마. 물방석(물+方席), 바람인형(바람+人形), 새싹야채(새싹+野菜), 새싹채소(새싹+菜蔬)

바. 손반칙(손+反則)

사. 곁요리(곁+料理), 참여행(참+旅行)

(14) 언니주의(언니+主義)

(15) 배꼽주의보(배꼽+注意報)

예문 (13)은 '고유어 명사+2음절 한자어'의 구조로서 고유어 명사에 2음절 한자어 명사가 결합한 구조이다. (13)에 유추하여 만든 단어가 많이 있다.

(13가)에 '개구리관광, 바보박사,[15] 칼통제, 빗장도시, 엄지공주, 엄지왕자, 쓰레기만두' 등 '성격-N₁[성격]+N₂'의 의미구조가 되며 '쓰레기만두'는 '불량한 재료를 넣어서 만든 만두를 비유적으로 이르는 말'이라는 뜻이며 '쓰레기봉투'에서 유추해온 가능성이 있다.

(13나)에 '꽃미남, 꽃미녀, 꽃소녀, 갓난로'는 '모양-N₁[모양]+N₂'의 의미구조가 되며 '꽃미녀'는 '얼굴이 예쁘장하게 생긴 여자를 가리켜 이르는 말'이라는 뜻으로 '꽃미남'에 상대하여 생성한 말이고, '꽃소녀'는 '꽃미남, 꽃미녀' 따위와 관련하여 생겨난 말로 일종의 유추로 보인다.

(13다)에 '곱창마차'는 '장소-N₁+N₂[장소]'의 의미구조이고 '곱창마차'는 '포장마차'에서 유추하여 생성한 단어로 '곱창이나 곱창전골을 전문적으로 파는 포장마차'를 의미한다.

(13라)에 '턱미남'은 '귀속 대상-N₁+N₂[귀속 대상]'의 의미구조이고 '턱미남'은 '꽃미남'에서 유추해 온 신어로 '얼굴의 아래쪽 턱 부분이 잘생긴 남자'를 의미한다.

(13마)에 '물방석, 바람인형, 새싹야채, 새싹채소'는 '재료-N₁[재료]+N₂'의 의미구조이고 (13바)에 '손반칙'은 '기원-N₁[기원]+N₂'의 의미구조이고 (13사)에 '곁요리, 참여행'은 '수식-N₁+N₂[수식]'의 의미구조에 속한다.

(14)에 '언니주의'는 '성격-N₁[성격]+N₂'의 의미구조에 속한다. 'X+주

---

15) 바보박사는 '바보상자'. '텔레비젼(television)'을 말한다. '보는 사람은 텔레비전 속, 무한한 상상의 세계에 빠져 바보가 된다.'는 데서 비롯된 말.

의(主義)’는 생산성이 높은 구조이며 ‘무슨 주장이나 이즘(ism)’의 뜻으로, ‘언니주의’는 ‘오빠, 누나, 형, 언니 등을 모두 언니라고 부르자는 주장’을 의미한다.

예문 (15)는 ‘고유어 명사+3음절 한자어’의 구조이다. ‘배꼽주의보’는 ‘성격-N_1[성격]+N_2’의 의미구조에 속하며 ‘배꼽주의보’는 ‘몹시 우스움을 미리 알려줌’을 비유적으로 나타내는 말. 3음절 한자어명사의 생산성은 그리 높지 않아 보인다.

② 명사+‘ㅅ’+명사

    (16) 갯작업(개+ㅅ+作業)

(16)은 ‘고유어 명사+‘ㅅ’+2음절 한자어’의 결합 구조이다. ‘갯작업’은 ‘장소-N_1[장소]+N_2’의 의미구조이며 ‘펄 속에 있는 조개나 낙지 따위의 생물을 잡는 일’을 뜻한다.

③ 어근+명사

    (17) 가. 싱싱회(싱싱+膾)
        나. 엉큼남(엉큼+男)16)

(17)는 ‘고유어 어근+1음절 한자어’의 구조이다. (12가)에 ‘싱싱회’은 ‘재료-N_1+N_2[재료]’의 의미구조이며 ‘활어를 잡은 즉시 섭씨 0도~5도 상태

---

16) ‘X+남(男)’에 관한 해석은 4.1.의 (12나)가 참고된다. ‘엉큼남’은 ‘엉큼한 짓을 잘하는 남자’를 뜻한다.

로 보관, 유통하는 회'라는 의미인데 '싱싱'은 자립 명사로 쓰이지 못하여 '싱싱하다'의 형식으로 쓰이는 일종의 어근[17]으로 본다. (12나)에 '엉큼남'은 '성별-N₁+N₂[성별]'의 의미구조이다.

④ 동사 어간+명사

(18) 어울통신(어울-+通信)

(18)은 '고유어 동사 어간+2음절 한자어'의 결합이다. '어울통신'은 '로밍(roaming)'을 순화하여 이르는 말. '어우르다'의 옛말인 '어울다'의 어간에 명사가 직접 결합한 형식이다. 동사의 어간에 명사가 바로 결합하는 조어 방식은 생산적이라고 볼 수 없으나 순화어라는 특성을 지니므로 이런 방식이 활용된 것으로 보인다. 즉 비생산적인 조어 방식에 따라 의도적으로 형성된 예라 할 수 있다.[18]

⑤ 동사 어간+어미+명사

(19) 안다박수(안다+拍手)

(19)도 '고유어 동사 어간+2음절 한자어'의 결합이다. '안다박수'는 [알-+-ㄴ+拍手]와 같이 동사 '알다'에 어미 '-ㄴ'가 붙인 후에 명사 '拍手'와

---

17) 어근(root)은 자립적으로 쓰이지 못하고 어미와 직접 결합하지 못하는 단어의 중심부로 정의된다(이익섭·채완 2000:62).
18) 창조적인 신어는 비생산적인 유형을 따르면서 의도적으로 형성되는 경우가 있다(Haspelmath 2002:101-103 참조).

결합하여 만든 비통사적 합성어이다. '안다박수'는 '노래나 음악이 채 끝나기도 전에 터져 나오는 박수'라는 뜻이다.

⑥ 부사+명사

> (20) 가. 욱본능(욱+本能)
>
>   나. 몰래촬영(몰래+撮影), 홀로주연(홀로+主演)

(20)는 '고유어 부사+2음절 한자어'로 결합한 형식이다. 통사적 합성어에서는 부사와 명사가 결합하여 합성명사를 만든 구성이 불가능하지만 비통사적 합성어에서 볼 수 있다. (20가)에 '욱본능'은 '선천적으로 욱하는 성질'. 부사 '욱'과 명사 '본능'이 바로 결합하여 형성된 명사이다. (20나)에 '몰래촬영'은 '도촬(盜撮)'. '홀로주연'은 '영화나 드라마 따위에서 홀로 주연을 맡아서 극의 전반적인 흐름을 책임지는 배우. 또는 그런 일'. '원톱' 의 순화어. 부사에 명사가 결합한 비통사적구조도 순화어 만들기 때문에 의도적으로 형성된 것으로 보인다. 이렇게 보면 순화어를 만들 때 비통사적 합성어를 더 많이 나타난 것이다.

⑦ 명사+어근

> (22) 가. 짠물투(짠물+投), 채찍포(채찍+砲)
>
>   나. 수달사(수달+舍), 호랑이사(호랑이+舍)
>
> (23) 가. 도우미견(도우미+犬)
>
>   나. 돈맹(돈+盲)

예문 (22)~(23)에 신어는 '고유어 명사+1음절 한자어 어근'의 구조이다.[19] (22가)에 '짠물투', '채찍포'[20]는 '성격-N_1[성격]+N_2'의 의미유형에 속하며 (17나)에 '수달사'는 '장소-N_1+N_2[장소]'의 의미유형에 속한다. (23)에 'X+견(犬)'과 'X+맹(盲)'은 생산성이 높은 구조이다. '도우미견'은 '도구-N_1+N_2[도구]'의 의미유형이다. 'X+견(犬)'은 '무슨 개'를 뜻한다. '도우미견'은 '장애인을 안내하거나 도와주는 개'. 'X+맹(盲)'의 '맹(盲)'은 '맹하다(싱겁고 흐리멍덩하여 멍청한 듯하다)'의 어근이며, 'X+맹(盲)'은 '어떤 일이나 기술을 하지 못함. 또는 그런 사람'을 의미한다. '돈맹'은 '돈을 제대로 관리하지 못함. 또는 그런 사람'을 뜻한다.

3) 한자어+고유어

① 명사+명사

(24) 가. 청약뚜(請約+뚜), 자동길(自動+길), 발열옷(發熱+옷), 발열천(發熱+천)

　　 나. 식목철(植木+철)

---

19) (이익섭·채완 2000:82-87)에서 한자어는 한국어와 달리 반드시 다른 글자와 결합하여야 한 단어가 되므로, 한자 하나로는 자립형식도 아니고 조사나 어미가 직접 결합될 수도 없는 어근일 뿐이다. 한자 하나하나는 한국어에 들어와 대부분 본래의 단어 기능을 잃고 어근으로서 행세한다. 한자어는 대부분 복합어라고 하는 특성을 가지고 있다고 말할 수 있으며 그 복합어를 이루는 한자가 대부분 어근이다. 한자어 어근은 일반 어근과 달리 그 생산성이 매우 높다. 어근이므로 의존형식으로서의 제약은 받으면서도 조어법적으로는 매우 자유로운 특이한 어근인 것이다. 한자를 자유롭게 조합하여 새 단어를 쉽게 만들어 낸다는 것이 한자어의 가장 두드러진 조어법적 특성이다.

20) '짠물투'는 '야구에서, 투수가 득점을 적게 허용하며 공을 던지는 일'을 비유적으로 이르는 말. '채찍포'는 '야구에서, 승리하기 위하여 분발하여 타격을 하는 일. 또는 그런 타격'.

다. ① 명품개(名品+개), 괴물쌀(怪物+쌀), 태교쌀(胎敎+쌀)

　② 군대끈(軍隊+끈)

라. 졸업빵(卒業+빵)

(25) 가. 작업짱(作業+짱), 혈관짱(血管+짱), 건짱(健+짱), 공부짱(工夫+짱),

　뇌짱(腦+짱), 수학짱(數學+짱), 요리짱(料理+짱), 운동짱(運動+짱)

나. 고대짤(古代+짤), 인생짤(人生+짤)

(24), (25)는 '한자어 명사+1음절 고유어'의 구성이다.

(24가)에 '청약뚜'는 '아파트 분양 현장에서, 떴다방 업자의 지시에 따라 청약 통장을 무더기로 사들이는 일을 하는 사람'을 속되게 이르는 말. (24 나)에 '식목철'은 '시간-N_1+N_2[시간]'의 의미유형이고 (24다①)에 '명품개, 괴물쌀, 태교쌀'은 '성격-N_1[성격]+N_2'의 의미유형이며 (24다②)에 '군대 끈'은 '성격-N_1+N_2[성격]'의 의미유형이며 '군대끈'은 '군대에서의 경력' 을 비유적으로 이르는 말. 일반적으로 '학력'이라는 뜻으로 쓰이는 '가방끈' 에서 '가방'을 '군대'로 대치하여 만들어 낸 단어로 해석된다(노명희 2006:36 참조).[21] (24라)에 '졸업빵'은 '기원-N_1[기원]+N_2'의 의미유형에 속한다.

(25)에 'X+짱, X+짤'은 생산성이 높은 표현이다. 'X+짱'은 'X'가 아주 좋다. 'X'가 너무 잘한다. 'X'가 으뜸이다. '어떤 정도'의 뜻을 나타내는 표 현. '작업짱'은 '여자를 잘 꾀는 남자'를 속되게 이르는 말. '짤'은 짤림방지. 즉 짤방의 줄임말로 '사진'을 일컫는 말이다. 'X+짤'은 'X사진'을 일컫는 다. '고대짤'은 '고대짤방'의 줄임말, '너무 오래되어 더 이상 재미를 주지 못하는 그림이나 사진'. '인생짤'은 '그 사람의 인생에 한 번 있을까 말까

---

21) '한자어+고유어' 중에 '명사+명사'의 결합도 거의 자립어근인 어휘소끼리의 결합이 다. (노명희 2006:36)에서 '어근+어근'의 구성이 드문 이유는 어근이 자립적으로 쓰이 지 못해서 화자에게 독립된 단위로 인식되기 어렵기 때문이다.

할 정도로 잘 나온 사진'.

(26) 가. 납김치(鈉+김치)

　　나. ① 기생충김치(寄生蟲+김치)

　　　　② 귀족빈대(貴族+빈대), 안줏벌레(按酒+벌레)

　　다. 이팔망통(二八+망통), 주말엄마(週末+엄마)

　　라. ① 월급고개(月給+고개)

　　　　② 풍년거지(豊年+거지), 생각시(生+각시)

　　마. 청백리마당(淸白吏+마당)

(26)은 '한자어 명사+2음절 고유어'의 구성이다. (26가)에 '납김치'는 '재료-N_1[재료]+N_2'의 의미유형이며, (26나①)에 '기생충김치'는 'N_1[성격]+N_2'의 의미유형이고, (26나②)에 '귀족빈대, 안줏벌레'는 'N_1+N_2[성격]'의 의미구조이고, (26다)에 '이팔망통 주말엄마'는 '시간=N_1[시간]+N_2'의 의미유형이며, '이팔망통'은 '백화점 관련 업계의 은어로, 영업 실적이 좋지 않은 2월과 8월'을 가리켜 이르는 말. (26라①)에 '월급고개'는 뒤에 '고개'가 앞에 '월급'을 수식하는 것이고, (26라②)에 '풍년거지, 생각시'는 앞에 명사가 뒤에 명사를 수식하는 것. (26마)에 '청백리마당'은 '장소-N_1+N_2[장소]'의 의미구조에 속한다.

(27) 가. 족저사마귀(足底+사마귀)

　　나. 경로도우미(敬老+도우미)

(27)은 '한자어 명사+3음절 고유어'의 구성이다. '족저사마귀'는 '귀속 대상-N_1[귀속 대상]+N_2'의 의미유형이다.

② 명사+'ㅅ'+명사

(28) 댓말(對+ㅅ+말)

(28)은 '한자어 명사+ㅅ+1음절고유어'로 된 것이다. '댓말'은 '① 상대방의 의견이나 주장에 반박하는 말. ② 댓글.'의 뜻. 사잇소리가 개입하는 것은 비통사적 합성어로 본다(김일병 2000:118). 사이시옷은 주로 두 구성 요소 간의 의미관계로 설명되어 오고 있다. 사이시옷이 속격의 기능을 가지며, 속격이 아닌 병렬 구성으로 이루어진 복합명사에는 사이시옷이 개입되지 않는다. 그런데 속격 구성이 아닌 때에도 'ㅅ'이 출현하는 경우가 있다. 이 것은 'ㅅ'을 前置시키거나 後置시키는 해당 어휘의 형태론적 자질로 본 경우이다(이익섭·채완 2000:73-75).

③ 어근+명사

(29) 희귀짤(稀貴+짤)

(29)는 '어근+1음절고유어'로 된 구성이다. 형용사 어간 '희귀(稀貴)'이 바로 명사 '짤'과 결합하는 비통사적 합성어이다. 'X+짤'은 『2014 신어』에 등장해온 생산성이 높은 신어이다. 'X+짤'은 'X사진'을 일컫는다. '희귀짤'은 '인터넷에서 쉽게 찾을 수 없는 귀한 이미지 파일'.

4) 한자어+한자어

① 명사+명사

(30) 가. 방폭문(防爆+門), 안전문(安全+門)

　　나. 기생충(寄生+層), 공주책(公主+冊)

　　다. 급성약(急性+藥)

　　라. 훈육대(訓育+臺)

　　마. 반복음(反復+音)

(31) 가. 복권방(福券+房), 안전방(安全+房), 유리방(琉璃+房), 산소방(酸素+房), 매춘방(賣春+房), 장원방(壯元+房)

　　나. 족동차(足動+車)

　　다. 성공남(成功+男)

　　라. 욕설병(辱說+病), 첨단병(尖端+病), 연기병(演技+病), 묘조병(猫爪+病), 공작병(工作+病), 광부병(鑛夫+病), 기궐병(耆獗+病), 월광병(月光+病), 윤반병(輪盤+病), 은족병(隱族+病), 청사병(廳舍+病), 정책당(政策+黨), 농촌당(農村+黨), 도시당(都市+黨), 초선당(初選+黨), 명품계(名品+契), 여행계(旅行+契)

　　마. 세계배(世界+杯)

(30), (31)는 '한자어 명사+1음절 한자어'로 구성된 합성명사이다. 양쪽 모두가 각각 독립된 단어들로 이루어진 유형이다.[22]

---

22) 노명희(2006:36)에서 '명사'와 '명사'가 결합하여 합성어를 만들 때 두 명사의 관계는 일반적으로 예측 가능한 관계일 경우가 많다. 그러나 '기생충'과 같은 예측이 되지 않는 신어도 있다. 이런 신어의 의미관계는 단어만 보면 알기 힘들지만 신어로서의 신선

(30가)에 '방폭문, 안전문'는 '도구-N₁+N₂[도구]'의 의미유형에 속하며 '방폭문'은 '폭발의 피해를 막을 수 있는 문'이라는 의미로 해석된다. (30나)에 '기생충', '공주책'은 '성격-N₁[성격]+N₂'의 의미유형에 속하고 '기생충'은 '스스로 생활하지 못하고 다른 사람을 의지하여 생활하는 무리'로 해석되며, '공주책'은 '공주가 주인공으로 등장하는 책'이라는 의미로 해석된다. (30다)에 '급성약'은 '도구-N₁+N₂[도구]'의 의미유형에 속하며 (30라)에 '훈육대'는 '장소-N₁+N₂[장소]'의 의미유형에 속한다.

(31가)는 '장소-N₁+N₂[장소]'의 의미유형이며, (31나)는 '도구-N₁+N₂[도구]'의 의미유형이며, (31다)는 '성별-N₁+N₂[성별]'의 의미유형이며, (31마)는 '도구-N₁+N₂[도구]'의 의미유형에 속한다. (31)에 '방(房),[23] 병(病),[24] 차(車), 당(黨),[25] 계(契), 남(男)'[26]들은 자립적으로 쓰일 수 있는 한자어 명사일 뿐만 아니라 합성어에서 아주 높은 빈도로 쓰인 결과 준접미사로 인식되는 경향이 있다. 'X+차(車)'는 '무슨 자동차, 기차, 전차, 우차, 마차 따위'를 말한다. '족동차(足動車)'는 '양팔이 없거나 양팔을 마음대로 움직일 수 없는 사람이 발만 사용하여 운전할 수 있도록 만든 자동차'로 해석된다. 'X+계(契)'는 '주로 경제적인 도움을 주고받거나 친목을 도모하기 위하여 만든 어떤 전래의 협동 조직'을 의미하며, '명품계'는 '명품을 구입할 돈을 마련할 목적으로 만들어진 계'를 뜻한다. 'X+배(杯)' 중에 '배(杯)'는 의존명사로

함을 느껴주는 면이 있다.

23) 'X+방(房)'에 관한 해석은 4.1.의 (12가)가 참고된다. '복권방(福券房)'은 '국내에서 발행되는 모든 종류의 복권을 구비해 놓고 이를 전문적으로 판매하는 업소'를 의미한다.

24) 'X+병(病)'에 관한 해석은 4.1.의 (12다)가 참고된다. '욕설병(辱說病)'은 '병적으로 욕설을 자주 하는 양상을 낮잡아 이르는 말'을 의미한다.

25) 'X+당(黨)'에 관한 해석은 4.1.의 (12라)가 참고된다. '정책당(政策黨)'은 '주로 정책과 관련된 주장을 펴는 당'의 의미로 해석된다.

26) 'X+남(男)'에 관한 해석은 4.1.의 (12나)가 참고된다. '성공남(成功男)'은 '성공한 남자'를 의미한다.

'운동 경기에서 우승한 팀이나 사람에게 주는 트로피'를 의미한다. '세계배
(世界杯)'는 '월드컵(World Cup)'을 달리 이르는 말이다.

(32) 가. ① 마약세탁(痲藥＋洗濯)

② 회색자금(灰色＋資金), 완장심리(腕章＋心理), 구치금융(口治＋金
融), 금계좌(金＋計座), 가두행렬(街頭＋行列), 대중명곡(大衆＋名
曲), 지방감정(地方＋感情), 직역감정(職域＋感情), 홍색여행(紅色
＋旅行), 주치의관(主治＋醫官), 중요임무(重要＋任務), 중하천(中＋
河川), 협약학과(協約＋學科), 교직낭인(敎職＋浪人), 추나요법(推拿
＋療法), 취업고시(就業＋高試), 기업부민(起業＋富民), 반려동물
(伴侶＋動物), 사법통치(司法＋統治), 서남공정(西南＋工程), 쌍고
집(雙＋固執), 난지원(亂＋支援), 소인수(少＋人數), 밀경작(密＋耕
作), 혐한류(嫌＋韓流)

나. 온미남(溫＋美男), 자전거일보(自轉車＋日報), 전자폭탄(電子＋爆彈),
장롱모피(欌籠＋毛皮), 방사포탄(放射＋砲彈), 무전감방(無錢＋監房)

다. 평일부부(平日＋夫婦)

라. 도시농부(都市＋農夫)

마. 도자식기(陶瓷＋食器)

바. 애인국가(愛人＋國家)

사. 수법범죄(手法＋犯罪), 세비정치(歲費＋政治)

(32)는 '한자어 명사＋2음절 한자어'로 된 구조이다.

(32가①)은 뒤에 명사가 앞에 명사를 수식하는 것이고, '마약세탁'은 '마
약 출처의 추적을 어렵게 하는 일'을 의미한다. (32가②)는 앞에 명사가 뒤
에 명사를 수식하는 것들이다. (32나)는 '성격-N₁[성격]＋N₂'의 의미유형이

며, (32다)는 '시간-N$_1$[시간]+N$_2$'의 의미유형이며, (32라)는 '장소-N$_1$[장소]+N$_2$'의 의미유형이며, (32마)는 '재료-N$_1$[재료]+N$_2$'의 의미유형이며, (32바)는 '귀속 대상-N$_1$+N$_2$[귀속 대상]'의 의미유형이며, (32사)는 '기원-N$_1$[기원]+N$_2$'의 의미유형이다.

(33) 치약부대(齒藥+部隊)

(33)는 '성격-N$_1$[성격]+N$_2$'의 의미유형이다. 'X+부대(部隊)'는 생산성이 높은 구조이며 '어떠한 공통의 목적을 위하여 한데 모여 행동을 취하는 무리'를 의미한다. '치약부대'는 '담배를 피운 후 담배 냄새를 없애기 위하여 화장실에서 칫솔질을 하는 여성 흡연자들'을 비꼬아 이르는 말을 의미한다. '오빠부대'에서 '유추'해온 말로 볼 수 있다.

(34) 가. 명품전당포(名品+典當舖)
　　　나. 졸부 증후군(猝富+症候群)

(34)는 '한자어 명사+3음절 한자어'로 구성한다. (34가)는 '장소-N$_1$+N$_2$[장소]'의 의미유형이며 '명품전당포'는 '이름나거나 훌륭한 물건을 담보로 하여 돈을 빌려 주는 곳'을 의미한다. (34나)는 '기원-N$_1$[기원]+N$_2$'의 의미유형이다.

② 어근+명사

(35) 몰상남(沒常+男)[27]

③ 명사+어근

(36) 가. 기술주(技術+株), 보육모(保育+母), 승리부(勝利+符), 경고성(警告+聲), 세탁액(洗濯+液), 창업농(創業+農), 유분함(遺粉+函), 성숙통(成熟+痛), 숭모탑(崇慕+塔), 여유식(餘裕+食), 훈련구(訓練+球), 폐지육(閉止+肉), 검사고(檢査+庫)

나. 출세어(出世+魚), 고통철(苦痛+鐵), 명랑욕(明朗+辱), 무뇌충(無腦+蟲), 고령철(高齡+鐵), 태풍타(颱風+打)

다. 투명구(透明+球)

라. 순류수(順流+水)

마. 묘지벽(墓地+癖)

바. 을용타(乙容+打), 자가혈(自家+血), 물가세(物價+勢), 마술병(魔術+兵), 자연염(自然+染), 미답봉(未踏+峯), 인접치(隣接+齒)

(36)은 '한자어 명사+1음절 한자어 어근'으로 구성한다. '주(株), 모(母), 부(符), 혈(血)' 따위가 비자립적인 한자어 어근이다. (36가)는 'N₁[용도/목적]+N₂'의 의미유형이며, '기술주'는 '첨단 기술과 관련된 회사의 주식'을 의미한다. (36나)는 'N₁[성격]+N₂'의 의미유형이며, (36다)는 'N₁[모양]+N₂'의 의미유형이며, (36라)는 'N₁[기원]+N₂'의 의미유형이며, (36마)는 'N₁[장소]+N₂'의 의미유형이다.

(37) 가. 무모견(無毛+犬), 직립견(直立+犬)

나. 보청견(補聽+犬), 살해견(殺害+犬), 청취견(聽取+犬)

---

27) 'X+남(男)'에 관한 해석은 4.1.의 (12나)가 참고된다. '몰상남'은 '성추행 가해자를 옹호하고 피해자를 비난하는 남자'를 의미한다.

다. 문화맹(文化＋盲), 변화맹(變化＋盲), 선택맹(選擇＋盲)

(37)에 '맹(盲), 견(犬)'[28]은 생산성이 높은 비자립적인 한자어 어근이다. (37가)는 'N₁[모양]＋N₂'의 의미유형이며, (37나)는 'N₁[용도/목적]＋N₂'의 의미유형이다.

5) 외래어＋고유어

① 명사+명사

(38) 가. 누드닭(nude＋닭)

나. 레토르트밥(retort＋밥)

다. 바나나똥(banana＋똥)

(38)은 '외래어 명사＋1음절 고유어'로 이루어진 합성명사이다. (38가)는 'N₁[성격]＋N₂'의 의미구조이며, '누드닭'은 '깃털이 없는 닭. 성장 속도가 빠르고 더위에 견디는 힘이 강하다'를 의미한다. (38나)는 'N₁[도구]＋N₂'의 의미구조이고, '레토르트밥'은 '고온에서 가열, 살균을 한 후에 밀봉한 것으로 즉석에서 조리하여 먹을 수 있는 밥'을 의미한다. "선행하는 외래어 명사가 은유적으로 쓰인다는 특징이 있다"(노명희 2006:39). (38다)에 '바나나똥'은 'N₁[모양]＋N₂'의 구조이다.

---

28) 'X＋맹(盲)', 'X＋견(犬)'에 관한 해석은 4.1.의 (23가), (23나)가 참고된다.

2 형용사+명사

(39) 올짱(all+짱)

(40) 쿨몽둥이(cool+몽둥이)

(39)는 '외래어 형용사+1음절 고유어'의 비통사적 합성어이다. 'X+짱'
은 앞에서 논의한 바와 같이 'X'가 아주 좋다. 'X'가 너무 잘한다. 'X'가
으뜸이다. '어떤 정도'의 뜻을 나타내는 생산성이 높은 표현이다. '올짱'은
'모든 일을 다 잘하는 사람'을 뜻한다.

(40)은 '외래어 형용사+3음절 고유어'로 구성된 구성이고 'N$_1$+N$_2$[용도/
목적]'의 의미구조이며, '쿨몽둥이'는 '멋지고 털털한 척하는 사람을 때리는
방망이. 본심을 이야기하지 않고 가식적으로 말하는 사람은 때려야 함'을
의미할 때 쓰인다.

6) 고유어+외래어

1 명사+명사

(41) 가. 요신(요+scene), 눈갱(눈+gang)

    나. 가위슛(가위+shoot), 돼지맘(돼지+mom)

(42) 가. 거울폰(거울+phone)

    나. 싸가지송(싸가지+song), 올챙이송(올챙이+song)

(43) 가. 번개쇼핑(번개+shopping)

    나. 쌀캔디(쌀+candy)

    다. 물벨트(물+belt), 땅테크(땅+tech)

(44) 떡샌드위치(떡+sandwich)

(41~42)은 '고유어 명사+1음절 외래어'로 된 고유어 명사에 1음절 외래어 명사가 결합한 예인데, (41)에 '신(scene), 숫(shoot), 갱(gang), 맘(mom)'은 출현하는 빈도가 높지 않으나 (42)에 '폰(phone), 송(song)'이 아주 높은 빈도로 나타나는 명사로 많이 쓰이고 있다. (41가)에 '요신'은 '베드 신(bed scene)'을 의미한다. (41나)는 N₁[성격]+N₂'의 의미구조이며, '가위숫'은 '축구에서, 뛰어오르며 가위처럼 양다리를 교차하여 공을 차는 일'이다. (42)에 'X+폰(phone)'은 '어떤 핸드폰'을 의미하며, 'X+송(song)'은 '어떤 노래'를 의미한다. (42가)는 N₁[재료]+N₂'의 의미구조이며, '거울폰'은 '외부의 창을 반사할 수 있는 재질로 만들어 거울로 대용할 수 있게 만든 휴대 전화'. (42나)에 '싸가지송'은 '인터넷상에서 플래시 애니메이션 형태로 떠도는 노래의 하나'. '싸가지'는 '싹수'의 잘못이다.

(43)는 '고유어 명사+2음절 외래어'의 구성이다. (43가)에 '번개쇼핑'은 'N₁[성격]+N₂'의 의미구조이며, '짧은 시간 안에 재빠르게 하는 쇼핑'을 비유적으로 이르는 말이다. (43나)는 'N₁[재료]+N₂'의 의미구조이며, (43다)는 'N₁[용도/목적]+N₂'의 의미구조이며, 'X+벨트(belt)'와 'X+테크(tech)'는 높은 빈도로 나타나는 구조이다. '벨트(belt)'는 '(특정) 지대'를 의미하여 'X+벨트(belt)'는 어떤 '(특정) 지대'의 뜻이다. '물벨트'는 '수자원을 보호하고 물의 오염을 방지하기 위하여 설정한 지역. 또 계획 단계부터 푸른 숲(녹지벨트), 깨끗한 공기(대기벨트), 맑은 물(물벨트) 계획이 상호 연계, 선진국 수준의 아름답고 쾌적한 도시로 조성된다.' '테크(tech)'는 '기술상의, 전문적인'이라는 뜻이며 고유어 명사뿐만 아니라 한자어 명사와도 결합해서 생산성이 높은 명사이라서 'X+테크(tech)'는 '어떤 기술상의, 전문적인 일'을 뜻한다. '땅테크'는 '땅을 사고팔아 돈을 버는 일.'을 뜻한다.

(44)는 '고유어 명사+4음절 외래어'로 된 구성이며 'N₁[재료]+N₂'의 의미구조이다.

② 동사+명사

(45) 부비댄스(부비-+dance)

(45)은 '고유어 동사+2음절 외래어'의 구성이다. 이 경우도 용언 어간에 명사가 직접 결합하여 생성한 비통사적인 예이다. '부비댄스'는 '남녀가 몸을 밀착한 채 추는 춤'.

7) 외래어+한자어

① 명사+명사

(46) 가. 세라믹침(ceramics+針)

　　 나. 비글미(beagle+美), 웰변(well+便)

(47) 가. 오브로모프병(Oblomov+病)

　　 나. 츤데레남(tsundere+男)

(48) 가. 베이비채소(baby+菜蔬), 케이티엑스부부(KTX+夫婦)

　　 나. 걸잡지(girl+雜誌)

　　 다. 폰사진(phone+寫眞)

　　 라. 퓨전식(fusion+食), 웹서점(web+書店), 코드인사(code+人事), 코드정치(code+政治), 밴드왜건 효과(bandwagon+效果), 언더도그 효과(underdog+效果), 트로트학과(trot+學科), 노관심(no+關心)

(49) 맥가이버주의(Macgyver+主義), 솔로부대(solo+部隊), 미시부대(missy+部隊)

(50) 얼렌 증후군(Irlen+症候群)

(46~47)는 '외래어 명사+1음절 한자어'의 구성이다. (46가)는 'N₁[재료]+N₂'의 의미유형이며 (46나)는 'N₁[성격]+N₂'의 의미구조이고, '비글미'는 '산만하며 심한 장난을 잘 치는 사람이 풍기는 아름다움'을 의미한다. (47)에 '병(病), 남(男)'²⁹⁾은 생산성이 아주 높은 명사이다. (47가)는 'N₁[성격]+N₂'의 의미유형이며, (47나)는 'N₁+N₂[성별]'의 의미유형이다.

(48~49)은 '외래어 명사+2음절 한자어'의 구성이다. (48가)는 'N1[성격]+N2'의 의미구조이고, (48나)는 'N1[성별]+N2'의 의미유형이며, (48다)는 'N1[도구]+N2'의 의미구조이다. (49)에 '주의(主義)'와 '부대(部隊)'는 '4.1.'(14)와 (33)에서 논의한 바와 같이 'X+주의(主義)'는 생산성이 높은 구조로 '무슨 주장이나 이즘(ism)'의 뜻이며 'X+부대(部隊)'도 생산성이 높은 구조로 '어떠한 공통의 목적을 위하여 한데 모여 행동을 취하는 무리'를 의미한다. '미시부대'는 '유명한 남자 운동선수, 배우, 가수 따위를 열광적으로 좋아하여 떼로 몰려다니며 따라다니는 젊은 주부들을 이르는 말'을 의미한다. '오빠부대'라는 기존의 단어에서 '오빠'를 '미시(missy)'로 대치하여 생성해온 유추적인 단어이다.

(50)은 '외래어 명사+3음절 한자어'로 구성한 합성 명사이며 'N₁[성격]+N₂'의 의미구조이다.

---

29) 'X+병(病)', 'X+남(男)'에 관한 해석은 4.1.의 (12나)가 참고된다. '오브로모프병'은 '지나친 게으름으로 교육, 취업, 취미 등에 의욕이 없는 무기력한 증상을 일컫는 말'을 의미하며 '츤데레남'은 '겉으로는 퉁명스럽지만 따뜻한 마음을 가진 남자'를 뜻한다.

② 명사+어근

(51) 가. 카놀라유(canola+油)

　　나. 카지노세(casino+稅)

(52) 트림명(trim+名), 텀블류(tumble+流)

(51가)는 'N₁[재료]+N₂'의 의미구조이고, '카놀라유'는 '유채 꽃씨에서 추출한 기름'. (51나)는 'N₁[용도/목적]+N₂'의 의미구조이다.

8) 한자어+외래어

① 명사+명사

(53) 가. 공기캔(空氣+can)

　　나. 연기랩(演技+rap), 실축볼(失蹴+ball), 인생숏(人生+shoot), 착시샷
　　　　(錯視+shot)

(54) 가. 세탁바(洗濯+bar), 승전골(勝戰+goal), 추가골(追加+goal)

　　나. 능력맨(能力+man), 애교걸(愛嬌+girl), 경품맨(景品+man), 시범맨
　　　　(示範+man), 복도맨(複道+man)

　　다. 대포폰(大砲+phone), 염색바(染色+bar), 구석기폰(舊石器+phone),
　　　　당뇨폰(糖尿+phone), 허무송(虛無+song), 비화폰(秘話+phone)

(55) 가. 국회타임(國會+time)

　　나. 치안센터(治安+center)

　　다. 골반팬티(骨盤+panties)

　　라. 다중커플(多衆+couple), 궁녀센스(宮女+sense), 애국베팅(愛國+betting),

관광조깅(觀光+jogging), 공명버딩(共鳴+birthing), 생활기스(生活+き
ず[傷])

(56) 가. 천사데이(天使+day), 육아데이(育兒+day), 추어데이(鰍魚+day), 추
어탕데이(鰍魚蕩+day)

나. 산모택시(産母+taxi), 안심택시(安心+taxi)

다. 보행벨트(步行+belt), 대기벨트(大氣+belt)

라. 금테크(金+tech), 휴테크(休+tech)

(57) 광스토리지(光+storage), 세다이어트(稅+diet)

(53~54)는 '한자어 명사+1음절 외래어'로 구성된 한자어 명사가 1음절
외래어 명사에 선행하는 예이다.

(53가)에 '공기캔'은 'N₁+N₂[도구]'의 의미유형이며 '신선한 공기를 담
아 넣어서 파는 캔'을 의미한다.

(54)에 '바(bar), 골(goal), 맨(man), 폰(phone),³⁰⁾ 걸(girl), 송(song)'³¹⁾은 신어에
서 높은 빈도로 나타나서 생산성이 높은 외래어 명사이다. (54가)는 'N₁[용
도/목적]+N₂'의 의미유형이다. '바(bar)'는 원래 '술집, 바, 술집에서 술을 마
시는 긴 카운터, 특정 음식이나 음료를 파는 전문점'의 뜻인데 최근에 신어
에서 'X+바(bar)'의 구조로 '어떤 장소'를 의미한다. '세탁바(洗濯bar)'은 '음
료를 주문해 마시며 세탁을 할 수 있도록 만들어진 장소'를 의미한다. '골
(goal)'은 '축구나 농구, 핸드볼, 하키 따위에서, 문이나 바구니에 공을 넣어
득점하는 일. 또는 그 득점'을 뜻하여 'X+골(goal)'은 '어떤 득점하는 일. 또

---

30) 'X+폰(phone)'에 관한 해석은 4.1.의 (42가)가 참고된다.
31) 'X+송(song)'에 관한 해석은 4.1.의 (42나)가 참고된다. '허무송(虛無song)'은 '플래시
애니메이션에 맞추어 삶에 대한 허무를 느끼게 해 주는 가사를 붙여 만든 노래'를 의
미한다.

는 어떤 득점'을 의미한다. '승전골(勝戰goal)'은 '축구, 농구, 핸드볼, 하키 따위에서, 승부를 가르는 득점'을 의미한다. (54나)는 'N₁+N₂[성별]'의 의미구조이다. 'X+맨(man)'은 '어떤 행동을 하는 남자나 어떤 성격을 가진 남자'를 의미한다. '시범맨(示範man)'은 '모범을 보이는 사람'을 뜻한다. 'X+걸(girl)'은 '어떤 행동을 하는 여자나 어떤 성격을 가진 여자'를 의미한다. '애교걸(愛嬌+girl)'은 '애교가 많은 여자'를 의미한다. (54다)는 'N₁[성격]+N₂'의 의미유형이다.

(55~56)은 '한자어 명사+2음절 외래어'로 구성된 한자어 명사가 2음절 외래어 명사에 선행하는 예이다.

(55가)는 'N₁+N₂[시간]'의 의미구조이고, '국회타임'은 '약속한 시간을 잘 지키지 아니하는 국회의원의 시간관념'을 낮잡아 이르는 말. (55나)는 'N₁+N₂[도구]'의 의미유형이며, (55마)는 'N₁+N₂[장소]'의 의미구조이다.

(56)에 '테크(tech), 벨트(belt), 데이(day), 택시(taxi)'는 높은 빈도로 나온 외래어 명사이다.

(56가)는 'N₁+N₂[시간]'의 의미구조이고, 'X+데이(day)'는 '무슨 날'을 의미하는데 '천사데이'는 '10월 4일을 이르는 말. 10월 4일을 숫자로 쓰면 1004(천사)가 된다는 데서 나온 말로, 어려운 사람을 돕거나 착한 일을 하자는 취지에서 정한 날이다'라는 의미이다. (56나)는 'N₁+N₂[도구]'의 의미구조이며, 'X+택시(taxi)'는 '어떤 택시'를 뜻하며, '산모택시'는 '주로 임산부를 위하여 운행하는 택시'를 의미한다. (56다)는 'N₁+N₂[장소]'의 의미구조이며, '벨트(belt)'는 '(특정) 지대'를 의미하여 'X+벨트(belt)'는 어떤 '(특정) 지대'의 뜻이다. '보행벨트'는 '사람이 걸어 다닐 수 있도록 만든 구역이나 지대'를 의미한다. (56라)에 'X+테크(tech)'는 '4.1. (43다)'에서 논의한 바와 같이 '어떤 기술상의, 전문적인 일'을 뜻한다. '금테크'는 경제 영역에서 쓰는 말로 '개인이 금을 주식이나 채권처럼 금융 기관에 투자하여 이득을 꾀

하는 일'을 의미한다.

(57) '한자어 명사+4음절 외래어'로 구성된 합성어이다. '광스토리지'는 '레이저의 반사광을 이용해 시디(CD) 정보를 읽거나 저장하는 기기'를 의미한다.

② 어근+명사

(58) 건실맨(健實+man), 진지맨(眞摯+man)

(58)은 '한자어 어근+1음절 외래어'로 구성된 한자어 어근인 '건실(健實), 진지(眞摯)'가 외래어 명사와 결합한 예이며,[32] 'N₁+N₂[성별]'의 의미유형이다.

9) 기타

■ 고유어+한자어·고유어

① 명사+명사

(59) 목삼겹살(목+三겹살)

(59)는 '고유어 명사+3음절 한자어·고유어'의 구조이다. '목삼겹살'은 '돼지의 목 부위에 있는 삼겹살'을 의미한다.

---

32) 'X+맨(man)'에 관한 해석은 4.1.의 (54나)가 참고된다. '건실맨'은 '생각, 태도 따위가 건전하고 착실한 사람'을 의미한다.

2 한자어 · 고유어+외래어

① 명사+명사

(60) 삼겹살데이(三겹살+day)

(60)은 '한자어 · 고유어 명사+2음절 외래어'의 구조이고, 'N₁+N₂[시간]'의 의미유형이다. 'X+데이(day)'는 '무슨 날'을 의미하는데 '삼겹살데이'는 '3이 겹치는 3월 3일을 달리 이르는 말. 축협이 양돈 농가의 소득을 늘리기 위하여 삼겹살을 먹는 날'로 정하였다.

3 한자어 · 고유어+한자어

① 명사+명사

(61) 가. 호밀장(胡밀+醬)
    나. 색깔병(色깔+病)

(61가)는 'N₁[재료]+N₂'의 의미유형이며, '호밀장'은 '호밀로 만든 장'을 의미한다. (61나)는 'N₁[성격]+N₂'의 의미유형이고, '병(病)'[33]은 조어력이 뛰어난 명사로 여러 가지 구조에서 다 쓰이면서 점차 준접미사적인 성격으로 변화되어 간다.

---

33) 'X+병(病)'에 관한 해석은 4.1.의 (12다)가 참고된다.

② 어근+명사

    (62) 추접남(醜접＋男)[34]

(62)는 'N₁＋N₂[성별]'의 의미유형이다.

③ 명사+어근

    (63) 대박몽(大박＋夢)

나. 합성-'합성+합성'형

'합성＋합성'형은 주로 'ABC(A＋B＋C)'형이다.

1) 고유어+고유어+고유어

① 명사+명사+명사

    (1) 떡밥글(떡＋밥＋글)

(1)은 '고유어 명사＋고유어 명사＋1음절 고유어'의 구조이고, 'N₁[성격]＋N₂'의 의미유형에 속한다. '떡밥글'은 '인터넷에서 사람들의 주목을 끌기 위해 사실과 다르거나 엉뚱한 내용을 내용과는 관계없는 자극적인 제목으

---

34) 'X＋남(男)'에 관한 해석은 4.1.의 (12나)가 참고된다. '추접남'은 '지하철 따위에서 다른 사람들의 몸에 접촉을 시도하여 성적 불쾌감을 주는 남자'를 의미한다.

로 올리는 글'.

② 관형사+명사+명사

　(2) 새싹비누(새+싹+비누)

　(2)는 '고유어 관형사+고유어 명사+2음절 고유어'의 구조이다. '새싹비
누'는 '새싹채소를 이용하여 만든 비누'를 의미한다.

③ 동사+동사+명사

　(3) 부비부비춤(부비-+부비-+춤)

　(3)은 '고유어 동사+고유어 동사+1음절 고유어'로 결합한 구조이다. '춤'
은 생산성이 높은 명사이다. '부비부비춤'은 '남자가 여자의 뒤에서 몸을 비
비며 추는 춤'을 의미한다.

　2) 고유어+한자어+한자어

① 명사+명사+명사

　(4) 가. 쌈지무선망(쌈지+無線+網)
　(5) 가. 누리사랑방(누리+舍廊+房)
　　　나. 개구리관광차(개구리+觀光+車)

　(4~5)는 '고유어 명사+한자어 명사+1음절 한자어'로 결합한 구조이다.

(4가)는 'N₁+N₂[도구]'의 의미유형에 속하며, '쌈지무선망'은 '가까운 정보 기기들 간에 무선으로 빠르게 정보를 주고받을 수 있게 하는 데이터 전송 기술(또는 통신망)'을 의미하며, '블루투스'의 순화어이다.

(5)의 '방(房),³⁵⁾ 차(車)'는 생산성이 높은 명사이다. (5가)는 'N₁+N₂[장소]'의 의미유형에 속하며, '누리사랑방'은 '자신의 관심사를 기록하고 이를 공유하는 인터넷 1인 미디어'인 블로그(blog)의 순화어이다. (5나)는 'N₁+N₂[도구]'의 의미유형에 속한다.

3) 고유어+고유어+한자어

① 동사+명사+명사

(6) 디지털남(디지-(←돼지-)+털+男)

(6)은 '고유어 동사+고유어 명사+1음절 한자어'의 구조이다. '디지털남'은 '디지게(←돼지게) 멋진 털을 가진 남자'를 줄여 이르는 말. (54)는 '한자어 명사+고유어 명사+1음절 고유어'로 된 구조이다.

4) 한자어+고유어+고유어

① 명사+명사+명사

(7) 가. 명품장난감(名品+장난+감)
    나. 전봇대춤(電報+대+춤)

---

35) 'X+방(房)'에 관한 해석은 4.1.의 (12가)가 참고된다.

(7나)에서 '춤'은 생산성이 높은 명사이다. '전봇대춤'은 'N₁[도구]+N₂'의 의미유형에 속하며 '긴 막대기를 세워 그것을 타며 추는 춤'을 의미한다.

5) 한자어+고유어+한자어

① 명사+명사+명사

(8) 휴대누리망(携帶+누리+網)

(8)는 '한자어 명사+고유어 명사+1음절 한자어'의 구조이다. '휴대누리망'은 '휴대 전화로 언제 어디서나 손쉽게 인터넷을 이용하는 일. 또는 그런 기술'. '와이브로'의 순화어.

6) 고유어+고유어+외래어

① 명사+명사+명사

(9) 가. 목소리벨(목+소리+bell)
(10) 가. 가나다라송(가+나+다+라+song)
　　 나. 틈새폰(틈+새+phone)
　　 다. 목청맨(목+청+man)
(11) 젓가락데이(젓+가락+day)

(9~10)은 '고유어 명사+고유어 명사+1음절 외래어'로 구성된 합성명사이다. (10)에 '송(song), 폰(phone), 맨(man)'은 생산성이 높은 외래어 명사로 고유

어나 한자어와 많이 결합해 쓰인다. (10가)에 '가나다라송'은 인터넷상에서 플래시 애니메이션 형태로 떠도는 노래의 하나. 한국어 및 한글의 기본 자모를 쉽게 익힐 수 있도록 하기 위하여 일본인이 직접 만든 노래이다. (10나)는 'N_1+N_2[도구]'의 의미유형이며 '틈새폰'은 다양한 기능을 가진 기존의 휴대 전화 외에 틈새처럼 비어 있는 특정한 기능을 갖춘 휴대 전화. (10다)는 'N_1+N_2[성별]'의 의미유형이며 '목청맨'은 운동 경기장 따위에서 목청 높여 응원을 하는 사람.

(11)은 '고유어 명사+고유어 명사+2음절 외래어'로 구성된 합성명사이고, 'N_1+N_2[시간]'의 의미유형에 속하며 '젓가락데이'는 젓가락 사용을 권장하는 뜻으로, 11월 11일을 이르는 말.

7) 외래어+고유어+고유어

① 명사+명사+명사

(12) 미니갈비집(mini+갈비+집)

(12)는 '외래어 명사+고유어 명사+1음절 고유어'의 구조이고 'N_1+N_2[장소]'의 의미유형에 속한다.

8) 한자어+한자어+외래어

① 명사+명사+명사

(13) 화상전화폰(畵像+電話+phone)

(13)은 '한자어 명사+한자어 명사+1음절 외래어'의 구조이고 'N$_1$+N$_2$[도구]'의 의미유형에 속한다. 'X+폰(phone)'은 생산성이 높은 구조이다. '화상전화폰'은 '상대방의 얼굴을 보며 통화할 수 있는 전화'.

② 수사+수사+명사

(14) 오이데이(五+二+day), 구구데이(九+九+day), 오삼데이(五+三+day)

(14)는 '한자어 수사+한자어 수사+2음절 외래어'의 구조이고 'N$_1$+N$_2$[시간]'의 의미유형에 속한다. 'X+데이(day)'는 생산성이 높은 구조이다. '구구데이'는 '9월 9일을 이르는 말. 9월 9일을 숫자로 써서 읽으면 닭의 울음소리인 99(구구)가 된다는 데서 나온 말로, 농림부에서 닭고기의 소비를 촉진하기 위하여 정한 날'이다.

9) 한자어+한자어+한자어+외래어

① 수사+수사+수사+명사

(15) 오공일데이(五+空+一+day)

(15)는 'N$_1$+N$_2$[시간]'의 의미유형에 속한다.

10) 한자어+외래어+외래어

① 명사+명사+명사

(16) 휴대폰스팸(携帶+phone+spam)

(16)은 '한자어 명사+외래어 명사+2음절 외래어'의 구조이다.

11) 외래어+한자어+한자어

① 명사+명사+명사

    (17) 가. 디지털영화방(digital+映畵+房)

        나. 메뉴판남(menu+板+男)

(17)은 '외래어 명사+한자어 명사+1음절 한자어'로 된 구조이다. (17가)는 'N_1+N_2[장소]'의 의미유형에 속하며, '디지털영화방'은 '각종 디지털 영화나 뮤직비디오, 위성 방송를 볼 수 있도록 공간을 마련해 놓은 업소'. (17나)는 'N_1+N_2[성별]'의 의미유형에 속한다. '메뉴판남'은 '음식에 대하여 정통한 남자'를 비유적으로 이르는 말.

12) 외래어+외래어+한자어

① 명사+명사+명사

    (18) 백허두(back+hug+頭)

    (19) 포스트디지털세대(post+digital+世代), 실버골제도(silver+goal+制度)

(18)은 '외래어 명사+외래어 명사+1음절 한자어'의 구조이다. '백허두'는 '다른 사람의 뒷머리를 쓰다듬음'을 의미한다. (19)는 '외래어 명사+외래어 명사+2음절 한자어'의 구조이다. '포스트디지털세대'는 디지털 시대

에 익숙한 생활을 하면서도 개인주의적 생활 속에서도 타인과의 유기적인 조화나 교류에 가치를 두는 사람. 또는 그런 무리. '실버골제도'는 축구에서, 전·후반 90분에서 승부가 나지 않아 연장전 15분을 더 치르고 나서도 승부가 갈리지 않은 경우에 한하여 연장전 15분을 다시 한 번 더 치르는 제도.

13) 한자어+한자어+한자어

① 명사+명사+명사

    (20) 강남특별시(江南+特別+市), 경쟁특별시(競爭+特別+市)
    (21) 가. 수채색연필(水彩+色+鉛筆)
        나. 대학오학년(大學+五+學年), 은행연계보험(銀行+連繫+保險)

(20)은 '한자어 명사+한자어 명사+1음절 한자어'로 된 구조이다. 'X+시(市)'는 생산성이 높은 구조이다. '강남특별시'는 '여러 가지 면에서 서울의 강남이 특별한 대접을 받는 곳임을 비유적으로 이르는 말'.

(21)은 '한자어 명사+한자어 명사+2음절 한자어'로 결합한 예이다. (21가)는 'N₁+N₂[도구]'의 의미유형이다. (21나)에 '대학오학년'은 '더 좋은 직장을 얻기 위하여 일 년 더 대학에 다니면서 취업을 준비하는 학생을 달리 이르는 말'.

② 수사+수사+수사

    (22) 사공사(四+空+四)

(22)는 '한자어 명사+한자어 명사+1음절 한자어'로 된 구조이다. '사공
사'는 '인터넷에서, 무엇을 어떻게 해야 할지 잘 모를 때 쓰는 말. 인터넷
사이트를 제대로 찾지 못했을 때 나오는 'http 404'라는 에러 메시지에서
유래한 말'이다.

14) 한자어+고유어+외래어

① 명사+명사+명사

(23) 위꼴샷(胃+꼴+shot)

(23)은 '한자어 명사+고유어 명사+1음절 외래어'로 구성된 예이다. '위
꼴샷'은 '위가 움직일 정도로 식욕을 자극하는 사진'을 의미한다.

다. 합성-'혼성+합성'형

1) 고유어+외래어

① 명사+명사

(24) 얼짱폰(얼굴+짱+phone)
(25) 김치치즈가스(김치+cheese+돈가스)

(24)는 '고유어 명사+고유어 명사+1음절 외래어'로 구성된 예이며 'N₁+
N₂[도구]'의 의미유형에 속한다. 'X+폰(phone)'은 생산성이 높은 구조이다.

'얼짱폰'은 '[(얼굴+짱)+폰]'의 결합형식이다. '얼짱폰'은 '회전형 카메라를 폴더 끝에 장착한 휴대 전화. 카메라폰과 달리 사진을 찍을 때 렌즈가 시선 위 이마 부분에 맞춰져 있어서 얼굴을 더 예쁘게 찍을 수 있다'.

(25)는 '고유어 명사+외래어 명사+2음절 고유어'로 결합한 예이다. '김치치즈가스'는 '치즈, 베이컨 따위를 김치에 넣어 말아서 튀긴 음식'. '김치치즈가스'는 '[(김치+치즈)+돈가스]'와 같이 합성할 수 있고, '[김치+(치즈+돈가스)]'와 같이 합성할 수도 있으니 'N₁[재료]+N₂'의 의미유형에 속할 수도 있고 'N₁+N₂[재료]'의 의미유형에 속할 수도 있다.

2) 한자어+고유어

① 명사+명사

(26) 노빠당(盧武鉉+오빠+黨)

(26)은 '한자어 명사+고유어 명사+1음절 한자어'를 결합한 예이다. 'X+당(黨)'은 생산성이 높은 구조이다.

3) 한자어+한자어

① 명사+명사

(27) 제단시(堤川+丹陽+市), 괴음진시(槐山+陰城+鎭川+市)

(27)은 '한자어 명사+한자어 명사+1음절 한자어'로 구성한 예이며 'N₁+

N₂[장소]'의 의미유형에 속한다. '제단시'는 '행정 구역 재편에 따라 제천과
단양을 합친 시'를 이르는 이름.

4) 외래어+고유어

① 명사+명사

(28) 폰카짱(phone+camera+짱)

(28)은 '외래어 명사+외래어 명사+1음절 고유어'로 구성한 예이며 'N₁
[도구]+N₂'의 의미유형에 속한다. '폰카짱'은 '폰카메라로 사진을 잘 찍는
사람'을 속되게 이르는 말.

'혼성+합성'형은 아래와 같은 유형들이 있다.

　가. AD(AB+CD)형: 노빠당(盧武鉉+오빠)

　나. AC(AB+CD)형: 제단시(堤川+丹陽)

　다. ACE(AB+CD+EF)형: 괴음진시(槐山+陰城+鎭川)

　라. 1) ABCDF([AB+CD]+EF)형: 김치치즈가스([김치+cheese]+돈가스)

　　　2) ABCDF(AB+[CD+EF])형: 김치치즈가스(김치+[cheese+돈가스])

　마. AC(AB+C)형: 얼짱폰(얼굴+짱)

라. 합성-'두음절어 형성+합성'형

1) 고유어+고유어+한자어

① 명사+동사+명사

(1) 짝벌남(짝+벌리-+男)

(1)는 '고유어 명사+고유어 동사+1음절 한자어'의 구조이다. '짝벌남'은 '지하철 등에서 다리를 짝 벌리고 앉는 남자'를 의미한다.

2) 한자어+한자어+고유어

① 명사+명사+명사

(2) 여친짤(女子+親舊+짤)

(2)는 '한자어 명사+한자어 명사+1음절 고유어'를 결합한 예이며 'N₁[성별]+N₂'의 의미구조에 속한다. '여친짤'은 '메신저 프로필에 올리는 여자 사진. 프로필 사진으로 올리면 여자 친구로 오해할 만한 사진을 일컫는다.

3) 한자어+외래어+한자어

① 명사+형용사+명사

(3) 뇌섹남(腦+sexy-+男)

(3)은 '한자어 명사+외래어 형용사+1음절 한자어'로 구성된 예이다. '뇌섹남'은 '뇌가 섹시한 남자'를 줄여 이르는 말. 주관이 뚜렷하고 언변이 뛰어나며 유머러스하고 지적인 매력이 있는 남자를 가리킨다.

4) 한자어+한자어+한자어

① 명사+명사+명사

(4) 당게낭인(黨+揭+浪人)

(4)는 '한자어 명사+한자어 명사+2음절 한자어'의 구성이다. '당게낭인'은 정당의 홈페이지에 연속적으로 글을 올려 여론을 주도하는 이들을 이르는 말.

5) 외래어+외래어+고유어

① 명사+명사+명사

(5) 디카짱([digital+camera]+짱)

(5)는 '외래어 명사+외래어 명사+1음절 고유어'의 구조이며 'N$_1$[성별]+N$_2$'의 의미구조에 속한다.

6) 외래어+외래어+한자어

① 명사+개사+명사

    (6) 모압탄(MOAB[Mother+Of+All+Bombs]+彈)

  (6)은 '외래어 명사+외래어 개사+외래어 형용사+외래어 명사+1음절 한자어'로 구성한 예이다. '모압탄'은 '소형 핵폭탄에 버금가는 위력을 지닌 재래식 폭탄'을 의미한다.

7) 외래어+고유어+한자어

① 명사+동사+명사

    (7) 디찍병(digital+camera로+찍으려는+病)

  (7)은 '외래어 명사+외래어명사+고유어 동사+한자어 명사'로 구성된 '두음절어 형성+합성'의 예이다.

마. 합성-'절단+합성'형

1) 고유어+고유어

① 명사+명사

    (1) 얼짱(얼굴+짱), 푼짱(푼수+짱), 엉짱(엉덩이+짱)

(1)는 '고유어 명사+1음절 고유어'의 구조이다. '얼꽝'은 '얼굴이 아주 못 생긴 사람'을 속되게 이르는 말. '푼짱'은 '푼수끼가 아주 많은 사람'을 속 되게 이르는 말. 'X+꽝, X+짱'은 신어에서 생산성이 높은 표현이다.

② 동사+명사

    (2) 부릅눈(부릅뜨-+눈)

(2)는 '고유어 동사+1음절 고유어'로 구성된 예이다.

2) 고유어+외래어

① 동사+명사+명사

    (3) 맞디스랩(맞서-+disrespect+rap)

(3)은 '고유어 동사+외래어 명사+1음절 외래어'로 구성된 예이다. '맞디 스랩'은 '자신을 비방하는 내용의 곡에 맞서기 위해 상대방을 비방하는 내 용으로 가사를 쓴 랩'.

② 부사+명사

    (4) 쭉티(쭉+T[T-shirts])

(4)는 '고유어 부사+1음절 외래어'로 구성된 예이다. '쭉티'는 '손목과 허

리에 줄임 처리를 하지 않아서 겹쳐 입기 편하게 만든 티셔츠'.

3) 한자어+고유어

① 명사+명사

(5) 노짱(盧武鉉+짱), 임짱(姙娠婦+짱), 승짱(李承燁+짱)

(5)는 '한자어 명사+1음절 고유어'로 구성된 예문이다. '노짱'은 '노무현 (盧武鉉) 대통령'을 속되게 이르는 말.

② 어근+동사

(6) 취뽀(就+뽀개-)

(6)은 '한자어 어근+1음절 고유어 동사'로 구성된 예문이다. '취뽀'는 '취업 시험에 유용한 동아리'. 커뮤니티사이트 '취업 뽀개기'에서 유래한 것이다.

4) 외래어+한자어

① 명사+명사

(7) 디톡스법(detox[detoxification]+法)

(7)은 '외래어 명사+1음절 한자어'의 구조이다.

② 동사+명사

    (8) 업글병(upgrade+病)

(8)은 '외래어 동사+1음절 한자어'의 구조이다. '업글병'은 '기계나 제품
을 새것으로 자주 변경하고 싶어 하는 증상'을 의미한다.

③ 형용사+명사

    (9) 이기자(E[Electronic]+記者)
    (10) 이청첩장(E[Electronic]+請牒狀)

(9)는 '외래어 형용사+2음절 한자어'로 된 구조이다. '이기자'는 '네티즌
이 인터넷상에 올린 글을 토대로 신문, 잡지, 방송 따위에 실을 기사를 쓰는
사람'을 의미한다. (10)은 '외래어 형용사+3음절 한자어'로 된 구조이다.
'이청첩장'은 '전자 우편으로 보내는 청첩장'을 의미한다.

④ 명사+어근

    (11) 모맹(mobile+盲)

(11)은 '외래어 명사+1음절 한자어'의 구조이며 'N₁[도구]+N₂'의 의미
유형에 속한다. '맹(盲)'은 '맹하다(싱겁고 흐리멍덩하여 멍청한 듯하다)'의 어근
이다.

바. 합성-'파생+합성'형

1) 고유어+고유어 접미사+고유어

① 동사+명사

   (1) 가. 그림말(그리-+-ㅁ+말), 뒤집음말(뒤집-+-음+말)
      나. 싸움짱(싸우-+-ㅁ+짱), 털기춤(털-+-기+춤), 떨기춤(떨-+-기+춤)
   (2) 맞춤아기(맞추-+-ㅁ+아기), 붙임쪽지(붙이-+-ㅁ+쪽지)

  (1)은 '고유어 동사+고유어 접미사+1음절 고유어'를 결합한 예이다. (93 가)에서 '그림말'은 '이모티콘(emoticon)'을 순화하여 이르는 말. (1나)에서 '짱, 춤'은 생산성이 높은 명사이며, '싸움짱'은 싸움을 아주 잘하는 사람을 속되게 이르는 말이며, '털기춤'은 '손을 높이 들고 엉덩이를 흔들다가 팔을 늘어뜨리는 춤'을 의미한다. (2)는 '고유어 동사+고유어 접미사+2음절 고유어'를 결합한 예이다.

② 명사+관형사+명사

   (3) 봄샘바람(봄+새+-ㅁ+바람), 봄샘추위(봄+새+-ㅁ+추위)

  (3)은 '고유어 명사+고유어 관형사+고유어 접미사+2음절 고유어'를 결합한 예이다. '봄샘바람'은 '꽃샘바람'의 뜻이다.

2) 고유어+고유어 접미사+한자어

① 명사+동사+명사

(4) 손펼침막(손+펼치-+-ㅁ+幕)

(4)는 '고유어 명사+고유어 동사+고유어 접미사+1음절 한자어'를 결합한 예이다.

② 동사+명사

(5) 가. 밤섬주(밤서-+-ㅁ+株)
    나. 싸움계(싸우-+-ㅁ+契), 달림방(달리-+-ㅁ+房), 시드름병(시들-+-
      ㅁ+病), 얼음방(얼-+-음+房)
(6) 꾸림정보(꾸리-+-ㅁ+情報)

(5)는 '고유어 동사+고유어 접미사+1음절 한자어'를 결합한 예이다. (5 나)에서 '싸움계'는 '부부 싸움을 하면 벌금을 내도록 하는 계'. '시드름병'은 동사 '시들다'가 접미사 '-ㅁ'와 결합하여 명사형인 '시드름'이 되나 조사와 자유롭게 결합하지 못하는 특징이 있다(*시드름을). 그러므로 '시드름'은 자립명사로 쓰이지 못한다. '시드름병'은 '시들병(--病)'의 잘못. '시들병(--病)'은 '몸이 만성적으로 차차 시들어 쇠약해지는 병'. (6)은 '고유어 동사+고유어 접미사+2음절 한자어'를 결합한 예이다.

3) 고유어+고유어 접미사+외래어

① 동사+명사

   (7) 볶음짬뽕(볶-＋-음＋ちゃんぽん), 맞춤버스(맞추-＋-ㅁ＋bus)

  (7)은 '고유어 동사+고유어 접미사+2음절 외래어'로 구성되는 예이다. '맞춤버스'는 '출퇴근 시간이나 등·하교 시간 따위처럼 승객들이 많이 몰리는 시간대에만 제한적으로 운영되는 버스'를 의미한다.

4) 한자어+고유어 접미사+고어유

① 명사+동사+명사

   (8) 자활꿈터(自活＋꾸-＋-ㅁ＋터)

  (8)은 '한자어 명사+고유어 동사+고유어 접미사+1음절 고유어'로 구성되는 예이다.

5) 한자어+한자어 접미사+한자어

① 명사+명사

   (9) 가. 상품권방(商品＋-券＋房)
      나. 공시족병(公試＋-族＋病)

(9)는 '한자어 명사+한자어 접미사+1음절 한자어'를 결합한 예이다. (9가)는 'N₁+N₂[장소]'의 의미유형에 속하며, '상품권방'은 '여러 종류의 상품권을 모아 놓고 파는 가게'를 의미한다.

6) 한자어+고유어 접미사+외래어

① 명사+명사

    (10) 쌍둥이폰(雙+-둥이+phone)

(10)은 '한자어 명사+고유어 접미사+1음절 외래어'를 결합한 구조이며 'N₁+N₂[도구]'의 의미유형에 속한다. '쌍둥이폰'은 '같은 번호를 두 사람이 함께 쓰는 휴대 전화'를 의미한다.

7) 외래어+고유어 접미사+외래어

① 명사+동사+명사

    (11) 파일보기폰(file+보-+-기+phone)

(11)은 '외래어 명사+고유어 동사+고유어 접미사+1음절 외래어'를 결합한 구조이다.

위에 예문을 살펴본 후에 '파생+합성'에서는 '5) 한자어+한자어 접미사+한자어' 중의 '-券, -族'만 한자어 접미사이다. 나머지 결합형식에 나타난

'-ㅁ, -기, -둥이'는 모두 고유어 접미사이다.

사. 합성-'축약+합성'형

1) 고유어+고유어

① 명사+명사

(1) 얼집(어린이+집)

(1)은 '고유어 명사+1음절 고유어'의 결합이며 'N$_1$+N$_2$[장소]'의 의미유형에 속한 다. '얼집'은 '주로 아이 엄마들 사이에서 '어린이집'을 줄여 말하는 말'.

② 형용사의 관형사형+명사

(2) 존맛(좋은+맛)

(2)는 '고유어 형용사의 관형사형+1음절 고유어'의 결합이다. '존'은 '좋은(대상의 성질이나 내용 따위가 보통 이상의 수준이어서 만족할 만한 것. 성품이나 인격 따위가 원만하거나 선한 것. 말씨나 태도 따위가 상대의 기분을 언짢게 하지 아니할 만큼 부드러운)'의 준말. '존맛'은 '음식이 매우 맛있음'을 속되게 이르는 말.

2) 한자어+고유어

　[1] 명사+명사

　　(3) 핵꿀잼(核＋꿀＋재미)

(3)은 '한자어 명사＋고유어 명사＋2음절 고유어'의 결합이다.

3) 한자어+한자어

　[1] 명사+명사

　　(4) 윰차(乳母＋車)

(4)는 '한자어 명사＋1음절 한자어'의 결합이고 'N₁＋N₂[도구]'의 의미유형에 속한다.

4) 외래어+고유어

　[1] 명사+명사

　　(5) 예스잼(yes＋재미), 허니잼(hoeny＋재미)

(5)는 '외래어 명사＋2음절 고유어'를 결합한 예이고 'N₁[성격]＋N₂'의 의미유형에 속한다. '예스잼'은 '노잼'의 반대말 노잼의 경우 노(no)＋잼(재미)

을 합친 말이라면 '예스잼'은 예스(yes)+잼(재미)을 합친 말 즉, '재미있다'로 해석 할 수 있다. '허니잼'은 '매우 재미있다'라는 뜻을 가진 '꿀잼'의 앞부분 '꿀'을 영어 단어 'honey'로 변환한 신어이다. 꿀은 강조, 잼은 재미의 줄임말이다.

아. 합성-'합성+첩어 형성'형

이 부분은 한국어 신어에서 없으나 중국어 신어에서 상대적으로 많은 신어 예문이 나타난 부분이다.

자. 합성-'기타+합성'형

1) 고유어+한자어

(1) 나방(나+홀로+떴-+房), 나홀로방(나+홀로+떴-+房)

(1)은 '고유어 대명사+고유어 부사+고유어 동사+1음절 한자어'를 축약하여 결합한 특이한 방식이며 'N₁+N₂[장소]'의 의미유형이다.

2) 한자어+외래어+한자어

(2) 친유반미(親+Europe+反美)

(2)는 '한자어 명사+외래어 명사+2음절 한자어'를 결합한 예문이다. 이 예문의 구조도 특이한 편이다.

3) 외래어+한자어

(3) 피 세대(P[Participation/Passion/PotentialPower]+世代)

(3)은 '외래어 명사+2음절 한자어'의 특이한 결합이다. '피 세대'는 '열정을 가지고 적극적으로 사회에 참여하여 기성세대의 패러다임을 변화시킬 수 있는 잠재력을 가진 젊은 세대. 주로 2002년 한일 월드컵 축구 대회의 거리 응원, 광화문의 촛불 시위, 대통령 선거 따위에 앞장섰던 젊은 층'을 가리킨다.

위에 예문 우리는 한국어의 거의 모든 품사가 신어-합성명사의 구성 성분이 될 수 있다는 것을 확인할 수 있다. 이것은 한국어의 합성어 가운데 합성명사가 아주 생산적이라는 사실을 보여 준 것이다. 그러므로 신어 중의 합성명사는 새로운 개념이나 지시 대상을 가리키기 위해 만들어지는 대표적인 어휘소이다. 또한, 1음절 명사나 어근의 생산성이 제일 높은 것도 보여서 앞으로 준접미사로 발전하는 가능성도 보일 수 있는 것이다.

위에서 서술한 합성어의 구성 요소가 고유어냐, 한자어냐, 외래어냐 또한 합성어 구성요소의 품사가 명사냐, 동사냐 등 하는 데 위주로 정리하면 아래 <표 4-10>과 같다.

〈표 4-10〉 한국어-합성어의 구조 분석 도표

한국어-합성어의 구조 분석 도표					
분류			단어 수	비율(%)	예
합성-단순형	고유어+고유어	① 명사+명사	38	8.80	땅줄, 피물집…
		② 명사+'ㅅ'+명사	1	0.23	잿개비

		③ 동사+명사	1	0.23	먹짱
		④ 부사+명사	2	0.46	납작머리, 두루누리
		⑤ 동사+동사	1	0.23	읽씹
	고유어+한자어	① 명사+명사	44	10.19	벼룩책, 공주방…
		② 명사+'ㅅ'+명사	1	0.23	갯작업
		③ 어근+명사	2	0.46	싱싱회, 엉큼남
		④ 동사 어간+명사	1	0.23	어울통신
		⑤ 동사 어간+어미+명사	1	0.23	안다박수
		⑥ 부사+명사	3	0.69	욱본능, 몰래촬영, 홀로주연
		⑦ 명사+어근	6	1.39	도우미견, 돈맹…
	한자어+고유어	① 명사+명사	32	7.41	작업짱, 혈관짱…
		② 명사+'ㅅ'+명사	1	0.23	댓말
		③ 형용사+명사	1	0.23	희귀짤
	한자어+한자어	① 명사+명사	74	17.13	방폭문, 훈육대…
		② 형용사+명사	1	0.23	몰상남
		③ 명사+어근	37	8.56	문화맹, 무모견…
	외래어+고유어	① 명사+명사	4	0.93	누드닭, 쿨몽둥이, 레토르트밥
		② 형용사+명사	1	0.23	올짱

고유어+외래어		① 명사+명사	12	2.78	거울폰, 싸가지송…
		② 동사+명사	1	0.23	부비댄스
외래어+한자어		① 명사+명사	19	4.398	오브로모프병, 츤데레남…
		② 형용사+명사	1	0.23	웰빈
		③ 명사+어근	4	0.93	카놀라유, 카지노세…
한자어+외래어		① 명사+명사	**40**	**9.26**	세탁바, 승전골…
		② 어근+명사	2	0.46	건실맨, 진지맨
기 타	고유어+ 한자어· 고유어	① 명사+명사	1	0.23	목삼겹살
	한자어· 고유어+ 외래어	① 명사+명사	1	0.23	삼겹살데이
	한자어· 고유어+ 한자어	① 명사+명사	2	0.46	호밀장, 색깔병
		② 어근+명사	1	0.23	추접남
		③ 명사+어근	1	0.23	대박몽
'합성 +합성'형	고유어+고유어 +고유어	① 명사+명사+ 명사	1	0.23	떡밥글
		② 관형사+명사 +명사	1	0.23	새싹비누
		③ 동사+동사+ 명사	1	0.23	부비부비춤
	고유어+한자어 +한자어	① 명사+명사+ 명사	3	0.69	누리사랑방, 개구리관광차, 쌈지무선망
	고유어+고유어 +한자어	① 동사+명사+ 명사	1	0.23	디지털남

	한자어+고유어+고유어	① 명사+명사+명사	2	0.46	명품장난감, 전봇대춤
	한자어+고유어+한자어	① 명사+명사+명사	1	0.23	휴대누리망
	고유어+고유어+외래어	① 명사+명사+명사	5	1.16	목소리벨, 가나다라송…
	외래어+고유어+고유어	① 명사+명사+명사	1	0.23	미니갈비집
	한자어+한자어+외래어	① 명사+명사+명사	1	0.23	화상전화폰
		② 수사+수사+명사	3	0.69	오이데이, 구구데이, 오삼데이
	한자어+한자어+한자어+외래어	① 수사+수사+수사+명사	1	0.23	오공일데이
	한자어+외래어+외래어	① 명사+명사+명사	1	0.23	휴대폰스팸
	외래어+한자어+한자어	① 명사+명사+명사	2	0.46	디지털영화방, 메뉴판남
	외래어+외래어+한자어	① 명사+명사+명사	3	0.69	백허두, 포스트디지털세대, 실버골제도
	한자어+한자어+한자어	① 명사+명사+명사	5	1.16	강남특별시, 경쟁특별시…
		② 수사+수사+수사	1	0.23	사공사
	한자어+고유어+외래어	① 명사+명사+명사	1	0.23	위꼴샷
'혼성 +합성'형	고유어+외래어	① 명사+명사	2	0.46	얼짱폰, 김치치즈가스

	한자어+고유어	① 명사+명사	1	0.23	노빠당
	한자어+한자어	① 명사+명사	2	0.46	제단시, 괴음진시
	외래어+고유어	① 명사+명사	1	0.23	폰카짱
'두음절어 형성 +합성'형	고유어+고유어 +한자어	① 명사+동사+ 명사	1	0.23	짝벌남
	한자어+한자어 +고유어	① 명사+명사+ 명사	1	0.23	여친짤
	한자어+외래어 +한자어	① 명사+형용사 +명사	1	0.23	뇌섹남
	한자어+한자어 +한자어	① 명사+명사+ 명사	1	0.23	당게낭인
	외래어+외래어 +고유어	① 명사+명사+ 명사	1	0.23	디카짱
	외래어+외래어 +한자어	① 명사+개사+ 명사	1	0.23	모압탄
	외래어+고유어 +한자어	① 명사+동사+ 명사	1	0.23	디찍병
'절단 +합성'형	고유어+고유어	① 명사+명사	3	0.69	얼짱, 푼짱, 엉짱
		② 동사+명사	1	0.23	부릅눈
	고유어+외래어	① 동사+명사+ 명사	1	0.23	맞디스랩
		② 부사+명사	1	0.23	쭉티
	한자어+고유어	① 명사+명사	3	0.69	노짱, 임짱, 승짱
		② 어근+동사	1	0.23	취뽀
	외래어+한자어	① 명사+명사	1	0.23	디톡스법
		② 동사+명사	1	0.23	업글병
		③ 형용사+명사	2	0.46	이기자, 이청첩장
		④ 명사+어근	1	0.23	모맹
'파생	고유어+고유어	① 동사+명사	7	1.62	그림말,

					뒤집음말…
'+합성'형	접미사+고유어	② 명사+관형사+명사	2	0.46	봄샘바람, 봄샘추위
	고유어+고유어 접미사+한자어	① 명사+동사+명사	1	0.23	손펼침막
		② 동사+명사	6	1.39	밤섬주, 싸움계…
	고유어+고유어 접미사+외래어	① 동사+명사	2	0.46	볶음짬뽕, 맞춤버스
	한자어+고유어 접미사+고유어	① 명사+동사+명사	1	0.23	자활꿈터
	한자어+한자어 접미사+한자어	① 명사+명사	2	0.46	상품권방, 공시족병
	한자어+고유어 접미사+외래어	① 명사+명사	1	0.23	쌍둥이폰
	외래어+고유어 접미사+외래어	① 명사+동사+명사	1	0.23	파일보기폰
'축약 +합성'형	고유어+고유어	① 명사+명사	1	0.23	얼집
		② 형용사의 관형사형+명사	1	0.23	존맛
	한자어+고유어	① 명사+명사	1	0.23	핵꿀잼
	한자어+한자어	① 명사+명사	1	0.23	윰차
	외래어+고유어	① 명사+명사	2	0.46	예스잼, 허니잼
'합성+첩어 형성'형	/	/	/	/	/
'기타 +합성'형	고유어+한자어		2	0.46	나방, 나홀로방
	한자어+외래어+한자어		1	0.23	친유반미
	외래어+한자어		1	0.23	피 세대
계			432	100	

[중국어]

중국어 합성어는 두 개나 두 개 이상의 형태소로 구성된 것이다. 중국어 합성명사의 의미관계에 의한 의미유형 분류는 아래 표와 같다.

〈표 4-11〉 중국어 합성명사의 의미관계에 의한 의미유형 분류

분류				예
대등 합성어				/
종속 합성어	재료	①	N_1[재료]+N_2	白銀書, 塑料血, 明膠蝦, 紙布袋
		②	N_1+N_2[재료]	毒膠囊
	장소	①	N_1[장소]+N_2	北京咳, 路邊操, 井盖畫, 樹洞畫
		②	N_1+N_2[장소]	股吧, 眼吧, 爽吧
	모양	①	N_1[모양]+N_2	脚环鷄, 綿羊猪, 名片鼠
	성격	①	N_1[성격]+N_2	海嘯音, 海綿路, 黃牛位
		②	N_1+N_2[성격]	代購手
	시간	①	N_1[시간]+N_2	年后飯
		②	N_1+N_2[시간]	百元周, 网民節, 風時代
	도구	①	N_1+N_2[도구]	動車
	용도/목적	①	N_1[용도/목적]+N_2	嬰儿艙, 墳地産, 火箭球
	성별	①	N_1[성별]+N_2	男粉領
		②	N_1+N_2[성별]	暖女, *瓷男, 鳳凰男
	기원	①	N_1[기원]+N_2	霧霾假, 啤酒眼, 聲波爐
	사람	①	N_1[사람]+N_2	人球, 高曉松体, 海燕体
		②	N_1+N_2[사람]	房妹, 房嬸, 房爸, 房祖宗, 漢字粉
	사건	①	N_1+N_2[사건]	口罩門, 電話門, 私宅案

중국어 합성명사의 의미관계에 의한 의미유형 분류는 한국어와 약간 다르다. 중국어 합성명사의 의미관계에 의한 의미유형 분류에서는 '귀속 대상, '② 모양-N_1+N_2[모양]', '도구-N_1[도구]+N_2'를 나타나는 합성명사가

없다. 그러나 한국어에서 없는 '사람', '사건'을 나타내는 말과 결합하여 그 합성명사가 '어떤 사람', '어떤 사건'의 의미를 갖게 되는 경우가 생긴다. 중국어-'단순형'에서 주로 명사위주로 'N₁+N₂[재료]', N₁+N₂[재료]' 등 이런 의미구조이지만 '합성+합성', '혼성+합성', '두음절어 형성+합성', '절단+합성'형에서 'V₁+N₁[장소](易物+行)', 'V₁+N₁[사람](晒黑+族)', 'V₁[용도/목적]+N₁(防狼+鞋)', 'A₁+N₁[사람](樂活+族)', 'A₁[성격]+N₁(酷斃+裝)', 'V₁[모양]+N₁(騎馬+舞)', 'V₁+N₁[사건](斷供+案)' 등의 의미구조도 있다.

가. 합성-단순형

1) 고유어+고유어

① 명사+명사

(1) 가. ① 人球(人+球)

② 房妹(房+妹), 房嬸(房+嬸), 房媳(房+媳), 卡神(卡+神), 房爸(房+爸), 房弟(房+弟), 房警(房+警), 房爹(房+爹), 房媽(房+媽), 房親(房+親), 房神(房+神), 房姨(房+姨), 娃托(娃+托), 鷹爸(鷹+爸), *宝爸(宝+爸), *宝媽(宝+媽), *干爹(干+爹), 學渣(學+渣), 飯仔(飯+仔), 房魔(房+魔)

나. *北京咳(北京+咳)

다. 糞金(糞+金), *人肉(人+肉), 稅假(稅+假), 期墓(期+墓), 樹釘(樹+釘), 婚点(婚+点), 橋婚(橋+婚), 碳壩(碳+壩)

(2) 가. ① 高曉松体(高曉松+体), 海燕体(海燕+体), 甄嬛体(甄嬛+体), 沈從文体(沈從文+体), 白素貞体(白素貞+体), 元芳熱(元芳+熱), 元芳体(元

芳＋体)

② 車奴(車＋奴), 房奴(房＋奴), 墓奴(墓＋奴), 猫奴(猫＋奴), * 孬族(孬＋族), 党娃(党＋娃), 娃奴(娃＋奴), *表哥(表＋哥), * 表叔(表＋叔), 飯霸(飯＋霸), 房哥(房＋哥), 房姐(房＋姐), 房嫂(房＋嫂), 房爺(房＋爺), 房叔(房＋叔), 墳爺(墳＋爺), 房帝(房＋帝), 房族(房＋族)

나. 暖女(暖＋女), *瓷男(瓷＋男)

다. 動車(動＋車)

예문 (1)～(2)는 '고유어 명사＋1음절 고유어'의 결합 방식으로 이루어진 합성어이다.

(1가①)은 'N₁[사람]＋N₂'의 의미유형이며, (1가②)는 'N₁＋N₂[사람]'의 의미유형이다. (1나)는 'N₁[장소]＋N₂'의 의미유형이며, '北京咳(베이징기침)' 은 '원래 단기적으로 베이징에 체류하는 외국사람 들은 나타나는 마른기침 등 증상, 2013년에는 주로 베이징 공기 오염으로 인한 사람들에게 기관지가 불편하게 된 증상'을 가리킨다.

(2)에 'X＋奴(노예)', 'X＋女(녀)', 'X＋族(족)', 'X＋娃(어린이)', 'X＋哥(오빠)', 'X＋叔(아저씨)', 'X＋男(남)', 'X＋霸(우두머리)', 'X＋姐(아가씨)', 'X＋嫂(아주머니)', 'X＋爺(주인 혹은 지체 높은 사람에 대한 호칭)', 'X＋体((조)체)', 'X＋帝(황제)', 'X＋車(차)', 'X＋熱(붐(boom))'은 최근 몇 년간에 모두 3회 이상의 높은 빈도로 나타나는 명사라서 생산성이 높다고 생각한다. (2가①)은 'N₁[사람]＋N₂'의 의미유형이다. (2가②)는 'N₁＋N₂[사람]'의 의미구조이다. '車奴(차의 노예, 카푸어)'는 '차를 구입하고 난 후 관리와 유지를 힘들어하며 고통을 받는 사람'을 의미하고 '房奴(하우스푸어)'는 '집을 사기 위해 무리하게 대출을 받아 대출금 상황으로 생활이 어려운 사람'을 가리킨다. '表哥(시계 오빠)'는 '비합법적인 명품 시계 여러 개 가진 관원'을 가리킨다. (2나)는 'N₁＋N₂[성별]'의 의

미구조이고, (2다)는 'N₁+N₂[도구]'의 의미구조에 속한다.

② 수사+명사

    (3) 가. 三莓(三＋莓), 三孤(三＋孤), 兩房(兩＋房)

        나. 兩費(兩＋費)

③ 동사+명사

    (4) 가. 蹭爺(蹭＋爺), *吃貨(吃＋貨), 作媽(作＋媽), 閃畫(閃＋畫)

        나. 拼客(拼＋客), 晒客(晒＋客), 剩女(剩＋女), 晒品(晒＋品), 淘客(淘＋客),

            租奴(租＋奴), 叮客(叮＋客), *淘客(淘＋客), 追客(追＋客), 欠客(欠＋客)

        다. 裸官(裸＋官)

    예문 (4)는 '고유어 동사+1음절 고유어'의 구성이다. (4가)에 '*吃貨'는 '식충(이), 밥벌레, 밥통'의 뜻인데 원래 '욕하는 말로, 일은 하지 않고 먹기만 하는 사람'을 가리키지만 지금은 '좋은 것 먹기를 즐길 뿐만 아니라 먹을 줄 잘 아는 사람'도 가리킨다. 일반적으로 중성사(中性詞)로 쓰인다. (4나)에 'X＋客(객)', 'X＋女(녀)', 'X＋品(품)', 'X＋奴(노예)'는 모두 생산성이 높은 명사라서 준접미사로 볼 수도 있다. (4다)에 '裸(나체, 누드(nude))＋X'의 구조는 생산성이 높아서 준접두사로 인정해도 가능하다. '裸官(나체 관리, 발가벗은 관리, 나관)'은 '배우자·자녀 등 친속 그리고 재산의 대부분을 국외에 두고 국내에 단신으로 남아 있는 국가 간부'를 가리킨다.

④ 형용사+명사

(5) 가. 牛樓(牛＋樓), 萌医(萌＋医), 魔烟(魔＋烟), 良票(良＋票), *土豪(土＋豪),
　　　 智樓(智＋樓), 熱冰(熱＋冰)
　　 나. 綠客(綠＋客), 腥人(腥＋人), 囧劇(囧＋劇), 雷人(雷＋人), *萌軍(萌＋軍)
　　 다. *雷点(雷＋点), 雷語(雷＋語), 雷民(雷＋民), 雷主(雷＋主), 囧事(囧＋事)

(5)는 '고유어 형용사+1음절 고유어'로 결합한 형식이다. (5가)에 '*土豪(토
호)'는 '옛날에 농촌에서 돈도 있고 세력도 있는 악덕 지주나 악질 토호(土豪)'
를 가리키지만 지금은 '아주 부유하지만 품위가 높지 않은 사람'에게 많이
사용한다. 농담을 하는 의미를 많이 가진 단어이다. (5나) 'X+劇(극)'은 어떤
내용의 드라마를 의미한다. '囧劇'은 '자주 우울하고 슬프고 난감하거나 말
이 안 나오는 장면, 소재가 가볍고 생동감 넘치는 희극 색체를 가진 드라마'
를 가리킨다. (5다)에 '囧+X'도 생산성이 높은 구조이다. '囧'는 원래 옛 글
자, '광명스러운, 빛나는'의 뜻인데 지금은 이 글자의 모양을 취하여 '우울
한, 슬픈, 난감한, 말이 안 나오는 등등'을 의미한다. '囧事'는 '사람에게 난감
하고 우울하고 울지도 웃지도 못하거나 어찌할 수가 없는 일'을 뜻한다.

⑤ 명사+동사

(6) 鐵漂(鐵＋漂), 性貪(性＋貪)

⑥ 동사+동사

(7) 哭討(哭＋討)

7 형용사+동사

(8) 勁走(勁+走)

8 명사+형용사

(9) 婚荒(婚+荒), 莫言熱(莫言+熱)

2) 외래어+고유어

1 명사+명사

(10) 亞馬遜幣(Amazon+幣), 巴士通(bus+通), 奧運頭(Olympic+頭)

(11) 가. WiFi族(WiFi+族), 海蒂族(HEIDIS+族)

　　나. 的士裝(taxi+裝)

(10~11)은 '외래어 명사+1음절 고유어'로 된 구성이다.

(10)에 '巴士通'은 '일종의 공공(대중) 교통 지능화 경영시스템'을 의미한다.

(11가)는 'N₁+N₂[사람]'의 의미유형에 속하며 'X+族(족)'은 몇몇 명사 뒤에 쓰여 '그런 특성을 가지는 사람이나 사물의 무리' 또는 '그 무리에 속하는 사람이나 사물의 무리'의 뜻을 나타낸다. 이 구성은 한국어 신어에서도 높은 생산성을 보여주고 있다. 'WiFi族'은 '언제 어디서나 무선 인터넷을 사용하여 인터넷을 하는 사람'을 가리킨다. (11나)에 'X+裝(장)'은 '어떤 복장을 입다'의 뜻인데 '的士裝'은 택시의 겉모양을 비유한다. 그림, 색깔, 마크 등을 포함한다.

② 형용사+명사

    (12) 辣奢族(luxury+族)

3) 고유어+외래어

① 명사+명사

    (13) 股吧(股+bar), 眼吧(眼+bar), 爽吧(爽+bar), 囧吧(囧+bar)

  (13)은 'N₁+N₂[장소]'의 의미유형이며 'X+吧(bar)'는 '도심 속의 어떤 휴식·오락 장소'를 가리킨다. '股吧'는 '인터넷에서 네티즌들은 주식 정보를 교류하는 특정한 장소'를 의미한다.

4) 외래어+외래어

① 명사+명사

    (14) 奧運吧(Olympic+bar)

  (14)는 'N₁+N₂[장소]'의 의미유형이다.[36]

---

36) 'X+吧(bar)'에 관한 해석은 4.1.의 (가-13)가 참고된다.

5) 자모+숫자

① 명사+명사

(15) PM1(PM+1)

6) 숫자/자모+고유어

① 숫자+명사

(16) 가. 26°C法(26°C+法)
    나. 90制(90+制)

(16나)에 'X+制(제)'는 생산성이 높은 구성이고 '무슨 제도'의 의미이다.

② 자모+명사

(17) AK團(AK+團), AB制(AB+制)

(17)에 'X+團(단)', 'X+制(제)'[37]는 생산성이 높은 구성이다.

---

37) 'X+制(제)'에 관한 해석은 4.1.의 (가-16나)가 참고된다.

나. 합성-'합성+합성'형

1) 고유어+고유어+고유어

① 명사+명사+명사

(1) 가. ① 年后飯(年+后+飯)

② 百元周(百+元+周)

나. ① 白銀書(白+銀+書), 塑料血(塑+料+血), 明膠蝦(明+膠+蝦), 紙布袋(紙+布+袋)

② 毒膠囊(毒+膠+囊)

다. 脚环鷄(脚+环+鷄), 綿羊猪(綿+羊+猪), 名片鼠(名+片+鼠), 男人妝(男+人+妝), 刺猬包(刺+猬+包)

라. 海嘯音(海+嘯+音), 海綿路(海+綿+路), 黃牛位(黃+牛+位), 醬油課(醬+油+課), 蓮花鈔(蓮+花+鈔), 碳足迹(碳+足+迹), 碳錢包(碳+錢+包), 碳点數(碳+点+數), 父子灯(父+子+灯), 熊猫藥(熊+猫+藥), 政府秤(政+府+秤), 山寨帮(山+寨+帮), 山寨潮(山+寨+潮), 山寨藥(山+寨+藥), 山寨品(山+寨+品), 鍵盤指(鍵+盤+指), 火箭蛋(火+箭+蛋)

마. 學科歌(學+科+歌), 嬰儿艙(嬰+儿+艙), 墳地産(墳+地+産), 火箭球(火+箭+球)

바. 啤酒眼(啤+酒+眼), 聲波爐(聲+波+爐), 霧霾假(霧+霾+假)

사. 路邊操(路+邊+操), 井盖畫(井+盖+畫), 樹洞畫(樹+洞+畫)

아. 房祖宗(房+祖+宗)

자. 路邊件(路+邊+件), 棉花底(棉+花+底), 紙枷鎖(紙+枷+鎖), 票价鎖(票+价+鎖), 情緖底(情+緖+底), 意念腿(意+念+腿), 人獸羊(人+獸+羊), 植

物船(植＋物＋船), 碳海綿(碳＋海＋綿), 負股价(負＋股＋价), 蛋白荒(蛋＋白＋荒), 國宝宴(國＋宝＋宴), 話語志(話＋語＋志), 天价頭(天＋价＋頭), 表情墙(表＋情＋墙), 房字輩(房＋字＋輩), 桌底錢(桌＋底＋錢), 牙簽林(牙＋簽＋林), 言塞湖(言＋塞＋湖), *堰塞湖(堰＋塞＋湖), 道具貨(道＋具＋貨), 銀行屋(銀＋行＋屋), 皇帝球(皇＋帝＋球), 巫師猪(巫＋師＋猪)

(2) 가. 后儿童(后＋儿＋童)

나. 云家政(云＋家＋政), 云手表(云＋手＋表)

(3) 가. 村証房(村＋証＋房), 山寨街(山＋寨＋街)

나. 紅衫軍(紅＋衫＋軍), 手机手(手＋机＋手), 游戲手(游＋戲＋手)

다. 電話門(電＋話＋門), 骷髏門(骷＋髏＋門), 虎照門(虎＋照＋門), 國旗門(國＋旗＋門), 女友門(女＋友＋門), 房産門(房＋産＋門), 國籍門(國＋籍＋門), 牛肉門(牛＋肉＋門), 人肉門(人＋肉＋門), 水源門(水＋源＋門), 帳篷門(帳＋篷＋門), 資料門(資＋料＋門), 地圖門(地＋圖＋門), 藥鷄門(藥＋鷄＋門), 標准門(標＋准＋門)

라. 草莓男(草＋莓＋男), 鳳凰男(鳳＋凰＋男), 孔雀女(孔＋雀＋女), 醬油男(醬＋油＋男), 面包女(面＋包＋女), 外圍女(外＋圍＋女), 火箭男(火＋箭＋男)

마. 甲客族(甲＋客＋族), 晨型人(晨＋型＋人), 蛋殼族(蛋＋殼＋族), 槍迷族(槍＋迷＋族), "鷄"型人("鷄"＋型＋人), 醬油族(醬＋油＋族), "牛"型人("牛"＋型＋人), 山寨族(山＋寨＋族), 宅內族(宅＋內＋族), 井底人(井＋底＋人), 外語哥(外＋語＋哥), 斑馬人(斑＋馬＋人), 蛋白族(蛋＋白＋族), 仁義哥(仁＋義＋哥), 動車客(動＋車＋客)

바. 童心節(童＋心＋節), 网民節(网＋民＋節), 邊疆節(邊＋疆＋節)

사. 餐式劇(餐＋式＋劇)

아. 猫狗稅(猫＋狗＋稅), 年齡稅(年＋齡＋稅), 餡餅稅(餡＋餅＋稅), 藥事費(藥＋事＋費)

자. 梨花体(梨+花+体),男女線(男+女+線), 山寨劇(山+寨+劇), 山寨版(山
　+寨+版), 山寨軍(山+寨+軍), 商業云(商+業+云), 厠所体(厠+所+
　体), 眼中体(眼+中+体), 公式体(公+式+体), 公宅制(公+宅+制), 公衆
　号(公+衆+号), 山寨風(山+寨+風), 馬上体(馬+上+体), 青春体(青+春
　+体), 方陣体(方+陣+体), 山寨車(山+寨+車), 汶川班(汶+川+班)

(4) 風時代(風+[時+代])

(1~3)에 예문은 '명사+명사+1음절 명사'로 구성된다.

(1)에 예문은 '합성+합성'의 보통 구성이다. (1가①)는 'N₁[시간]+N₂'의
의미유형이며, (1가②)는 'N1+N2[시간]'의 의미구조이고, (1나①)는 'N₁[재
료]+N₂'의 의미유형이며, (1나②)는 'N₁+N₂[재료]'의 의미구조이고, (1다)
는 'N₁[모양]+N₂'의 의미유형이며, (1라)는 'N₁[성격]+N₂'의 의미구조이
고, (1마)는 'N₁[용도/목적]+N₂'의 의미유형이며, (1바)는 'N₁[기원]+N₂'의
의미구조이고, '霧霾假(스모그 휴가)'는 '스모그의 오염이 심하기 때문에 건
강을 고려하여 설정한 휴일'을 의미한다. (1사)는 'N₁[장소]+N₂'의 의미구
조이고, (1아)는 'N₁+N₂[사람]'의 의미구조에 속한다.

(2)에 '后+X'와 '云+X'는 생산성이 높아서 준접두사로 인정해도 가능한
구성이다. (2가)는 'N₁+N₂[사람]'의 의미구조이고, '后(후)+X'는 '일부 명사
앞에 붙어 뒤나 다음의 무엇'의 뜻을 나타내는 말. '后儿童(후아동)'은 '옷차
림, 성격, 취향 등 어린이쪽으로 기우는 아동화 성인'을 뜻한다. (2나)는
'N₁+N₂[도]'의 의미구조이고, '云(운)'은 원래 '구름'의 뜻인데 2008년부터
'인터넷'의 뜻으로 등장하기 시작하여 생산성은 계속 높아진다. '云+X'은
"클라우드 컴퓨팅'기술을 사용한 무엇'을 가리킨다. '云家政(운가정)'은 '가
사 관리 업종 공익 정보 관리 시스템'을 가리킨다. '云家政' 사이트, 휴대폰
APP, 미니블로그(miniblog), 위채트를 통하여 시민들은 필요한 가사도우미를

예약할 수 있다.

(3)에 'X+房(방)', 'X+病(병)', 'X+軍(군)', 'X+体(체)', 'X+手(수)', 'X+制(제)' 등 생산성이 높은 구성이라서 준접미사로 인정해도 가능하다. (3가)는 'N₁+N₂[장소]'의 의미유형이다. (3나)는 'N₁[성격]+N₂'의 의미구조이고, 'X+手(수)'는 '무슨 손'을 의미하며, '手机手(휴대폰 손)'은 '휴대폰 문자메시지의 과도한 작성으로 야기된 엄지손가락의 통증, 의학적으로는 엄지건초염이라 한다'를 뜻한다. (3다)는 'N₁+N₂[사건]'의 의미유형이며, (3라)는 'N₁+N₂[성별]'의 의미구조이고, (3마)는 'N₁+N₂[사람]'의 의미유형이며, (3바)는 'N₁+N₂[시간]'의 의미구조이고, (3사)는 'N₁[용도/목적]+N₂'의 의미구조이고, (3아)는 'N₁[기원]+N₂'의 의미구조이다.

(4)에 예문은 '명사+2음절 명사'로 구성된 예문이며, 'N₁+N₂[시간]'의 의미유형에 속한다. 'X+時代(시대)'는 '무슨 시대'를 의미한다. '風時代(바람 시대)'는 '중국 철도 제6회 속도를 높인 이후의 시기'를 말한다. 열차의 시속은 200킬로미터 이상에 이르기 때문에 바람같이 빨라서 '바람 시대'라 부른다.

② 명사+동사+명사

(5) 가. ① 筷聯盟(筷+聯+盟)

　　　　② 手撕袋(手+撕+袋)

　　나. 毒駕罪(毒+駕+罪)

　　다. 心碎假(心+碎+假)

　　라. 紙敎室(紙+敎+室)

　　마. 石烤屋(石+烤+屋)

　　바. 宅游戱(宅+游+戱), 医付宝(医+付+宝), 話聯网(話+聯+网)

(6) 가. 洋挑刺(洋+挑+刺)

나. 云戰略(云+戰+略), 云競賽(云+競+賽), 云視訊(云+視+訊)

(7) 가. 口罩門(口+罩+門), 關說門(關+說+門), 外泄門(外+泄+門)

나. 肉食男(肉+食+男)

다. 果凍族(果+凍+族), 土食族(土+食+族)

라. 火療店(火+療+店)

마. 礼讓日(礼+讓+日)

바. 外賣裝(外+賣+裝)

②는 '명사+동사+명사'의 구성이지만 실은 '명사+명사'의 구성에 속한다. 예를 들면 '筷聯盟(筷+聯盟), 手撕袋(手撕+袋), 心碎假(心碎+假)'.

(5가①)에 '筷聯盟'[38]는 'N₁[용도/목적]+N₂'의 의미유형이며, (5가②)는 'N₁+N₂[용도/목적]'의 의미구조에 속한다. (5나)는 'N₁[기원]+N₂'의 의미구조이고, (5다)는 'N₁[성격]+N₂'의 의미유형이며 (5라)는 'N₁[재료]+N₂'의 의미구조이고, (5마)는 'N₁+N₂[장소]'의 의미구조에 속한다.

(6)에 '洋+X', '云+X'는 생산성이 높아서 앞으로 준접두사로 볼 가능성이 있다. (6가)는 'N₁[성격]+N₂'의 의미구조이고, '洋+X'의 '洋(양)'는 '서양'이나 '서양사람'을 가리키며 '洋挑刺'는 '외국 대중 매체 언론은 중국 국내 사무에 대해 지나치게 트집잡는 경향을 가진 보도'를 말한다.

(7)에 'X+店(점)', 'X+門(문)', 'X+男(남)' 등 생산성이 높은 구성이며 앞으로 준접미사로 볼 가능성이 있다. (7가)의 'X+門(문)'은 'N₁+N₂[사건]'의 의미유형이며, '門'은 원래 '(출)입구. 현관. 문'의 뜻인데 최근에 '사건'의 뜻으로 사용된다. 'X+門'은 '무슨 사건'의 뜻이며, '口罩門(마스크 사건)'은 '미국 올림픽 대표단 자전거 팀은 중국에 도착한 후에 마스크를 쓰여 있는 사

---

38) 筷聯盟는 '젓가락 연맹'. '일회용 젓가락사용을 반대하는 민간 환경보호단체'.

건'을 가리킨다. (7나)에 'X+男(남)'은 'N₁+N₂[성별]'의 의미구조이고, 'X+ 男(남)'은 '어떤 남자'를 가리킨다. '肉食男(육식남)'은 '육식 동물의 어떤 특 징을 가진 남자, 그들은 사랑에 대해 적극적인 태도를 취해서 낭만적이고 다정하고 외롭게 살지 않는 남자'를 가리킨다. (7다)는 'N₁+N₂[사람]'의 의 미유형이며 (7라)는 'N₁+N₂[장소]'의 의미구조이고, (7마)는 'N₁+N₂[시간]' 의 의미유형이며 (7바)는 'N₁[용도/목적]+N₂'의 의미구조에 속한다.

③ 명사+형용사+명사

(8) 가. 羊貴妃(羊+貴+妃)

　　나. 男粉領(男+粉+領)

(9) 가. 指尖族(指+尖+族), 腦殘族(腦+殘+族)

　　나. 魚干女(魚+干+女)

　　다. 腦殘体(腦+殘+体), 腦殘症(腦+殘+症), 腹黑体(腹+黑+体), 舌尖体(舌 +尖+体)[39]

　　라. 錳狂症(錳+狂+症)

③은 '명사+형용사+명사'의 구성이지만 실은 '명사+명사'의 구성에 속 한다. 예를 들면 '羊貴妃(羊+[貴+妃]), 指尖族([指+尖]+族)'.

(8)에 예문은 '명사+2음절 명사'로 구성된 것이다. (8가)에 '羊貴妃(양귀 비)'는 '많은 네티즌들이 '고가 양고기'를 해학적으로 부르는 호칭'이다. (8 나)에 '男粉領'은 'N₁[성별]+N₂'의 의미구조이다. (8나)은 'N₁[성별]+N₂'의 의미유형이다.

---

39) 'X+体((조)체)'에 관한 해석은 4.1.의 (가-2가①)가 참고된다.

(9)에 예문은 '명사+1음절 명사'로 구성된 것이다. (9가)은 'N₁+N₂[사람]'의 의미구조이고, (9나)은 'N₁+N₂[성별]'의 의미유형이며 (9다)은 'N₁[성격]+N₂'의 의미구조이고, 'X+症(증)'에 '症'은 일부 명사 뒤에 붙어 '증상' 또는 '병'의 뜻이며, 'X+症(증)'은 '무슨 증상이나 무슨 병'의 뜻이다. '錳狂症(맹광증)'은 망간(Mangan)을 너무 많이 접촉하여 나타나는 망간 중독 증상. (9라)은 'N₁[기원]+N₂'의 의미구조에 속한다.

④ 수사+명사+명사

(10) 兩保戶(兩+保+戶)

(11) 가. 三宝体(三+宝+体), 90歲体(90+歲+体)⁴⁰⁾

　　　나. 三手病(三+手+病)

　　　다. 三限房(三+限+房)

(12) 6時代(6+[時+代]), 7時代(7+[時+代])

④는 '수사+명사+명사'의 구성이지만 실은 '명사+명사'의 구성에 속한다. 예를 들면 '兩保戶([兩+保]+戶), 6時代(6+[時+代])'.

(10)은 '수사+명사+1음절 명사'의 구성이다.

(11)은 '수사+명사+1음절 명사'의 생산성이 높은 구성이다. (11나)는 'N₁[성격]+N₂'의 의미구조에 속한다. 'X+病(병)'은 '무슨 질병'을 의미한다. '三手病(삼수병)'은 '게임, 마우스, 휴대폰 등 사용으로 손목이나 손가락에 무리가 가서 생긴 병'을 뜻한다.

(11다)는 'N₁+N₂[장소]'의 의미구조에 속한다. 'X+房(방)'은 '무슨 방'을

---

40) 'X+体((조)체)'에 관한 해석은 4.1.의 (가-2가①)가 참고된다.

의미하며, '三限房(삼한방)'은 '판매가격과 주택면적, 판매대상을 제한하는 일종의 경제성 주택'을 의미한다.

(12)는 '수사+2음절 명사'의 생산성이 높은 구성이며 'N₁+N₂[시간]'의 의미구조에 속한다. 'X+時代(시대)'의 구성은 '어떤 시내나 시기'를 의미한다.

⑤ 수사+양사+명사

(13) 가. * 一滴水(一＋滴＋水)

　　　 나. 一件令(一＋件＋令)

⑥ 동사+명사+명사

(14) 가. 托猪所(托＋猪＋所), 易物行(易＋物＋行), 跳冰池(跳＋冰＋池), 讓票區(讓＋票＋區), 落月區(落＋月＋區)

　　　 나. 吸苔船(吸＋苔＋船), 吸碳林(吸＋碳＋林), 防狼鞋(防＋狼＋鞋), 轉胎丸(轉＋胎＋丸), 充電布(充＋電＋布)

　　　 다. 騎馬舞(騎＋馬＋舞)

　　　 라. 化學粥(化＋學＋粥)

　　　 마. 定点藥(定＋点＋藥), 濾油粉(濾＋油＋粉), 傳話桌(傳＋話＋桌), 放心貼(放＋心＋貼), 上网本(上＋网本), 食男獸(食＋男＋獸), 逃生棋(逃＋生＋棋), 滑輪衣(滑＋輪＋衣), 食腦菌(食＋腦＋菌), 收油隊(收＋油＋隊), 扒市長(扒＋市＋長), 缺位点(缺＋位＋点), 越位点(越＋位＋点), 逆班潮(逆＋班＋潮), 受虐蛋(受＋虐＋蛋), 无座宝(无＋座＋宝), 閃電卡(閃＋電＋卡)

(15) 反骨感(反＋骨＋感)

(16) 가. 打工帝(打＋工＋帝), 低頭族(低＋頭＋族), 蹭飯族(蹭＋飯＋族), 叫包人

(叫+包+人), 刷書客(刷+書+客), 賣分党(賣+分+党), 刷夜族(刷+夜
+族), 提貨姐(提+貨+姐), 標題族(標+題+族), 淘券族(淘+券+族),
晒卡族(晒+卡+族), 罵娘党(罵+娘+党), 啃薪族(啃+薪+族), 拼飯客
(拼+飯+客), 住車族(住+車+族), 蹭獎族(蹭+獎+族), 蹭睡者(蹭+睡
+者), 走婚族(走+婚+族), 租衣客(租+衣+客), 剁手族(剁+手+族),
挂証族(挂+証+族), 住井人(住+井+人), 掃碼族(掃+碼+族), 抬頭族
(抬+頭+族), 占票族(占+票+族), 光盤族(光+盤+族), 臥槽族(臥+槽
+族), 吊瓶族(吊+瓶+族), 飛魚族(飛+魚+族), 試藥族(試+藥+族),
盗版党(盗+版+党), 啃椅族(啃+椅+族), 捧車族(捧+車+族), 扛包團
(扛+包+團), 抄底團(抄+底+團)

나. 排隊日(排+隊+日), 休車日(休+車+日), 分手節(分+手+節), 擒人節
(擒+人+節)

다. 代筆門(代+筆+門), 拼爹門(拼+爹+門), 濾油門(濾+油+門), 違法門
(違+法+門), 返航門(返+航+門), 改齡門(改+齡+門), 洗牌門(洗+牌
+門), 含汞門(含+汞+門), 含氯門(含+氯+門), 結石門(結+石+門)

라. 夾心男(夾+心+男), 炫書女(炫+書+女), 食草男(食+草+男), 无齡女
(无+齡+女)

마. 擺站車(擺+站+車), 動能車(動+能+車)

바. 企鵝服(企+鵝+服)

사. 求學房(求+學+房), 求職街(求+職+街)

아. 噴飯劇(噴+飯+劇), 吊瓶班(吊+瓶+班), 丟臉体(丟+臉+体), 流氓体
(流+氓+体)

자. 擇校稅(擇+校+稅), 吐槽會(吐+槽+會), 代課團(代+課+團), 育儿劇
(育+儿+劇), 諍言獎(諍+言+獎), 晒書會(晒+書+會)

차. 懸愛劇(懸+愛+劇), 无腕劇(无+腕+劇)

(17) "救"字頭("救"+[字+頭]), "搶"字頭("搶"+[字+頭])

6은 '동사+명사+명사'의 구조이지만 '동사+명사(排隊日([排+隊]+日), 代課團([代+課]+團))'나 '명사+명사(化學粥([化+學]+粥), 企鵝服([企+鵝]+服))'의 구조에 속한다.

(14가)는 'V₁+N₁[장소]'의 의미유형이며, (14나)는 'V₁[용도/목적]+N₁'의 의미유형이며, (14다)는 'V₁[모양]+N₁'의 의미구조이고, (14라)는 'N₁[성격]+N₂'의 의미유형에 속한다.

(15)에 예문은 '反(반)+X'는 '무엇을 반대하다'의 뜻이며, 생산성이 높아서 준접두사로 볼 가능성이 있다. '反骨感(반골감)'은 '힘껏 매우 날씬한 모양을 추구하는 것을 반대하고 건강한 생활방식을 제창한다.'의 뜻이다.

(16가)는 'N₁+N₂[사람]'/'V₁+N₁[사람]'의 의미구조이고, (16나)는 'V₁+N₁[시간]'의 의미유형이며, (16다)는 'N₁+N₂[사건]'/'V₁+N₁[사건]'의 의미구조이고, (16라)는 'V₁+N₁[성별]'의 의미유형이며, (16마)는 'N₁+N₂[도구]'/'V₁+N₁[도구]'의 의미구조이고, (16바)는 'N₁[모양]+N₂'의 의미유형이며, (16사)는 'V₁+N₁[장소]'의 의미구조이고, (16아)는 'N₁[성격]+N₂'/'V₁[성격]+N₁'의 의미구조이고, (16자)는 'N₁[용도/목적]+N₂'/'V₁[용도/목적]+N₁'의 의미유형에 속한다.[41]

---

41) (16)에 '淘券族(쿠폰족)'은 '각종 할인 쿠폰을 모아 사용하는 사람들'을 칭한다. '違法門(위법 사건)'은 '주로 유명 인사 또는 유명 기업의 위법으로 인한 사건들'을 칭한다. '食草男(식초남)'은 즉, '草食男(초식남)'이며, '초식 동물의 어떤 특징을 가진 남자, 그들은 사랑에 대해 소극적이고 피동적인 태도를 취해서 온화하고 행동거지가 교양이 있으며 열정적인 감정을 부족한 남자'를 가리킨다. '飛魚族(날치족)'은 '중국에서 성공을 거두었으면서 굳이 외국으로 떠나 새로운 도전을 시작하는 사람들'을 의미한다. '動能車(운동 에너지 차)'는 '석유 이외의 에너지를 사용하는 신형 자동차'를 말한다. '盜版党(해적판당, The Pirate Party)'은 '인터넷에서의 불법 다운로드를 일컫는 '해적질'을 이름으로 내건 정당'의 뜻이다. '求學房(구학방)'은 '자녀를 유명학교에 입학시키려는 목적으로, 학교 주변에서 비싼 값에 사들인 주택'을 가리킨다.

(17)은 '고유어 동사+2음절 고유어'의 결합이다. 'X+字頭'는 '중국 고속철의 일종'을 의미한다. "救"字頭(구자두)는 '5·12 '2008년 쓰촨 대지진' 재해 지역 부상자를 전문적으로 운송하는 열차. 열차 번호는 임시적으로 '救(구)'자를 부르는 열차'를 말한다.

⑦ 동사+수사+명사

(18) 晒一族(晒+[一+族])

(18)은 'X+族(족)'의 구성이 아니고 'X+一族(일족)'의 구성이다. 'V₁+N₁[사람]'의 의미구조에 속한다. '晒一族(쇄일족)'은 '인터넷 공유족(인터넷을 통해 자신이 아끼는 물건, 연봉 등의 것들을 다른 네티즌과 공유하는 네티즌을 칭함)'을 뜻한다.

⑧ 동사+동사+명사

(19) 가. 備孕貼(備+孕+貼), 免提傘(免+提+傘)

　　 나. 助療犬(助+療+犬)

　　 다. 回購地(回+購+地), 延考區(延+考+區)

　　 라. 裸跑弟(裸+跑+弟)

　　 마. 駕駛肩(駕+駛+肩), 辦公臀(辦+公+臀)

　　 바. 減排点(減+排+点), 調制肉(調+制+肉), 死亡字(死+亡+字), 可調秤

　　　　 (可+調+秤), 儲備猪(儲+備+猪), 鄙視鏈(鄙+視+鏈), 焦慮帖(焦+慮

　　　　 +帖), 避檢路(避+檢+路), 表白墙(表+白+墙), 微笑圈(微+笑+圈)

(20) 가. 哈租族(哈+租+族), 閃跳族(閃+跳+族), 轉存族(轉+存+族), 合吃族

(合+吃+族), 托擧哥(托+擧+哥)

나. 招嫖門(招+嫖+門), 瞌睡門(瞌+睡+門), 超生門(超+生+門), 泄漏門
(泄+漏+門), 篡改門(篡+改+門), 超賣門(超+賣+門), 暈倒門(暈+倒
+門), 解說門(解+說+門), 監控門(監+控+門)

다. 拆遷男(拆+遷+男), 拆遷女(拆+遷+女)

라. ① 營養劇(營+養+劇)

② 代購手(代+購+手)

마. 浮盈稅(浮+盈+稅), 承諾体(承+諾+体), 包裹体(包+裹+体), 遺憾体
(遺+憾+体), 遺囑証(遺+囑+証), 表白体(表+白+体), 生活体(生+活
+体), 忍够体(忍+够+体), 鄰接稅(鄰+接+稅)

⑧은 '동사+동사+명사'의 구조이지만 '동사+명사(駕駛肩([駕+駛]+肩))'
나 '명사+명사(營養劇([營+養]+劇))'의 구조에 속한다. (19~20)에 예문은 '동
사+동사+1음절 명사'로 구성된다.

(19가)는 'V₁+N₁[도구]'의 의미유형이며 (19나)는 'V₁[용도/목적]+N₁'의
의미구조이고, (19다)는 'V₁+N₁[장소]'의 의미유형이며 (19라)는 'V₁+N₁
[사람]'의 의미구조이고, (19마)는 'V₁[기원]+N₁'의 의미유형이며, '辦公臀
(근무 엉덩이)'는 '긴 시간 동안 앉아서 근무하기 때문에 지방이 쌓이는 엉덩
이'를 말한다.

(20)에 'X+族(족)',⁴²⁾ 'X+女(녀)', 'X+男(남)',⁴³⁾ 'X+門(문)'⁴⁴⁾은 생산성이
높은 구조이다. (20가)는 'V₁+N₁[사람]'의 의미구조이고, (20나)는 'V₁+N₁
[사건]'의 의미유형이며, '解說門'은 '2006 독일월드컵에서 CCTV유명 해설

---

42) 'X+族(족)'에 관한 해석은 4.1.의 (가-2가②)가 참고된다.
43) 'X+男(남)'과 'X+女(녀)'에 관한 해석은 4.1.의 (가-2나)가 참고된다.
44) 'X+門(문)'에 관한 해석은 4.1.의(나-7가)가 참고된다.

자가 '이탈리아 만세'를 부른 해프닝'을 말한다. (20다)는 'V₁+N₁[성별]'의 의미구조이고, (20라①)는 'N₁[성격]+N₂'의 의미구조이고, (20라②)는 'V₁+N₁[성격]'의 의미구조이고,

⑨ 동사+형용사+명사

(21) 가. 炫富弟(炫＋富＋弟)

나. 哭窮帖(哭＋窮＋帖)

(22) 가. 掏空族(掏＋空＋族), 晒黑族(晒＋黑＋族), 飛單族(飛＋單＋族), 裝嫩族(裝＋嫩＋族)

나. 翻新門(翻＋新＋門)

다. 節儉令(節＋儉＋令)

⑨는 '동사＋형용사＋명사'의 구성이지만 '명사＋명사(炫富弟([炫＋富]＋弟))', '동사＋명사(晒黑族([晒＋黑]＋族))'나 '형용사＋명사(節儉令([節＋儉]＋令))'의 구성에 속한다. (21~22)에 예문은 '동사＋형용사＋1음절 명사'로 구성된다. (21가)는 'N₁+N₂[사람]'[45]의 의미유형이며, (21나)는 'V₁[기원]+N₁'의 의미구조이고, (22가)는 'V₁+N₁[사람]'의 의미유형이며 (22나)는 'V₁+N₁[사건]'의 의미구조이고, (22다)는 'A₁[용도/목적]+N₁'의 의미구조에 속한다.

---

45) (22가)에 '掏空族(도공족)'은 '직장에 스스로의 모든 정력을 다 소진함으로 자기 발전이 없어 결국 사회에서 퇴출되는 이들'을 칭하며, '晒黑族(쇄흑족)'은 '사회의 어두운 면을 폭로하는 네티즌'을 칭하며, '裝嫩族(장눈족)'은 '나이는 많은데 어리게 보이려고 어울리지 않은 차림새, 말투를 하는 여자들'을 의미한다.

⑩ 동사+부사+명사

(23) 가. 協同店(協+同+店)

　　　나. 合幷体(合+幷+体)

⑪ 형용사+명사+명사

(24) 가. ① 宝島債(宝+島+債)

　　　　　② 僞基站(僞+基+站), 近月点(近+月+点)

　　　나. 香蕉袴(香+蕉+袴)

　　　다. 白茱群(白+茱+群), 奇葩茱(奇+葩+茱), 奇葩题(奇+葩+题), 僵尸槍(僵+尸+槍), *白紙娃(白+紙+娃)

　　　라. 藍皮膠(藍+皮+膠)

　　　마. 狂暑季(狂+暑+季)

　　　바. 低壓球(低+壓+球), 老齡灶(老+齡+灶), 金拐獎(金+拐+獎), 靜音扣(靜+音+扣), 微信托(微+信+托), 黑金池(黑+金+池), 毒顆粒(毒+顆+粒), 淫媒罪(淫+媒+罪), 同堂票(同+堂+票), 焚光鈔(焚+光+鈔), 土豪金(土+豪+金), 余額宝(余+額+宝), 硬座宝(硬+座+宝), *正能量(正+能+量), 基情戱(基+情+戱)

(25) 軟績效(軟+績+效), 軟課程(軟+課+程), 神字幕(神+字+幕), 新港仔(新+港+仔), 亞疾病(亞+疾+病), 新子學(新+子+學)

(26) 가. 多表門(多+表+門), 高薪門(高+薪+門), 艶照門(艶+照+門), 僞虎門(僞+虎+門), 壽衣門(壽+衣+門), 名表門(名+表+門),艶女門(艶+女+門), 淫媒門(淫+媒+門), 香烟門(香+烟+門)

　　　나. 潤物女(潤+物+女), 香菇女(香+菇+女), 干物女(干+物+女)

다. 單眼族(單+眼+族), 怪字族(怪+字+族), 難民族(難+民+族), 專利奴
(專+利+奴), 晚点族(晚+点+族), 微信族(微+信+族),油條哥(油+條
+哥), *暴力哥(暴+力+哥), 公益哥(公+益+哥)

라. 紅頭車(紅+頭+車)

마. 廢話体(廢+話+体), 萌喜劇(萌+喜+劇), 彩銀版(彩+銀+版), 明星体
(明+星+体), 海量版(海+量+版), 土豪体(土+豪+体), 末日体(末+日
+体), 微信号(微+信+号), 深折風(深+折+風)

⑪은 '형용사+명사+명사'의 구조이지만 실은 '명사+명사(宝島債[宝+島]+
債))'나 '형용사+명사(狂暑季(狂+[暑+季]))'의 구조에 속한다.

(24가①)는 'N₁[장소]+N₂'의 의미구조에 속하며, (24가②)는 'N₁+N₂[장
소]'/'A₁+N₁[장소]'의 의미구조에 속하며, (24나)는 'N₁[모양]+N₂'의 의미
구조이고, (24다)는 'N₁[성격]+N₂'의 의미구조에 속하며, (24라)는 'N₁[재
료]+N₂'의 의미구조이고, (24마)는 'A₁+N₁[시간]'의 의미구조에 속한다.

(25)에 구조는 모두 '형용사+X'로 되며, 생산성이 높아서 준접두사로 분
류해도 가능한 것이다. '亞(아)+X'에 '亞'는 '버금 가는'의 뜻이며, '亞疾病
(아질병)'은 '질병이전단계(아직 질병으로 보기는 어렵지만 기침, 답답함 등의 증상
을 보이는 질병 이전 단계를 칭함)'을 말한다.

(26가)는 'N₁+N₂[사건]'의 의미구조에 속하며, (26나)는 'N₁+N₂[성별]'
의 의미구조에 속한다. (26다)는 'N₁+N₂[사람]'의 의미구조에 속하고, '難民
族(난민족)'은 '주택 임대료를 못내 쫓아내는 사람들'을 칭하며, '專利奴(특허
노예)'는 '직접 보유한 특허권이 없어 생산 또는 무역 시 다른 사람의 제약
을 받는 측'을 말하며, '微信族(위채트 족)'은 '위채트를 사용하는 사람'을 말
한다. (26라)는 'N₁+N₂[도구]'의 의미구조에 속한다.

(27) 微笑貼(微+笑+貼), 鈍感力(鈍+感+力), 盲視力(盲+視+力), 倒找契(倒+找+契)

(28) 神答案(神+答+案), 神對話(神+對+話), 神答疑(神+答+疑), 大防務(大+防+務)

(29) 가. 歧視門(歧+視+門), 誤殺門(誤+殺+門), 遲到門(遲+到+門)

　　나. 緊繃族(緊+繃+族)

　　다. 酷斃裝(酷+斃+裝)

　　라. 双剩女(双+剩+女)

　　마. 遲到券(遲+到+券), 倒寫体(倒+寫+体), 高考体(高+考+体), 假想体(假+想+体)

　⑫는 '형용사+동사+명사'의 구조이지만 '동사+명사'나 '형용사+명사'의 구조에 속한다. (28~29)는 생산성이 높은 구조이다.

　(28)에 '神+X'는 '사람을 놀랍게 하며 뜻밖이고 상리에 부합되지 않는 어떤 것이나 구상이 절묘한 어떤 것'을 의미한다. '사람을 놀랍게 하며 뜻밖인 해답'을 우스개로 '神答案(신답안)'이라 부른다. '사람을 놀랍게 하며 뜻밖인 대화'를 우스개로 '神對話(신대화)'라 부른다.

　(29가)는 'V_1+N_1[사건]'의 의미구조에 속하며, (29나)는 'V_1+N_1[사람]'의 의미구조에 속하고, (29다)는 "A_1[성격]+N_1'의 의미구조에 속하며, (29라)는 "A_1+N_1[성별]'의 의미구조에 속한다.

13 형용사+형용사+명사

(30) 太空戸(太+空+戸)

(31) 亞孤儿(亞+孤+儿)

(32) 가. 丑帥男(丑+帥+男), 亞熟男(亞+熟+男)

　　 나. 誠實哥(誠+實+哥)

　　 다. 和諧号(和+諧+号), 高貴体(高+貴+体), 英雄体(英+雄+体), 惆帳体
　　　　(惆+帳+体), 大亨税(大+亨+税)

13은 '형용사+형용사+명사'의 구조이지만 '명사+명사(太空戸([太+空]+
戸))'나 '형용사+명사(亞孤儿(亞+[孤+儿]))'의 구조에 속한다.

(30)은 'N₁+N₂[사람]'의 의미구조에 속한다.

(31)은 '亞(아)+X'의 구성이며 'A₁+N₁[사람]'의 의미구조에 속한다. '亞
(아)+X'는 생산성이 높아서 앞으로 준접두사로 볼 가능성이 있다.46)

(32)에 구조는 생산성이 높아서 앞으로 준접미사로 볼 가능성이 있다. (32
가)는 'A₁+N₁[성별]'의 의미구조에 속하고, (32나)는 'A₁+N₁[사람]'의 의미
구조에 속하고, (32다)에 'X+号(호)'는 '(배, 비행기, 기차 따위의 이름을 나타내
는 대다수 명사 뒤에 쓰여) 그 이름을 가진 무슨 것'의 뜻이며, 'X+男(남)'는
'어떤 남자나 남성'을 말하는 것이다.47)

---

46) (31)에 '亞孤儿(아고아)'는 '부모 중에 한쪽은 사망하고 한쪽은 가정을 다시 만들어서
　　친족에게 주고 대신하게 양육하는 아이'를 가리킨다.
47) (32가)에 '亞熟男(아숙남)'은 '미성숙 성인남성'을 의미한다. (32다)에 '和諧号(허시에
　　호)'는 '고속철 명칭'을 가리킨다.

⑭ 부사+명사+명사

(33) 獨桌茱(獨+桌+茱)

⑮ 부사+형용사+명사

(34) 非凡体(非+凡+体)

⑯ 개사+동사+명사

(35) 被催族(被+催+族)[48]

⑰ 접속사+개사+명사

(36) 因爲体(因+爲+体)

⑱ 명사+명사+동사

(37) 云空調(云+空+調)

예문 (37)은 '云+X'의 구성이며, '云空調(운 에어컨)'[49]은 '명사+명사+동사'의 구조이지만 '명사+명사'의 구조에 속하고 'N$_1$+N$_2$[도구]'의 의미구조이다.

---

48) 'X+族(족)'에 관한 해석은 4.1.의 (가-2가②)가 참고된다.
49) '云空調(운 에어컨)'은 "'클라우드 컴퓨팅'기술을 운용한 지능화 설비'를 가리킨다.

⑲ 명사+동사+동사

    (38) 가. 筷行動(筷+[行+動]), 霾警報(霾+[警+報]), 癮經濟(癮+[經+濟]), 土
            腐敗(土+[腐+敗])
      나. 洋腐敗(洋+[腐+敗]), 云播放(云+[播+放])

  (38)에 예문은 '명사+2음절 명사'로 구성된 것이다. (38가)에 '癮經濟'는
'중독경제. 어떤 사물에 중독되어 많은 투자를 하거나 소비를 하는 경제현
상'을 말한다. '土腐敗'는 '외부에서 참여하지 않은 부패 행위. 중국 내의 부
패 행위'. (38나)에 '洋+X', '云+X'는 생산성이 높은 구조이다. '洋腐敗'는
'다국적기업의 부패'.

⑳ 대명사+동사+동사

    (39) 她經濟(她+經+濟)

㉑ 동사+명사+동사

    (40) 傷肺跑(傷+肺+跑)

㉒ 동사+형용사+동사

    (41) 潛歧視(潛+歧+視)

  (41)에 예문은 '대명사+2음절 명사'로 구성된다. '她經濟'는 '여성의 사회

활동이 많아짐에 따라 여성과 관련된 경제 현상이 증가한 것'을 부르는 말.
(25)에 '潛歧視'는 '잠재적 멸시'.

☒ 형용사+명사+동사

    (42) 가. 淺社交(淺＋社＋交)

        나. 囧文化(囧＋文＋化), 雷文化(雷＋文＋化)

☒ 형용사+수사+동사

    (43) 大三通(大＋三＋通)

☒ 형용사+동사+동사

    (44) 가. 慢漂移(慢＋漂＋移), 灰代辦(灰＋代＋辦)

        나. 神編排(神＋編＋排), 神剪輯(神＋剪＋輯), 神簽收(神＋簽＋收)

☒ 명사+형용사+형용사

    (45) 가. 猪超强(猪＋超＋强), 猪堅强(猪＋堅＋强)

        나. 云安全(云＋安＋全)

☒ 형용사+수사+양사

    (46) 后三届(后＋三＋届)

(46)에 '后(후)+X'는 '뒤나 다음의 무엇'을 가리키며, '后三届(후3기)'는 '문화대혁명이 끝난 후 고등학교 고시제도를 회복하여 입학한 1977급, 1978급, 1979급 대학생들'을 합칭하여 부르는 말이다. 또 '新三届(신3기)'라고도 한다.

28 명사+명사+명사+명사

(47) 數字藥片(數+字+藥+片)

(47)은 '명사+명사+명사+명사'의 구조이지만 실은 '명사+명사(數字+藥片)'의 구조에 속하고 'N₁+N₂[재료]'의 의미구조에 속한다.

29 명사+명사+동사+명사

(48) 京医通卡(京+医+通+卡)

(48)은 '명사+명사(京+医通卡)'의 구조에 속하고 'N₁[장소]+N₂'의 의미구조에 속한다.

30 명사+형용사+명사+명사

(49) 光明星節(光+明+星+節)

(49)에 'X+節(절)'은 '무슨 기념일이나 무슨 명절이나 무슨 축제일'의 뜻이다. '光明星節(광명성절)'은 '명사+명사(光明星+節)'의 구조이며 'N₁+N₂[시간]'의 의미구조에 속하고 '조선은 김정일(金正日)의 탄신을 경축하는 기념

일'이다.

31 수사+수사+수사+명사

(50) 3·3·30族(3＋3＋30＋族)50)

32 수사+양사+명사+명사

(51) 一句話体(一＋句＋話＋体)

33 동사+동사+형용사+명사

(52) 烏有高校(烏＋有＋高＋校)

34 형용사+동사+명사+명사

(53) 金噴壺奬(金＋噴＋壺＋奬)

2) 외래어+고유어+고유어

1 명사+명사+명사

(54) 漾文化(Young＋文＋化)

---

50) 'X＋族(족)'에 관한 해석은 4.1.의 (가-2가②)가 참고된다.

3) 고유어+고유어+외래어

① 명사+명사+명사

(55) 가. 單号吧(單＋号＋bar)[51]

나. 漢字粉(漢＋字＋fans), *什錦飯(什＋錦＋fan)

(55가)는 'N₁+N₂[장소]'의 의미유형이고, (55나)는 'N₁+N₂[사람]'의 의미유형에 속한다. 'X+'粉(fans)'의 '粉(fans)'은 영어 'fan'에서 시작되어 '(가수의) 팬'의 뜻을 가지게 되었다. 'X+'飯(fan)'의 '飯(fan)'도 '팬'의 뜻이다.

② 명사+형용사+명사

(56) 腦殘粉(腦＋殘＋fans)

(56)은 '명사＋명사(腦殘＋粉)'의 구조에 속하고 'N₁+N₂[사람]'의 의미구조이다. '腦殘'는 '다른 사람을 풍자할 때 쓰는 말로. 일반적으로 머리에 문제가 있다는 안 좋은 의미'로 쓴다. '腦殘粉'[52]는 '스타나 명품에 대해 푹 빠져서 이성을 잃어버린 팬'에 대한 일종의 호칭.

③ 수사+명사+명사

(57) *八宝飯(八＋宝＋fan)

---

51) 'X+吧(bar)'에 관한 해석은 4.1.의 (가-13)가 참고된다.
52) 'X+'粉(fan)'에 관한 해석은 4.1.의 (나-55나)가 참고된다.

(57)은 '명사＋명사(八宝＋飯)'[53]의 구조에 속하고 'N$_1$＋N$_2$[사람]'의 의미
구조이다.

④ 동사+명사+명사

    (58) 攻略控(攻＋略＋コン, complex)

(58)의 '攻略控'는 '명사＋명사(攻略＋控)'의 구조에 속하며 'X＋'控(공)''의
'控'는 '팬. 애호가. 광. 마니아.'의 뜻이다. 그리하여 'N$_1$＋N$_2$[사람]'의 의미
구조이다.

⑤ 동사+동사+명사

    (59) 偵探控(偵＋探＋コン, complex)

(59)의 '偵探控'[54]는 '명사＋명사(偵探＋控)'의 구조에 속하며 'N$_1$＋N$_2$[사
람]'의 의미구조이다.

⑥ 형용사+형용사+명사

    (60) 痛快吧(痛＋快＋bar)

(60)에 '痛快吧'는 '형용사＋명사(痛快＋吧)'의 구조이고 'A$_1$＋N$_1$[장소]'의

---

53) 'X＋'飯(fan)'에 관한 해석은 4.1.의 (나-55나)가 참고된다.
54) 'X＋'控(공)'에 관한 해석은 4.1.의 (나-58)이 참고된다.

의미구조에 속한다. '痛快吧(통쾌바)'⁵⁵⁾는 '대학생들의 스트레스를 푸는 영업장소'를 의미한다.

4) 자모+고유어+고유어

① 자모+명사+명사

    (61) 가. E爸媽(E+爸+媽)
         나. D字頭(D+[字+頭]), C字頭(C+[字+頭])

(61나)에 'D字頭(D자두)'는 '중국 고속철의 일종'을 의미한다.

② 자모+동사+명사

    (62) e摘客(e+摘+客)

(62)에 'e摘客(e적객)'⁵⁶⁾은 '서점에서 펜 스캐너로 책을 무단 복제하는 사람'을 의미한다.

③ 형용사+자모+명사

    (63) 綠V客(綠+V+客)⁵⁷⁾

---

55) 'X+吧(bar)'에 관한 해석은 4.1.의 (가-13)가 참고된다.
56) 'X+客(객)'에 관한 해석은 4.1.의 (가-4나)가 참고된다.
57) 'X+客(객)'에 관한 해석은 4.1.의 (가-4나)가 참고된다.

④ 자모+숫자+자모+숫자+명사+동사+명사

(64) H7N9禽流感(H7N9＋禽＋流＋感)

(64)에 'H7N9禽流感(H7N9 조류 인플루엔자)'는 'H7N9 인플루엔자'를 의미한다.

다. 합성-'혼성+합성'형

1) 고유어+고유어

① 명사+명사+명사

(1) 公務灶(公家＋事務＋灶)

(2) 가. 軌交族(輕軌＋交通＋族), 城際族(城市＋邊際＋族), 陸客團(大陸＋旅客＋團), 宅生族(宅＋男生/女生＋族), 夜淘族(夜間＋淘宝网＋族), 初薪族(初次＋薪水＋族), 蜜友團(超級蜜秘＋朋友＋團), 職業敲族(職業＋敲鍵盤＋族)

　　　나. 私宅案(私人＋住宅＋案)

(2)에 'X＋族(족)',[58] 'X＋團(단)',[59] 'X＋案(안)'들은 생산성이 높은 것들이다. (2가)는 'N₁+N₂[사람]'/'V₁+N₁[사람]'의 의미유형이고, (2나)에 'X＋案(안)'은 '무슨 사건'을 의미하며 'N₁+N₂[사건]'의 의미유형에 속한다.

---

58) 'X＋族(족)'에 관한 해석은 4.1.의 (가-2가②)가 참고된다.
59) 'X＋團(단)'에 관한 해석은 4.1.의 (가-16)이 참고된다.

② 동사+명사+명사

(3) 租友店(出租＋男/女友＋店)

(4) 가. ① 股友會(炒股＋朋友＋會)

② 賴校族(賴＋學校＋族), 慢活族(放慢＋生活＋族), 考碗族(考取＋飯碗
＋族), 動网族(移動＋网絡＋族), 砍房團(砍价＋商品房＋團), 恐年族
(恐惧＋過年＋族), 怨士族(抱怨＋人士＋族), 失陪族(失去＋陪伴家人
＋族), 弃炮族(放弃＋炮竹＋族), 拾惠族(拾取＋實惠＋族)

나. 斷供案(中斷＋月供＋案)

다. 限蠅令(限制＋蒼蠅＋令), 限劇令(限制＋影視劇＋令), 禁鹽令(禁止＋食鹽
＋令), 限唱令(限制＋歌唱＋令)

(4가①)는 'V₁[사람]＋N₁'의 의미유형이며 (4가②)는 'V₁＋N₁[사람]'의 의
미유형이고 (4나)는 'V₁＋N₁[사건]'의 의미유형이고, (4다)는 'V₁[용도/목적]＋
N₁'의 의미구조에 속한다.[60]

③ 형용사+명사+명사

(5) 新標鹽(新＋標准＋食鹽)

(6) 가. 樂活族(快樂＋生活＋族), 愛券族(熱愛＋优惠券＋族), 愛邦族(熱愛＋聯邦
止咳露＋族)

나. 類同男(類似＋同性戀＋男)

---

60) (4)에 '股友會(고우회)'는 '주식동호회'를 말한다. '賴校族(뢰교족)'은 '대학 졸업 후 학
교에 남아 직장을 구하는 사람'을 의미하며, '慢活族(만활족)'은 '여유로운 사람들- 생
활리듬이 비교적 느린 사람'을 가리키며, '考碗族(고완족)'은 '공무원 시험족(전국을 돌
며 공무원 시험에 응시하는 사람들)'을 칭한다.

(6가)는 'A₁+N₁[사람]'의 의미유형이고 (6나)는 'A₁+N₁[성별]'의 의미유형이다.[61]

④ 명사+동사+명사

(7) 群租戶(群体＋承租＋戶)

(8) 洋票倒(洋＋門票＋倒賣)

(9) 가. 洋漂族(洋人＋漂泊＋族), 群租客(群体＋承租＋客), 月老族(月光＋啃老＋族), 工漂族(農民工＋漂泊＋族), 節孝族(節假日＋盡孝＋族)

　　　나. 路恐症(道路＋恐惧＋症)

(7)에 '群租戶(群租＋戶)'는 'N₁+N₂[사람]'의 의미유형이며 (8)에 '洋票倒(洋＋票倒)'은 'N₁[사람]+N₂'의 의미유형이고, (9가)에 예들은 'N₁+N₂[사람]'의 의미구조이고, (9나)에 '路恐症(路恐＋症)'는 'N₁[기원]+N₂'의 의미구조에 속한다.[62]

⑤ 동사+동사+명사

(10) 空識區(防空＋識別＋區)

(11) 洋房貸(洋＋購房＋貸款)

---

61) 'X＋族(족)'에 관한 해석은 4.1.의 (가-2가②)가 참고되며, '樂活族(락활족)'은 '웰빙족. 건강과 친환경을 중시하는 사람들'을 의미한다. 'X＋男(남)'에 관한 해석은 4.1.의 (가-2나)가 참고된다.

62) (7)에 '群租戶(군조호)'는 '그룹 임대 가구 (집 한 채에 여러 명이 같이 사는 가구)를 칭한다. (9가)에 '洋漂族(양표족)'은 '자신의 꿈을 이루기 위해 중국을 찾은 서양인들'을 의미하며, '群租客(군조객)'은 '그룹 임대족(여러 명이 집 한 채를 임대해 함께 주거하는 이들)'을 칭한다.

(12) 가. 陪拼族(陪伴+血拼+族), 急婚族(急于+結婚+族), 懶婚族(懶+結婚+

族), 會睡族(開會+睡覺+族), 畢婚族(畢業+結婚+族), 求嫁族(尋求+

出嫁+族), 畢租客(畢業+租房+客)

나. 讀奏會(朗讀+演奏+會), 限批令(限制+審批+令), 助培費(贊助+培訓

+費), 買標費(買+中標+費)

다. 夢食症(夢游+飮食+症), 吃送風(吃喝+送礼+風)

(10)에 '空識區(空識+區)'은 'N₁+N₂[장소]'의 의미유형이다. (11)은 '洋(양)+X'
의 구성으로 '洋房貸(양방대)'는 '외자은행 주택대출. 외자은행이 설립한 주
택구입 대출업무'를 가리킨다. (12가)에 '陪拼族(陪拼+族)'는 'V₁+N₁[사람]'의
의미유형이며 '畢租客(畢租+客)'는 'N₁+N₂[사람]'의 의미유형이다. (12나)
'讀奏會(讀奏+會)' 등은 'V₁[용도/목적]+N₁'의 의미유형이다.63)

6 형용사+동사+명사

(13) 固貸族(固定+還貸+族), 双租族(双+出租+族)

(13)에 '固貸族(固貸+族)', '双租族(双租+族)'64)은 'V₁+N₁[사람]'의 의미유
형이다.

---

63) (12)에 '急婚族(급혼족)'은 '급혼족. 취업난으로 말미암아 결혼을 택한 여성'을 의미하
며, '懶婚族(라혼족)'은 '결혼 보류족(좋은 직장과 비교적 높은 경제 소득을 가지고 있
음에도, 결혼은 원하지 않는 이들)'을 칭하며, '畢租客(필조객)'은 '졸업한 후에 타향에
서 취업해서 계속 있게 되며 임대하는 대학 졸업생'을 가리킨다.

64) 'X+族(족)'에 관한 해석은 4.1.의 (가-2가②)가 참고된다.

⑦ 부사+동사+명사

    (14) 亂泊族(胡亂＋泊車＋族)

(14)에 '亂泊族(亂泊＋族)'[65]은 'N₁+N₁[사람]'의 의미유형이다.

⑧ 명사+형용사+명사

    (15) 가. 路怒症(道路＋憤怒＋症)
         나. 空怒族(空中交通＋憤怒＋族)

(15가)에 '路怒症(路怒＋症)'은 'N₁[기원]＋N₂'의 의미유형이고 (15나)에 '空怒族(空怒族)'은 'N₁+N₂[사람]'의 의미유형이다.

⑨ 동사+형용사+명사

    (16) 嘆老族(感嘆＋年老＋族)

(16)에 '嘆老族(嘆老＋族)'은 'V₁+N₁[사람]'의 의미유형이다.

⑩ 형용사+형용사+명사

    (17) 가. 輕熟女(年輕＋成熟＋女)
         나. 悠樂客(悠閑＋快樂＋客)

---

65) 'X＋族(족)'에 관한 해석은 4.1.의 (가-2가②)가 참고된다.

(17가)에 '輕熟女(輕熟＋女)'[66]는 'A₁＋N₁[성별]'의 의미유형이며, (17나)에
'悠樂客(悠樂＋客)'는 'A₁＋N₁[사람]'의 의미유형이다.[67]

2) 고유어+외래어

① 명사+명사+명사

(18) 空巴通(航空＋巴士(bus)＋通)

'혼성＋합성'형은 아래와 같은 유형들이 있다.

가. AD(AB＋CD)형: 公務灶(公家＋事務)

나. AC(AB＋CD)형: 類同男(類似＋同性戀＋男)

다. BC(AB＋CD)형: 助培費(贊助＋培訓＋費)

라. BD(AB＋CD)형: 輕熟女(年輕＋成熟＋女)

마. ABD(AB＋CD)형: 宅生族(宅＋男生/女生＋族)

한국어 '혼성＋합성'형에서 'BD(AB＋CD)형, BC(AB＋CD)형, ABD(AB＋CD)'
형이 없는 것이다.

---

66) (17가)에 'X＋女(녀)'에 관한 해석은 4.1.의 (가-4나)가 참고된다. '輕熟女(경숙녀)는 '젊
고 성숙한 25~35세 도시 엘리트 여성'을 말한다.
67) 'X＋客(객)'에 관한 해석은 4.1.의 (가-4나)가 참고된다.

라. 합성-'두음절어 형성+합성'형

1) 고유어+고유어+고유어

① 명사+명사+명사

    (1) 가. 零双非(零+双方+非港籍)

        나. 奧版車(奧運會+版+車)

(1나)에 '奧版車(奧版+車)'는 'N_1+N_2[도구]'의 의미구조에 속한다.

② 명사+동사+명사

    (2) 夜休令(夜間+休息+令)

(2)에 '夜休令(夜休+令)'은 'N_1[용도/목적]+N_2'의 의미구조에 속한다.

③ 동사+명사+명사

    (3) 가. 炒基團(炒賣+基金+團), 炒鳥族(炒作+鳥+族), 拒電族(拒絶+電子産品+族), 試客族(試用+客+族), 養基族(養+基金+族), 泡良族(泡+良家婦女+族), 失獨者(失去+獨生子女+者), 堅丁族(堅持+丁克+族), 炫食族(炫耀+食物+族)

        나. 禁高令(禁止+高度+令), 禁膠令(禁止+膠水+令), 限液令(限制+液態物品+令), 禁塑令(禁止+塑料袋+令), 禁液令(禁止+液体物品+令), 限塑

令(限制＋塑料購物袋＋令), 限利令(限制＋利潤率＋令), 限奶令(限制＋奶

粉＋令)

다. 減塑日(減少＋塑料包裝品＋日), 減壓節(減輕＋壓力＋節)

라. 競价門(競爭＋价格＋門)

(3가)는 'V$_1$＋N$_1$[사람]'의 의미유형이며, (3나)는 'V$_1$[용도/목적]＋N$_1$'의 의

미유형이고, (3다)는 'V$_1$＋N$_1$[시간]'의 의미구조에 속하고, (3라)는 'V$_1$＋ N$_1$

[사건]'의 의미구조에 속한다.[68]

④ 동사+동사+명사

(4) 가. 恐生族(恐懼＋生育＋族), 代排族(代人＋排隊＋族)

나. 免裁令(免除＋裁員＋令), 限生令(限制＋生産＋令)

(4가)에 '恐生族(恐生＋族)' 등은 'V$_1$＋N$_1$[사람]'의 의미구조에 속하며 (4나)

에 '免裁令(免裁＋令)' 등은 'V$_1$[용도/목적]＋N$_1$'의 의미구조에 속한다.

⑤ 동사+형용사+명사

(5) 限奢令(限制＋奢侈＋令)

---

68) (3)에 '炒基團(초기단)'은 '공모펀드'를 말하며, '禁高令(금고령)'은 '고지대 국제경기 금
지(2007년 5월 27일, 국제 축구연맹이 선수들의 건강을 이유로 해발 2500m 이상의 고
지대에서 공식 경기를 금지시킨 조치)'를 의미하며, '禁膠令(금교령)'은 '고무풀 사용
금지령(국제탁구연맹이 베이징 올림픽 이후부터 실시한 휘발성유기용매제(VOC) 함유
고무풀 사용을 금지 규정에서 비롯된다)'을 말한다.

(5)에 '限奢令(限奢＋令)'은 'V₁[용도/목적]＋N₁'의 의미구조이다.

2) 고유어＋외래어＋고유어

① 동사＋명사＋명사

    (6) 策派師(策划＋PARTY＋師)

(6)에 '策派師(策派＋師)'는 'V₁＋N₁[사람]'의 의미구조이다.

3) 외래어＋외래어＋고유어

① 형용사＋형용사＋명사

    (7) CC族(cultural＋creative＋族)

(7)에 'CC族'는 'N₁＋N₂[사람]'의 의미구조에 속한다.[69]

4) 고유어＋고유어＋외래어

① 명사＋명사＋명사

    (8) 自駕吧(自己＋駕駛汽車＋bar)

---

69) 'X＋族(족)'에 관한 해석은 4.1.의 (가-2가②)가 참고된다.

(8)은 'N₁+N₂[장소]'의 의미구조이다.[70]

5) 외래어+고유어+외래어

① 명사+명사+명사

(9) K客吧(KTV+客+bar)

(9)에 'K客吧(K객바)'는 'N₁+N₂[장소]'의 의미구조이며 '새로운 형태의 다기능 노래방, 기존 노래방 기능 외에 MTV제작, CD제작, 네트워크 연동 등 다양한 옵션을 제공하는 노래방'을 의미한다.[71]

마. 합성-'절단+합성'형

1) 고유어+고유어

① 명사(명사구)+명사

(1) 가. 劉羚羊(劉爲强+羚羊), 張飛鴿(張亮+飛鴿), 周至尊(周久耕+九五至尊),
   董暴雨(董鳳妮+暴雨), 瑪雅体(瑪雅人+体), 德綱体(郭德綱+体)
   나. 霾沙(霾+沙塵)
(2) 云商(云+電子商務), 云鏈(云+産業鏈)

---

70) 'X+吧(bar)'에 관한 해석은 4.1.의 (가-13)가 참고된다. '自駕吧(자가바)'는 '자동차 동호회'를 의미한다.
71) 'X+吧(bar)'에 관한 해석은 4.1.의 (가-13)가 참고된다.

(3) 가. 節奴(節日＋奴), 印客(印刷品＋客), 獨二代(獨生子女＋二代), 壟奴(壟斷經營＋奴), 証奴(証書＋奴), 白奴(白領＋奴), 職客(職業介紹＋客), 突迷(《士兵突擊》＋迷), 沽民(認沽權証＋民), 樹人(樹皮＋人), 窯奴(黑媒窯/黑磚窯＋奴), 賬客(記賬軟件＋客), 國娃(中國＋娃), 邦民(聯邦止咳露＋民), 基奴(基金＋奴), 布客(布克獎＋客), 班奴(輔導班＋奴), 節娃(傳統節日＋娃), 換客(換取物品＋客), 農二代(農民工＋二代), 章迷(紀念章＋迷), 婚嫂(假結婚＋嫂), 屛奴(屛幕＋奴), 屛霸(熒屛＋霸), 鋪叔(商鋪＋叔)

나. 鮮女(新鮮感＋女), *草食男(草食系＋男), *草食女(草食系＋女), 知女(知識分子＋女)

다. 零利日(零利潤＋日)

라. 棱鏡門(棱鏡計划＋門)

(1가)는 'N₁[사람]＋N₂'의 의미구조에 속한다. (3가)는 'N₁＋N₂[사람]'의 의미구조에 속하며,72) (3나)는 'N₁＋N₂[성별]'의 의미구조이고,73) (3다)는 'N₁＋N₂[시간]'의 의미유형이며, (3라)는 'N₁＋N₂[사건]'의 의미구조에 속한다.74)

② 동사＋명사

(4) 가. 警鵝(警戒＋鵝)

---

72) (3가)에 '節奴(절노)'는 '명절의 노예란 뜻으로 체면을 중시하여 소비에 스트레스를 받는 사람'을 말하며, '換客(환객)'는 '인터넷상에서 물물교환을 하면 즐거움을 느끼는 사람'을 말한다.
73) 'X＋女(녀)'에 관한 해석은 4.1.의 (가-4나)가 참고된다. 'X＋男(남)'에 관한 해석은 4.1.의 (가-2나)가 참고된다.
74) 'X＋門(문)'에 관한 해석은 4.1.의 (나-7가)가 참고된다.

나. 車客(坐車＋客), 婚奴(結婚＋奴), 試客(試用＋客), 血奴(賣血＋奴), *考霸
(考試＋霸), *水軍(灌水＋軍), *學霸(學習＋霸), *研霸(科研＋霸), 媚一代
(媚外＋一代), 創客(創新＋客), 强二代(自强＋二代)

(4가)는 'V₁[용도/목적]＋N₁'의 의미구조에 속하고, (4나)는 'V₁＋N₁[사
람]'의 의미구조에 속한다.[75]

③ 형용사+명사

(5) 双奥(双＋奥運會)

(6) 가. 裸博(裸＋博士),

　　 나. 囧片(囧＋影片/電視片), 雷劇(雷＋電視劇), 雷詞(雷＋詞語), *神劇(神＋影
視劇)

(7) 茫一代(迷茫＋一代)

(6가)는 'A₁＋N₁[사람]'의 의미구조에 속하고, (6나)는 'A₁[성격]＋N₁'의
의미구조에 속하며, (7)는 'A₁＋N₁[사람]'의 의미구조에 속한다.

2) 외래어+고유어

(8) Emo族(Emotionally Driven HardcorePunk＋族), O一代(Obama＋一代), H族
(High/Healthy＋族), NINI族(Niestudian,nitrabajan＋族)

---

75) 'X＋客(객)'에 관한 해석은 4.1.의 (가-4나)가 참고된다. 'X＋奴(노예)'에 관한 해석은
4.1.의 (가-4나)가 참고된다.

(8)은 'N₁+N₂[사람]'의 의미구조에 속한다.[76]

3) 고유어+외래어

① 명사(명사구)+명사

(9) 藥Q(藥品+Quotient), 首席秀(首席演奏員+show)

(10) 가. 鐵粉(地鐵+fans), 天粉(天文+fans), 医粉(医生+fans), 鐵粉(鐵杆+fans), 職粉(職業+fans), 麥粉(McDonald+fans)

나. 嚼吧(咀嚼口香糖+bar), 熨吧(熨衣服+bar), 雪吧(人工雪制品+bar), 微吧(微博+bar)

(10가)는 'N₁+N₂[사람]'의 의미구조에 속하며, (10나)는 'N₁+N₂[장소]'의 의미구조에 속한다.[77]

② 형용사+명사

(11) 潮粉(新潮+fans), 散粉(零散+fans)

(11)은 'N₁+N₂[사람]'의 의미구조이다.[78]

---

76) 'X+族(족)'에 관한 해석은 4.1.의 (가-2가②)가 참고된다.
77) 'X+吧(bar)'에 관한 해석은 4.1.의 (가-13)가 참고된다. (10나)에 '熨吧(울바)'는 '다림질 전문점'을 의미하며, '嚼吧(작바)'는 '껌을 씹는 방식으로 스트레스를 해소하는 장소'를 가리킨다.
78) 'X+'粉(fan)'에 관한 해석은 4.1.의 (나-55나)가 참고된다.

4) 외래어+외래어

    (12) 迷卡(迷你+卡, mini+card)

(12)는 'N₁[모양]+N₂'의 의미구조이다.

바. 합성-'파생+합성'형

1) 고유어+고유어

  ① 명사+명사

    (1) 가. 筷子論(筷+-子+論), 籠子論(籠+-子+論), 鞋子論(鞋+-子+論), 釘子
        墳(釘+-子+墳)
       나. 格子鋪(格+-子+鋪)

(1가)는 'N₁[성격]+N₂'의 의미구조이며, (1나)는 'N₁+N₂[장소]'의 의미
구조이다.

사. 합성-'합성+첩어형성'형

1) 고유어+고유어+고유어

  ① 명사+명사+명사

    (1) 樓粉粉(樓+粉+粉), 樓水水(樓+水+水)

(2) 가. 串串案(串+串+案)

　　나. 蝸蝸族(蝸+蝸+族)

(2)에 'X+案(안)',[79] 'X+族(족)'[80]은 생산성이 높은 구성이다. (2가)에 '串串案(串串+案)'은 'N₁+N₂[사건]'의 의미구조에 속하며 (2나)에 '蝸蝸族(蝸蝸+族)'은 'N₁+N₂[사람]'의 의미구조에 속한다.

② 동사+동사+명사

(3) 抱抱裝(抱+抱+裝), 奔奔族(奔+奔+族), 抱抱團(抱+抱+團), 帮帮族(帮+帮+族), 笑笑團(笑+笑+團), 抛抛族(抛+抛+族), 搶搶族(搶+搶+族), 抱抱哥(抱+抱+哥), 閃閃族(閃+閃+族)

(3)은 'V₁+N₁[사람]'의 의미유형에 속한다. '抱抱裝(포포장)'은 '특수센서를 달아 멀리 떨어져 있는 연인과도 언제든지 포용하는 느낌을 나눌 수 있는 셔츠'를 가리키며, '奔奔族(분분족)'은 '1975~1985년도에 출생한 사람으로 중국사회에서 현재 가장 많은 스트레스를 받고 있는 세대'를 일컫는 말.[81]

③ 형용사+명사+명사

(4) 가. 酷爸爸(酷+爸+爸)

---

79) 'X+案(안)'에 관한 해석은 4.1.의 (다-2나)가 참고된다.
80) 'X+族(족)'에 관한 해석은 4.1.의 (가-2가②)가 참고된다.
81) 'X+族(족)'에 관한 해석은 4.1.의 (가-2가②)가 참고된다. 'X+團(단)'에 관한 해석은 4.1.의 (가-16)이 참고된다.

나. 貴羊羊(貴＋羊＋羊)

(4가)는 'A₁＋N₁[사람]'의 의미유형에 속한다.

④ 형용사+형용사+명사

(5) 安安族(安＋安＋族), 摳摳族(摳＋摳＋族)

(5)는 'A₁＋N₁[사람]'의 의미유형에 속한다. '安安族(안안족)'은 '재산을 관리할 때 안전한 것만을 추구하고 위험한 일을 하지 못하는 사람'을 가리킨다.[82]

아. 합성-'기타+합성'형

1) 고유어+고유어

① 명사구+명사

(1) 回愛体(《回到愛開始的地方》＋体)

(1)은 'N₁[기원]＋N₂'의 의미유형에 속한다.

---

82) 'X＋族(족)'에 관한 해석은 4.1.의 (가-2가②)가 참고된다.

〈표 4-12〉 중국어-합성어의 구조 분석 도표

중국어-합성어의 구조 분석 도표					
분류			단어 수	비율(%)	예
합성- 단순형	고유어+고유어	① 명사+명사	58	7.35	人球, 房魔…
		② 수사+명사	4	0.51	三莓, 三孤…
		③ 동사+명사	15	1.9	蹭爺, *吃貨…
		④ 형용사+명사	17	2.15	牛樓, 萌医…
		⑤ 명사+동사	2	0.25	鐵漂, 性貪
		⑥ 동사+동사	1	0.13	哭討
		⑦ 형용사+동사	1	0.13	勁走
		⑧ 명사+형용사	2	0.25	婚荒, 莫言熱
	외래어+고유어	① 명사+명사	6	0.76	WiFi族, 海蒂族…
		② 형용사+명사	1	0.13	辣奢族
	고유어+외래어	① 명사+명사	4	0.51	股吧, 眼吧…
	외래어+외래어	① 명사+명사	1	0.13	奧運吧
	자모+숫자	① 명사+명사	1	0.13	PM1
	숫자/자모+고유어	① 숫자+명사	2	0.25	26℃法, 90制
		② 자모+명사	2	0.25	AK團, AB制
'합성+ 합성'형	고유어+고유어+ 고유어	① 명사+명사 +명사	**135**	**17.11**	村証房, 猫狗稅…
		② 명사+동사+ 명사	22	2.79	火療店, 口罩門…
		③ 명사+형용사 +명사	10	1.27	指尖族, 腦殘体…
		④ 수사+명사+ 명사	7	0.89	三宝体, 90歲体…
		⑤ 수사+양사+ 명사	2	0.25	一滴水, 一件令
		⑥ 동사+명사+ 명사	**102**	**12.93**	低頭族, 懸愛劇…
		⑦ 동사+수사+ 명사	1	0.13	晒一族
		⑧ 동사+동사+	45	5.7	租族, 閃跳族…

		명사			
		⑨ 동사+형용사 +명사	8	1.01	掏空族, 晒黑族…
		⑩ 동사+부사+ 명사	2	0.25	協同店, 合幷体
		⑪ 형용사+명사 +명사	63	7.98	多表門, 高薪門…
		⑫ 형용사+동사 +명사	18	2.28	酷斃裝, 歧視門…
		⑬ 형용사+형용사 +명사	10	1.27	太空戶, 亞孤儿…
		⑭ 부사+명사+ 명사	1	0.13	獨桌荣
		⑮ 부사+형용사 +명사	1	0.13	非凡体
		⑯ 개사+동사+ 명사	1	0.13	被催族
		⑰ 접속사+개사 +명사	1	0.13	因爲体
		⑱ 명사+명사+ 동사	1	0.13	云空調
		⑲ 명사+동사+ 동사	6	0.76	筷行動, 霾警報…
		⑳ 대명사+동사 +동사	1	0.13	她經濟
		㉑ 동사+명사+ 동사	1	0.13	傷肺跑
		㉒ 동사+형용사 +동사	1	0.13	潛歧視
		㉓ 형용사+명사 +동사	3	0.38	淺社交, 囧文化…
		㉔ 형용사+수사 +동사	1	0.13	大三通
		㉕ 형용사+동사 +동사	5	0.63	慢漂移, 灰代辦…

		26 명사+형용사 +형용사	3	0.38	猪超强, 猪堅强…
		27 형용사+수사 +양사	1	0.13	后三届
		28 명사+명사+ 명사+명사	1	0.13	數字藥片
		29 명사+명사+ 동사+명사	1	0.13	京医通卡
		30 명사+형용사 +명사+명사	1	0.13	光明星節
		31 수사+수사+ 수사+명사	1	0.13	3·3·30族
		32 수사+양사+ 명사+명사	1	0.13	一句話体
		33 동사+동사+ 형용사+명사	1	0.13	烏有高校
		34 형용사+동사 +명사+명사	1	0.13	金噴壺獎
	외래어+고유어+ 고유어	1 명사+명사+ 명사	1	0.13	漢文化
	고유어+고유어+ 외래어	1 명사+명사+ 명사	3	0.38	單号吧, 漢字粉…
		2 명사+형용사 +명사	1	0.13	腦殘粉
		3 수사+명사+ 명사	1	0.13	*八宝飯
		4 동사+명사+ 명사	1	0.13	攻略控
		5 동사+동사+ 명사	1	0.13	偵探控
		6 형용사+ 형용사+명사	1	0.13	痛快吧
	자모+고유어+ 고유어	1 자모+명사+ 명사	3	0.38	E爸媽, D字頭…
		2 자모+동사+	1	0.13	e摘客

		명사			
		③ 형용사+자모+명사	1	0.13	綠V客
		④ 자모+숫자+자모+숫자+명사+동사+명사	1	0.13	H7N9禽流感
'혼성+합성'형	고유어+고유어	① 명사+명사	10	1.27	公務灶, 軌交族…
		② 동사+명사	17	2.15	賴校族, 慢活族…
		③ 형용사+명사	5	0.63	新標鹽, 樂活族…
		④ 명사+동사	9	1.14	群租戶, 洋票倒…
		⑤ 동사+동사	15	1.9	畢租客, 助培費…
		⑥ 형용사+동사	2	0.25	固貸族, 双租族
		⑦ 부사+동사	1	0.13	亂泊族
		⑧ 명사+형용사	2	0.25	路怒症, 空怒族
		⑨ 동사+형용사	1	0.13	嘆老族
		⑩ 형용사+형용사	2	0.25	輕熟女, 悠樂客
	고유어+외래어	① 명사+명사	1	0.13	空巴通
'두음절어 형성+합성'형	고유어+고유어+고유어	① 명사+명사+명사	2	0.25	零双非, 奧版車
		② 명사+동사+명사	1	0.13	夜休令
		③ 동사+명사+명사	20	2.53	炒基團, 禁高令…
		④ 동사+동사+명사	4	0.51	恐生族, 免裁令…
		⑤ 동사+형용사+명사	1	0.13	限奢令
	고유어+외래어+고유어	① 동사+명사+명사	1	0.13	策派師
	외래어+외래어+	① 형용사+형용사	1	0.13	CC族

	고유어	+명사			
	고유어+고유어+외래어	① 명사+명사+명사	1	0.13	自駕吧
	외래어+고유어+외래어	① 명사+명사+명사	1	0.13	K客吧
'절단+합성'형	고유어+고유어	① 명사(명사구)+명사	40	5.07	劉羚羊, 張飛鴿…
		② 동사+명사	12	1.52	警鵝, 車客…
		③ 형용사+명사	7	0.89	裸博, *神劇…
	외래어+고유어		4	0.51	Emo族, O一代…
	고유어+외래어	① 명사(명사구)+명사	12	1.52	藥Q, 首席秀…
		② 형용사+명사	2	0.25	潮粉, 散粉
	외래어+외래어		1	0.13	迷卡
'파생+합성'형	고유어+고유어	① 명사+명사	5	0.63	筷子論, 籠子論…
'합성+첩어형성'형	고유어+고유어+고유어	① 명사+명사+명사	4	0.51	樓水水, 串串案…
		② 동사+동사+명사	9	1.14	抱抱裝, 奔奔族…
		③ 형용사+명사+명사	2	0.25	酷爸爸, 貴羊羊
		④ 형용사+형용사+명사	2	0.25	安安族, 摳摳族
'기타+합성'형	고유어+고유어	① 명사구+명사	1	0.13	回愛体
계			789	100	

<표 4-12> 중국어 합성어의 구조 분석 도표를 보면 '합성+합성'형이 가장 생산적인 방식이다. 그 중에 주로 '고유어+고유어+고유어'로 만들고 '명사+명사+명사'의 조어 방식은 합성법 전체의 17.11%를 차지하여 제일 많이 사용한 방식이고, 그 다음 순위는 12.93%를 차지한 '동사+명사+명

사'의 구조이다. 중국어 합성에만 가진 두 가지 특징으로 하나는 첩어를 사용하여 '합성+첩어형성'형을 만든 것, 또 하나는 자모 어휘를 많아져서 '숫자/자모+고유어, 자모+고유어+고유어'같은 구조를 만든 것이다. 중국어는 고립어로서 접사가 발달하지 않아서 합성어는 아주 발달한 편이다.

〈표 4-13〉 한국어-합성어의 통시적인 분석 도표

연도	전체 신어 수	합성어 수	비율(%)
2002년	197	58	29.44
2003년	379	109	28.76
2004년	359	131	36.49
2005년	269	99	36.8
2014년	168	36	21.43

〈표 4-14〉 중국어-합성어의 통시적인 분석 도표

연도	전체 신어 수	합성어 수	비율(%)
2006년	88	65	73.86
2007년	208	161	77.4
2008년	256	201	78.52
2012년	279	212	75.99
2013년	228	149	65.35

위에 <표 4-13>과 <표 4-14>를 통해 최근 5년 동안 한·중 합성어의 통시적인 특징을 비교해 볼 수 있다. 첫째, 중국어 합성어의 비율은 한국어 합성어의 비율보다 거의 3배가 많은 것이다. 둘째, 한국어 합성어의 비율은 2002년, 2003년, 2004년, 2005년, 2014년이 각각29.44%, 28.76%, 36.49%, 36.8%, 21.43%이며, 중국어 합성어의 비율은 2006년, 2007년, 2008년, 2012년, 2013년이 각각 73.86%, 77.4%, 78.52%, 75.99%, 65.35%이다. 양국 모

두 최근에 와서 합성어의 비율을 감소하는 양상을 보인다. 왜냐하면 최근에 신어에서는 전통적인 조어법뿐만 아니라 '혼성', '두음절어 형성' 등 조어법도 나타나서 신어 생성에 많이 참여하였기 때문이다.

4.2. 파생

본 논문에서 신어 중에 파생어는 접두사, 접미사, 접두·접미사로 분류하겠다. 신어 파생어 형성에서 가장 생산적이면서도 가장 다양한 파생의 양상을 보여준 부분은 접미사에 의한 파생이다. 한국어 신어의 파생접두사, 접미사, 접두·접미사의 수는 수십 개가 넘을 수도 있는데, 어떤 파생어가 생산력이 있는지 없는지를 어떻게 판별할 것인가 하는 기준을 제시하기는 어렵고 학자마다 의견도 달라서 여기서는 오직『표준국어대사전』을 기준으로 분류하겠다. 파생어 '생산성'의 문제는 제4장 '준접사' 부분에서 자세히 논의하겠다. 이 책은 조어론적인 측면에서 바라보는 파생어 형성 과정과 함께, 각 파생어들의 어근(語基)와의 결합 양상을 자세히 관찰하겠다. 파생어에 의해 형성되는 파생어에는 명사, 동사, 형용사, 부사가 있을 수 있다. 파생어는 명사파생, 동사파생, 형용사파생, 부사파생이 있지만 여기에는 명사파생만 논의하겠다.

4.2.1. 접두 파생

[한국어]

접두 파생어는 일반적으로 어근의 품사를 바꾸지 못하고 단지 이기에 의미만 첨가해준다. 접미사와 비교하면 생산성은 상대적으로 낮은 양상을 가지는 편이다.

가. 접두 파생-'단순'형

1) 고유어 접두사+고유어

① 고유어 접두사+명사

    (1) 떡잔디(떡-+잔디), 개소름(개-+소름)

  (1)은 고유어 계통의 접두사와 2음절 고유어 명사를 결합해서 파생명사를 만든 예이다. '떡-'은 '동식물을 나타내는 일부 명사 앞에 붙어 '작은, 어린'의 뜻을 더하는 접두사'이다. '떡잔디'는 '잎은 무성해 보이는 데 반해 뿌리는 아주 빈약한 잔디'를 비유적으로 이르는 말. '개-'는 '부정적 뜻을 가지는 일부 명사 앞에 붙어 '정도가 심한'의 뜻을 더하는 접두사'로 '개소름'은 '심한 추위나 공포, 또는 충격 따위로 피부에 돋아나는 소름'을 의미한다.

2) 고유어 접두사+한자어

① 고유어 접두사+명사

    (2) 헛욕(헛-+辱)
    (3) 온진품(온-+眞品)

(2)는 '고유어 접두사+1음절 한자어 명사'의 예이다. '헛-'은 '일부 명사 앞에 붙어 '이유 없는, 보람 없는'의 뜻을 더하는 접두사'로 '헛욕'은 '특정 대상을 향한 것이 아니라 습관적으로 내뱉는 욕'. (3)은 '고유어 접두사+2음절 한자어 명사'로 파생된 신어이다. '온-'은 '꽉 찬, 완전한, 전부의' 따위의 뜻을 더하는 접두사. '온진품'은 '완전한 진품'을 의미한다.

② 고유어 접두사+어근

(4) 늦발기(늦-+發氣)

(4)는 '고유어 접두사+2음절 한자어 어근'로 고유어 접두사와 비자립적인 한자어 어근과 결합한 예이다. '늦-'은 '늦게'의 뜻을 더하는 접두사이다. '늦발기'는 '늦게 출발하거나 뒤늦게 실력을 드러내는 경향'.

3) 한자어 접두사+고유어

① 한자어 접두사+명사

(5) 냉섬(冷-+섬)
(6) 왕주먹(王-+주먹), 무꺼플(無-+꺼플)

(5)는 '한자어 접두사+1음절 고유어 명사'를 파생된 신어이다. '냉-(冷-)'은 '차가운'의 뜻을 더하는 접두사인데 '냉섬'은 '주변보다 기온이 낮은 지역'을 비유적으로 이르는 말. (6)은 '한자어 접두사+2음절 고유어 명사'로 파생된 신어이다. 접두사인 '왕-(王-)'은 '매우 큰' 또는 '매우 굵은'의 뜻을

더하는 접두사이며, '무-(無-)'은 '그것이 없음'의 뜻을 더하는 접두사. '왕주먹'은 '매우 크거나 센 주먹'을 의미하고, '무꺼풀'은 '눈에 쌍꺼풀이 없음. 또는 그런 눈'을 의미한다.

4) 한자어 접두사+한자어

① 한자어 접두사+명사

(7) 가. 역난민(逆-+難民), 역부감(逆-+俯瞰), 역저격(逆-+狙擊)

　　나. 탈호남(脫-+湖南), 탈개입(脫-+介入), 탈부패(脫-+腐敗), 탈빈곤(脫-+貧困), 탈증시(脫-+證市)

　　다. 냉미남(冷-+美男), 대약진(大-+躍進), 무자살(無-+刺殺), 신주말(新-+週末), 저교육(低-+教育), 초등정(初-+登頂), 미관통(未-+貫通), 본수능(本-+修能), 실동작(實-+動作), 조조연(助-+助演), 반도청(反-+盜聽), 항한류(抗-+韓流), 극호감(極-+好感)

(7)은 '한자어 접두사+2음절 한자어 명사'로 결합한 형식이다. (7가)는 '역-(逆-)+X'의 구조이며 '역-(逆-)'은 '반대되는' 또는 '차례나 방법이 뒤바뀐'의 뜻을 더하는 접두사이다. '역난민(逆難民)'은 '전쟁이나 재난 따위가 일어난 자기 나라로 다시 되돌아오는 백성'을 의미하며, '역부감(逆俯瞰)'은 '낮은 곳에서 올려다봄'을 의미한다. (7나)는 '탈-(脫-)+X'의 구조이며 '탈-(脫-)'은 '그것을 벗어남'의 뜻을 더하는 접두사이다.

5) 한자어 접두사+외래어

① 한자어 접두사+명사

    (8) 노테크(老-+tech), 냉트럭(冷-+truck)

    (9) 고카페인(高-+caffein), 역쇼루밍(逆-+showrooming)[83]

    (10) 역다이어트(逆-+diet)[84]

  (8)는 '한자어 접두사+2음절 외래어 명사'의 예이다. '노-(老-)'는 '늙은' 또는 '나이가 많은'의 뜻을 더하는 접두사인데 '노테크(老tech)'는 '노인들이 안정적이고 건강한 생활을 하기 위하여 재산과 건강을 관리하는 일'. (9)는 '한자어 접두사+3음절 외래어 명사'의 예이다. '고카페인(高caffein)은 '카페인 함량 비율이 높음'의 뜻이다. '고-(高-)는 여기에서 '높은'의 뜻을 더하는 접두사. (10)은 '한자어 접두사+4음절 외래어 명사'로 파생된 신어이다. '역-(逆-)'은 '반대되는' 또는 '차례나 방법이 뒤바뀐'의 뜻을 더하는 접두사인데 '역다이어트(逆diet)'는 '체중을 늘리거나 건강을 증진하기 위하여 음식을 조절하는 일'이라는 뜻이다.

나. 접두 파생-'파생+파생'형

1) 한자어 접두사+한자어 접두사+한자어

① 한자어 접두사+한자어 접두사+명사

    (11) 초신인류(超-+新-+人類)

---

83) '역-(逆-)+X'에 관한 해석은 4.2.1.의 (가-7가)가 참고된다.
84) '역-(逆-)+X'에 관한 해석은 4.2.1.의 (가-7가)가 참고된다.

(11)은 '한자어 접두사＋한자어 접두사＋2음절 한자어 명사'의 결합 양상
으로 접두사 '초-(超-)'와 '신-(新-)' 두 개가 있다. '초신인류(超新人類)'는 '이
전과 전혀 다르면서도 새로운 삶을 사는 사람. 1980년과 1990년대 사이에
태어난 사람'을 가리킨다. 제1차 베이비 붐 세대를 가리키는 '신인류'와 구
분한다. '초-(超-)'는 여기에서 '어떤 범위를 넘어선'의 뜻을 더하는 접두사
이다. '신-(新-)'은 '새로운'의 뜻을 더하는 접두사이다.

다. 접두 파생-'합성＋파생'형

1) 고유어 접두사＋고유어＋한자어

① 고유어 접두사＋명사＋명사

(12) 맨주먹정신(맨-＋주먹＋精神)

(12)는 '고유어 접두사＋고유어 명사＋2음절 고유어 명사'의 결합이다.
'맨-'은 '다른 것이 없는'의 뜻을 더하는 접두사인데 '맨주먹정신'은 '끼니
를 잇지 못할 만큼 어려운 상황에서도 꿋꿋한 의지로 역경을 헤쳐 나가는
정신'을 뜻한다. '헝그리 정신'의 순화어이다.

2) 고유어 접두사＋고유어＋외래어

① 고유어 접두사＋명사＋명사

(13) 덧글시트콤(덧-＋글＋sitcom)

(13)은 '고유어 접두사+고유어 명사+3음절 외래어 명사'로 구성된 파생 명사이다. '덧글시트콤'은 '덧글로 코믹하면서도 재미있게 이어 나가는 이야기'를 뜻한다. '덧-'은 '거듭된' 또는 '겹쳐 신거나 입는'의 뜻을 더하는 접두사이다.

3) 한자어 접두사+한자어+외래어

① 한자어 접두사+명사+명사

(14) 역회전볼(逆-＋回轉＋ball)

(14)는 '한자어 접두사+한자어 명사+1음절 외래어 명사'의 구성이다. '역회전볼'[85]은 '야구에서, 투수가 거꾸로 회전하도록 던지는 공'을 뜻한다.

4) 한자어 접두사+외래어+외래어

① 한자어 접두사+명사+명사

(15) 초슬림폰(超-＋slim＋phone), 초미니폰(超-＋mini＋phone)

(15)는 '한자어 접두사+외래어 명사+1음절 외래어 명사'의 구성이다. '초-(超-)'는 '어떤 범위를 넘어선' 또는 '정도가 심한'의 뜻을 더하는 접두사인데 '초슬림폰'은 '두께가 아주 얇은 휴대 전화'를 뜻한다.

---

85) '역-(逆-)+X'에 관한 해석은 4.2.1.의 (가-7가)가 참고된다.

5) 한자어 접두사+외래어+한자어

① 한자어 접두사+명사+명사

(16) 신팬픽 문화(新-+Fan fiction+文化)

(16)은 '한자어 접두사+외래어 명사+2음절 한자어 명사'의 구성인데 접
두사인 '신-(新-)'은 '새로운'의 뜻을 더하는 접두사이고, '신팬픽 문화(新Fan
fiction文化)'는 '주로 초등학생 팬들이 연예인을 등장인물로 하여 소설을 쓰
는 문화'를 가리킨다.

6) 한자어 접두사+한자어+한자어

① 한자어 접두사+명사+명사

(17) 가. 초열대야(超-+熱帶+夜)[86]
　　　나. 준당뇨병(準-+糖尿+病)
(18) 가. 신행정 수도(新-+行政+首都),[87] 역계절진폭(逆-+季節+振幅)[88]
　　　나. 신잔혹주의(新-+殘酷+主義)[89]

(17)은 '한자어 접두사+한자어 명사+1음절 한자어 명사'의 결합 양상인
데, (17나)는 '준-(準-)+X'의 구조이고, '준-(準-)'은 '구실이나 자격이 그 명

---

86) '초-(超-)+X'에 관한 해석은 4.2.1.의 (나-11)이 참고된다.
87) '신-(新-)+X'에 관한 해석은 4.2.1.의 (나-11)이 참고된다.
88) '역-(逆-)+X'에 관한 해석은 4.2.1.의 (가-7가)가 참고된다.
89) '신-(新-)+X'에 관한 해석은 4.2.1.의 (나-11)이 참고된다.

사에는 못 미치나 그에 비길 만한'의 뜻을 더하는 접두사. 그러나 한자어 명사 '병(病)'의 생산성도 아주 높아서 'X+병(病)'로 많은 표현을 나타나서 조어력이 아주 강하다. 그리하여 '준당뇨병'은 접두·접미사로 볼 가능성도 있으며 '장차 당뇨병으로 진행될 수 있을 정도로 높은 혈당 상태'를 의미한다. (18)은 '한자어 접두사+한자어 명사+2음절 한자어 명사'의 구성인데 (18나)에서 한자어명사인 '주의(主義)'은 생산성이 높은 명사라서 'X+주의(主義)'로 많은 신어를 생산해온다. '신잔혹주의(新殘酷主義)'는 접두·접미사로 볼 가능성도 있으며 '잔인하고 혹독한 것을 추구하는 경향'을 의미한다.

② 한자어 접두사+명사+명사+명사

　　(19) 역삼팔륙(逆-+三+八+六)[90]

　(19)는 '한자어 접두사+한자어 명사+한자어 명사+1음절 한자어 명사'의 결합 양상이다. '역삼팔륙'은 '1930년대에 나서 80년대에 정계에 진출한 60대 정치인'을 의미한다. '삼팔륙'에 상대하여 만들어 낸 말이다.

라. 접두 파생-'두음절어 형성+파생'형

　1) 한자어 접두사+한자어+한자어

　　① 한자어 접두사+명사+명사

　　(20) 초강추(超-+强力+推薦)

---

90) '역-(逆-)+X'에 관한 해석은 4.2.1.의 (가-7가)가 참고된다.

(20)은 '한자어 접두사+한자어 명사+2음절 한자어 명사'의 구성으로, '초강추'[91]는 '아주 강력하게 추천함'을 의미한다.

접두 파생어들의 구조 분석을 도표로 보이면 다음과 같다.

〈표 4-15〉 한국어-접두 파생어의 구조 분석 도표

한국어-접두 파생어의 구조 분석 도표				
분류		단어 수	비율(%)	예
단순형	고유어 접두사+고유어	① 고유어 접두사+명사	2	4.25	떡잔디, 개소름
	고유어 접두사+한자어	① 고유어 접두사+명사	2	4.25	헛욕, 온진품
		② 고유어 접두사+어근	1	2.13	늦발기
	한자어 접두사+고유어	① 한자어 접두사+명사	2	4.25	냉섬, 왕주먹
	한자어 접두사+한자어	**① 한자어 접두사+명사**	**21**	**44.68**	냉미남, 역난민…
	한자어 접두사+외래어	① 한자어 접두사+명사	5	10.64	노테크, 냉트럭…
'파생+파생'형	한자어 접두사+한자어 접두사+한자어	① 한자어 접두사+한자어 접두사+명사	1	2.13	초신인류
'합성+파생'형	고유어 접두사+고유어+한자어	① 고유어 접두사+명사+명사	1	2.13	맨주먹정신
	고유어 접두사+고유어+외래어	① 고유어 접두사+명사+명사	1	2.13	덧글시트콤
	한자어 접두사+한자어+외래어	① 한자어 접두사+명사+명사	1	2.13	역회전볼

91) '초-(超-)+X'에 관한 해석은 4.2.1.의 (나-11)이 참고된다.

	한자어 접두사 +외래어+외래어	① 한자어 접두사+ 명사+명사	2	4.25	초슬림폰, 초미니폰
	한자어 접두사 +외래어+한자어	① 한자어 접두사+ 명사+명사	1	2.13	신팬픽 문화
	한자어 접두사 +한자어+한자어	① 한자어 접두사+ 명사+명사	5	10.64	초열대야, 준당뇨병…
		② 한자어 접두사+ 명사+명사+명사	1	2.13	역삼팔룩
'두음절어 형성 +파생'형	한자어 접두사 +한자어+한자어	① 한자어 접두사+ 명사+명사	1	2.13	초강추
계			47	100	

[중국어]

가. 접두 파생-단순형

① 접두사+명사

(1) 小平行(小-+平行)

나. 접두 파생-'두음절어 형성+파생'형

① 접두사+명사+명사+명사

(1) 非遺節(非-+物質文化+遺産+節)

(1)에 '非遺節(비유절)'은 '무형문화제의 날'을 가리킨다.

〈표 4-16〉 접두 파생어의 구조 분석 도표

중국어-접두 파생어의 구조 분석 도표				
분류		단어 수	비율(%)	예
단순형	① 접두사+명사	1	50	小平行
'두음절어 형성 +파생'형	① 접두사+명사+명사+명사	1	50	非遺節
계		2	100	

4.2.2. 접미 파생

[한국어]

접미 파생에서 접미사로는 고유어, 한자어 계통의 접미사가 있다. 그러나 고유어 계통의 접미사와 결합해 명사를 파생하는 예는 드물다. 이들은 '-쟁이, -꾼, -발' 등이다. 반면에 한자어 계통의 접미사와 결합 명사를 파생하는 예는 아주 많다. 대표적인 접미사로는 '-족(-族), -주(-酒), -녀(-女)' 등을 들 수 있다.

기존연구에서 '-이, -음, -기, -질'에 대한 형태·의미적 분류체계는 다음 표와 같다.

〈표 4-17〉 '[-이]'의 형태·의미 구조 분류 도표(송철의 2008:129-145)[92]

'[-이]'의 구조 분류	의미	예
[V+-이]]		구이, 놀이, 먹이
[N+V+-이]], [Adj+V+-이]]	-하는 행위 또는 사건	봄맞이, 보막이, 털갈이, 쥐불놀이

---

92) 송철의(2008:133)에서 '-이'는 형용사어간과 결합하여 주로 척도명사(尺度名詞)를 파생

	-하는 물건, 도구	재떨이, 옷걸이, 목걸이
	-하는 사람	구두닦이, 신문팔이, 때밀이
[Adj+-이]]	척도명사(尺度名詞)	길이, 깊이, 높이
[N+-이]], [어근+-이]]	그러한 신체부위를 가지고 있는 사람이나 동물	곰배팔이, 애꾸눈이, 육손이
[의성어+-이]]	動物名을 지칭하는 명사	개구리, 꿀꿀이, 야옹이, 멍멍이
[의태어+-이]]	사람, 동물, 사물을 뜻함	얼룩이, 바둑이, 털털이, 뚱뚱이
[人名+-이]]	인명	복순이
[V+-음+-이]]		지짐이, 다리미
[V+-음+-음+-이]]		됨됨이, 씀씀이
[V+-음+V+-이]]		걸음걸이

〈표 4-18〉 '[-음]'의 형태·의미 구조 분류 도표(송철의 2008:145-151)

'[-음]'의 형태·의미 분류		예
[V+-음]	行爲名詞/事件名詞	가르침, 가뭄, 걸음, 움직임, 흐름, 죽음, 졸음, 땜, 받침, 고름
	事物名詞	그림, 그을음, 얼음, 주름, 튀김, 조림

시키는 기능을 갖는다. 예를 들면, '길이, 깊이, 높이'. '[Adj+-이]]'는 공시적으로 생산력을 갖지 못한다는 것이다.

金星奎(1987:37-38)에서 현대국어에서 새로이 척도명사를 파생시킬 때에는 '-가'가 선택되는 경향이 있다. 예를 들면, '빠르기, 크기, 세기'.

송철의(2008:136)에서 '[N+-이]]'는 명사나 어근 혹은 의성·의태어에 결합하여 대체로 '-와 같은 성질 또는 특징을 갖는 것(사람, 동물, 사물)'이라는 의미를 갖는 명사를 파생시킨다. '[N+-이]]'에는 행위명사 혹은 추상명사를 파생시키는 일은 없다. '[N+-이]]'에 의해 형성되는 파생어들은 有情名詞(사람이나 동물)인 경우가 가장 많고 그밖에 어떤 사물이나 식물을 지칭하는 명사인 경우가 있다. 따라서 '[N+-이]]'는 '有情名詞化素'라는 명칭이 가능할 것이다.

송철의(2008:130)에서 '[V+-이]]'의 보다 생산적인 측면은 [N+V+-이]]N, [Adj+V+-이]]N와 같은 구성에서 나타난다. 이러한 유형의 단어들은 현대국어에서도 얼마든지 새로이 생성될 수 있다.

	同族目的語	잠, 꿈, 숨, 춤, 걸음, 삶
	비통사적 복합동사	굶주림, 보살핌
	접두사에 의해 형성된 파생동사	되새김, 비웃음
[Adj+-음]	추상명사	간지럼, 게으름, 괴로움, 귀여움(귀염), 그리움, 아픔
	구체명사	거름
[N+V+-음]	주어+자동사	땅울림, 산울림, 보리누름, 사람됨
	목적어+타동사	끝맞음, 낯가림, 눈가림, 마음가짐, 앞가림
	부사어+자동사	눈겨룸, 보쌈, 말다툼, 억지웃음

〈표 4-19〉 '[-기]'의 형태·의미 구조 분류 도표(송철의 2008:157-159)

'[-기]'의 구조분류	의미	예
[V+-기]	동작성, 강한 서술성	달리기, 던지기, 쓰기
[Adj+-기]	동작성, 강한 서술성	크기, 밝기, 굵기
[N+V+-기]	운동명, 놀이명 등 동작성 어근	글짓기, 집짓기, 딱지치기, 널뛰기
	有情名詞	소매치기, 목매기, 젖떼기, 양치기
[Adv+V+-기]		가로쓰기
[[V+-어+V]+-기]		걷어차기, 돌려짓기

〈표 4-20〉 '[-질]'의 형태·의미 구조 분류 도표(송철의 2008:165-170)

'[-질]'의 형태·의미 분류		예
[N+-질]93)	농기구류 명사	가래질, 삽질, 낫질, 써레질, 쟁기질
	공구류 명사	톱질, 망치질, 대패질
	인체의 어떤 부위를 지칭하는 명사	손가락질, 주먹질
	'직업, 신분' 등을 지칭하는 명사	
	좋지 못한 의미를 갖는 명사	동냥질, 노름질, 사냥질

다양한 '[-질]' 명사파생	사물명사	군것질, 담배질, 우물질
	접미사 '-박'이 관여하는 명사	달음박질, 뜀박질, 숨박꼭질
	의태어(어근)+-질	도라질, 딸국질, 부라질, 얼렁질
	동물명+-질	나비질, 꼴뚜기질
	[V+-질]	누비질, 후리질, 꼬느질
[V+접미사 +-질]	[V+-개+-질]	뜨개질, 부침개질(부치개질), 싸개질
	[V+-이+-질]	갉이질, 갈이질, 닦이질
	[V+-음+-질]	갈음질, 감침질, 바꿈질

다음은 신어에서 '-이, -음, -기, -질'에 대한 형태·의미적 분류체계를 보자.

〈표 4-21〉 신어 중에 '[-이]'의 형태·의미 구조 분류 도표

'[-이]'의 구조 분류		예
[V+-이]]		새들이
[Adj+-이]]		찌질이
[N+V+-이]]	-하는 행위 또는 사건	천갈이, 발밀이, 참살이
	-하는 물건, 도구	짚불구이, 문잡이
[V+V+-이]]		튀놀이
[V+-어+V+-이]]		붙어살이
[N+N+V+-이]]		쪽방살이, 골뒤풀이
[N+N+-이]]		예랑이
[N+V+-ㅁ+-이]]		맵시가꿈이, 우승지킴이

〈표 4-22〉 신어 중에 '[-음]'의 형태 구조 분류 도표

'[-음]'의 구조 분류		예
[V+-음]		어우름
[N+V+-음]	주어+자동사	멋울림

---

93) 어근과 파생어는 'X(어근)로 X질(파생어)을 하다'와 같은 구문의 형성이 가능하다.

목적어＋타동사	빛가림
[V+V+-음]	어울모임
[Adv+V+-음]	다모음
[Det+N+V+-음]	한상차림

〈표 4-23〉 신어 중에 '[-기]'의 형태·의미 구조 분류 도표

'[-기]'의 구조분류		예
[V+-기]]		치기
[[V+-아+V]+-기]]		몰아가기
[N+V+-기]]	동작성 어근	알박기, 빗장풀기, 꼬리물기, 사돈보기
	有情名詞	품재기, 껌치기, 빌딩타기

〈표 4-24〉 신어 중에 '[-질]'의 형태 구조 분류 도표

'[-질]'의 구조 분류	예
[N+prep+N+-질]	텐인텐질
[N+-질]	사이질, 고나리질

신어는 기존연구보다 더 다양하고 활발한 결합형태를 보인다. '[-이]]'의 구조 분류에서는 '[V+V+-이]](뛰놀이)', '[V+-어+V+-이]](붙어살이)', '[N+N+V+-이]](쪽방살이, 골뒤풀이)', '[N+N+-이]](예랑이)', '[N+V+-ㅁ+-이]](맵시가꿈이, 우승지킴이)'의 형태는 기존연구에서 못 보인다. '[-음]'의 구조 분류에서는 '[V+V+-음](어울모임)', '[Adv+V+-음](다모음)', '[Det+N+V+-음](한상차림)'의 형태는 기존연구에서 없는 것들이다. '[-질]'의 구조 분류에서는 '[N+prep+N+-질](텐인텐질)'의 결합형태는 신어에서만 있는 것이다.

가. 접미 파생-단순형

신어에서 접미 파생어의 구체적인 분류를 보면 다음과 같다.

1) 고유어+고유어 접미사

① 명사+고유어 접미사

    (1) 비듬쟁이(비듬+-쟁이), 누리꾼(누리+-꾼)

(1)은 '고유어 명사+고유어 접미사'의 구성인데 어근은 모두 자립적인 명사이며, 접미사는 고유어 접미사이다. '비듬쟁이'는 '비듬이 많은 사람을 낮추어 이르는 말'이라는 뜻이며, '-쟁이'는 여기에서 '(일부 명사 뒤에 붙어) 그것이 나타내는 속성을 많이 가진 사람'의 뜻을 더하는 접미사이다. '누리 꾼'은 '사이버 공간에서 활동하는 사람'을 가리키며 '네티즌(netizen)'을 순화 하여 이르는 말이다. '-꾼'은 여기에서 '어떤 일을 습관적으로 하는 사람' 또는 '어떤 일을 즐겨 하는 사람'의 뜻을 더하는 접미사이다.

② 동사+고유어 접미사

    (2) 가. ① 치기(훔치-+-기)
          ② 몰아가기(몰아가-+-기)
      나. 새들이(새들-+-이)
      다. 어우름(어우르-+-ㅁ)
      라. *업둥이(업-+-둥이)

(2)는 '고유어 동사+고유어 접미사'로 구성한 파생명사이다.

(2가)는 'X+-기'의 구조이다. (2가①)은 '[V+-기]'의 구조이고, (2가②)는 '[[V+-아+V]+-기]'의 구조이다. '-기'는 동사 어간이나 형용사 어간과 결합하여 명사를 파생시키는데, 동사 어간과 결합하면 대체로 행위명사나 사건명사가 되고 형용사어간과 결합하면 척도명사가 된다(송철의 2008: 157). '치기'는 '날치기, 소매치기, 치기배, 홈치기'에서 오는 것인데 동사 어간인 '홈치다'는 접미사 '-기'와 결합해서 명사파생어 '치기'를 생성한다. '치기'는 '남의 금품을 잽싸게 훔치는 일'을 의미한다.

(2나)는 'X+-이'의 구조 중에 '[V+-이]'의 유형이다. '-이'는 한국어 명사파생 접미사 가운데 가장 다양한 기능을 보인다. (송철의 2008:129)에서 동사 어간으로부터 명사를 파생시키는 기능을 갖는 '-이'는 가장 대표적이고 생산적인 파생능력을 가지고 있는 것이다. 여기 '새들이'가 바로 동사 어간 '새들다'에 접미사 '-이'를 붙인 이런 예이다. '새들이'는 결혼 정보 회사에 소속되어 서로 어울릴 만한 남녀를 소개하여 결혼할 수 있도록 도와주는 사람. '커플 매니저'의 순화어이다.

(2다)는 'X+-ㅁ'의 구조 중에 '[V+-음]'의 유형이며, '行爲名詞/事件名詞'에 속한다. '-음'는 그 어근의 품사를 바꾸어 주는 기능을 할 뿐 다른 어휘적 의미를 더하지는 않는 것으로 보인다(이익섭·채완 2000:101). '-음'은 '-이'에 비해 생산성이 높을 뿐만 아니라 '-이' 앞에나 다른 접미사들 앞에 개재되는 경우도 많아서 '파생+파생' 만드는 상황도 많은 표현이다(송철의 2008:145-155). '어우름'은 동사 어간 '어우르다'에 '-ㅁ'가 붙여서 명사인 '어우름'이 파생시키는 것이다. 그는 '하이브리드(hybrid)'를 순화하여 이르는 말이다.

(2라)는 'X+-둥이'의 구조이다. '-둥이'는 '(일부 명사 뒤에 붙어) 그러한 성질이 있거나 그와 긴밀한 관련이 있는 사람'의 뜻을 더하는 접미사인데 '업둥이'는 취객을 납치해 돈을 빼앗는 일을 속되게 이르는 말이다.

③ 형용사+고유어 접미사

　　(3) 찌질이(찌질-+-이)

　　(3)은 고유어 형용사어간 '찌질하다'와 접미사 '-이'를 결합하여 파생시키는 'X+-이'의 구조중에 '[Adj+-이]'의 유형이다. 사전에서 '찌질하다'는 '사람의 외모와 됨됨이가 몹시 추접하고 더럽다'를 의미하지만 '찌질이'는 '다른 사람과 잘 어울려 놀지 못하는 아이'를 의미한다. 비슷한 의미로 '찌질러(--er)'는 '그 행동이 못나고 추접스럽다'라는 뜻을 지니는 '찌질하다'의 '찌질'과 '-한 사람'을 뜻하는 영어 접미사 '-er'를 결합해 만든 말이다.

④ 형용사+어미+고유어 접미사

　　(4) 싸난뱅이(사납-+-ㄴ+-뱅이)

　　(4)는 '고유어 형용사+어미+고유어 접미사'의 결합한 'X+-뱅이'의 구조이다. '싸난(싸나+-ㄴ)'은 '사나운(사납-+-ㄴ)'이라는 뜻의 전라도 사투리이다. '-뱅이'는 '그것을 특성으로 가진 사람이나 사물'의 뜻을 더하는 접미사. '싸난뱅이'는 몹시 사나운 사람을 낮잡아 이르는 말이다.

2) 고유어+한자어 접미사

① 명사+한자어 접미사

　　(5) 가. 엄지족(엄지+-族), 골뱅이족(골뱅이+-族), 하루족(하루+-族), 달팽

이족(달팽이+-族)

나. 나무장(나무+-葬) 바다장(바다+-葬), 꽃장(꽃+-葬)

다. 새벽형(새벽+-型), 아침형(아침+-型), 닭살녀(닭살+-女), 개똥녀
(개똥+-女)

라. 무지개주(무지개+-酒), 한배론(한배+-論), 뒤땅성(뒤땅+-性), 외동
아(외동+-兒)

(5)는 '고유어 명사+한자어 접미사'의 결합구조이다.

(5가)는 'X+-족(-族)'의 구조이다. '-족(-族)'은 '그런 특성을 가지는 사람 무리' 또는 '그 무리에 속하는 사람'의 뜻을 더하는 접미사로 단지 이 구조에서도 4회 나타나서 생산성이 아주 높은 접미사에 속한다. '엄지족'은 '엄지손가락족'과 똑같이 슬롯머신으로 도박을 하는 무리. 슬롯머신에 구슬을 넣고 튕겨 올릴 때 엄지손가락을 얼마나 잘 놀리느냐에 따라 승패가 결정되는 데에서 유래한다. 휴대 전화를 이용한 문자 통신이 일반화 되면서 '엄지족'이라는 신어가 등장하며, '요즘 핸드폰 소지율이 높아지면서 주로 문자 메시지를 많이 쓰는 신세대'를 가리키는 말이다.

(5나)는 'X+-장(-葬)'의 구조이다. '-장(-葬)'은 '장례'의 뜻을 더하는 접미사로 3회 나온다. '나무장'은 '화장한 뼛가루를 나무 아래 뿌리는 장례법'을 의미한다.

(5다)에서 'X+-형(-型), X+-녀(-女)'는 모두 2회 나타난다. '-형(-型)'은 '그러한 유형' 또는 '그러한 형식'의 뜻을 더하는 접미사이며, '-녀(-女)'는 '여자'의 뜻을 더하는 접미사이다. '새벽형'은 '새벽에 일찍 일어나서 하루의 일과를 시작하는 사람의 유형'을 의미하며, '닭살녀'는 '다른 사람이 싫어할 만한, 닭살 돋는 행동을 골라서 하는 여자'를 의미한다.

(5라)에서 'X+-주(-酒), X+-론(-論), X+-성(-性), X+-아(-兒)'는 이 구조

에서 모두 한 번만 나타난다. '-주(-酒)'는 '술'의 뜻을 더하는 접미사이고, '-론(-論)'은 '그것에 관한 학문' 또는 '학문 분야'의 뜻이며, '-성(-性)'은 '성질'의 뜻이고, '-아(-兒)'는 ① '어린아이'의 뜻, ② '사나이' 또는 '젊은 남자'의 뜻이다. '무지개주'는 맥주잔에 어느 정도 맥주를 채운 뒤 맥주잔 위에 휴지 한 장을 놓고 양주, 숙취 음료, 이온 음료 따위를 차례대로 따라서 만드는 폭탄주. 이때 맥주잔에서 떨어진 양주, 숙취 음료, 이온 음료 따위가 서로 섞이지 않아 여러 색깔의 층을 이룬다.

② 동사+한자어 접미사

(6) 떨녀(떨-+-女), 덮녀(덮-+-女)

(6)은 '고유어 동사+한자어 접미사'로 결합한 'X+-녀(-女)'[94]의 구조이다. '떨녀'는 '떠는 여자'라는 뜻으로, 인터넷 동영상에서 온몸을 부르르 떠는 춤으로 유명한 여자'를 의미하며, '덮녀'는 '인터넷 유머사이트 따위에서 자신의 게시물을 인기 목록에 올리기 위하여 누리꾼에게 추천을 요구하며 자신의 사진을 올리는 여성'을 의미한다.

③ 형용사+한자어 접미사

(7) 가. 멍족(멍-+-族), 엉큼족(엉큼-+-族),
　　나. 날씬녀(날씬-+-女), 생뚱녀(생뚱-+-女)

(7)은 '고유어 형용사+한자어 접미사'로 구성한다. (7가)는 'X+-족(-族)'[95]

---

94) '-녀(-女)'에 관한 해석은 4.2.2.의 (가-5다)가 참고된다.

의 구조이고 '멍족'은 '멍하니 텔레비전만 쳐다보는 무리. 또는 그런 사람'을 의미한다. (7나)는 'X+-녀(-女)'[96]의 구조이며 '날씬녀'는 '날씬한 여자'를 가리킨다.

④ 어근+한자어 접미사

(8) 찜녀(찜+-女)

(8)은 'X+-녀(-女)'[97]의 구조이며 '찜녀'는 남자에게 자기 여자라고 선택당한 여자를 속되게 이르는 말.

3) 한자어+고유어 접미사

① 명사+고유어 접미사

(9) 가. 평양둥이(平壤+-둥이), 기적둥이(奇跡+-둥이), 금둥이(金+-둥이)

나. 초보꾼(初步+-꾼), 경품꾼(景品+-꾼)

다. 반풍쟁이(半風+-쟁이)

(9)는 '한자어 명사+고유어 접미사'로 구성한다.

(9가)는 'X+-둥이'의 구조이며 3회 출현어이다. '-둥이'는 '그러한 성질이 있거나 그와 긴밀한 관련이 있는 사람'을 뜻하는 명사를 파생시키는 접

---

95) '-족(-族)'에 관한 해석은 4.2.2.의 (가-5가)가 참고된다.
96) '-녀(-女)'에 관한 해석은 4.2.2.의 (가-5다)가 참고된다.
97) '-녀(-女)'에 관한 해석은 4.2.2.의 (가-5다)가 참고된다.

미사이다. '평양둥이'는 '평양에서 태어난 남한 아기'를 의미한다.

(9나)는 'X+-꾼'의 구조이며 2번이 나타난 것이다. '-꾼'은 명사와 결합하여 '어떤 일을 전문적 혹은 습관적으로 하는 사람' 또는 '어떤 일 때문에 모인 사람'을 뜻하는 명사를 파생시키는 접미사이다(이광호 2007:62-63). '초보꾼'은 '초보자(初步者)'를 낮추어 이르는 말이다.

(9다)는 'X+-쟁이'의 구조이며 1번을 나온 것이다. '-쟁이'는 명사와 결합하여 '해당 어근이 나타내는 속성을 많이 가진 사람', '어근과 관련된 일을 잘하는 사람'의 의미를 갖는 명사를 파생시키는 접미사이다(이광호 2007: 65). '반풍쟁이'는 '중풍이 어중간하게 걸려서 정상적인 생활도 못하고 완전히 드러누울 수도 없는 중풍 환자'를 의미한다.

4) 외래어+고유어 접미사

① 명사+고유어 접미사

(10) 가. 캡처꾼(capture+-꾼), 비엔날레꾼(biennale+-꾼)

　　　나. 캠발(camera+-발), 숏발(shoot+-발)

(10)은 '외래어 명사+고유어 접미사'의 구성이다. (10가)는 'X+-꾼'[98]의 구조이며 '캡처꾼'은 '스타들이 무심결에 지은 엉뚱한 표정이나 웃긴 모습을 포착하여 인터넷에 공개하는 일을 즐겨 하는 사람들'을 의미한다. (10나)는 'X+-발'의 구조이며 '-발'은 명사 뒤에 붙어 '기세', 또는 '힘'이나 '효과'의 뜻을 나타나는 접미사이다. '캠발'은 '웹캠, 캠코더 따위로 찍었을 때

---

98) '-꾼'에 관한 해석은 4.2.2.의 (가-1)이 참고된다.

에 나타나는 효과'를 의미한다. '슛발'은 '축구나 농구 경기 따위에서, 골이나 바스켓을 향해 차거나 던진 공이 잇따라 득점이 되는 기세'를 의미한다.

5) 한자어+한자어 접미사

① 명사+한자어 접미사

(11) 가. 국제족(國際+-族), 명품족(名品+-族), 복권족(福券+-族), 영어족(英語+-族), 승엽족(李承燁+-族), 인형족(人形+-族), 효리족(孝利+-族), 자립족(自立+-族), 공시족(公試+-族), 집필족(執筆+-族), 고공족(高空+-族), 주말족(週末+-族)

나. 발기주(勃起+-酒), 사정주(射精+-酒), 혼합주(混合+-酒), 엽기주(獵奇+-酒), 태권도주(跆拳道+-酒), 국민주 (國民+-酒), 화채주(花菜+-酒)

다. ① 탈취기(脫臭+-機), 유즙기(乳汁+-機), 계시기(計時+-機), 탐침기(探針+-機)

② 근사자(勤思+-者), 방외자(方外+-者), 지참자(持參+-者), 국내자(國內+-者)

라. ① 공화체(共和+-體), 영화체(映畵+-體), 삼순체(三順+-體)

② 내조론(內助+-論), 폐기론(廢棄+-論), 중화론(中禍+-論)

③ 공부형(工夫+-型), 근로형(勤勞+-型), 출가형(出家+-型)

④ 애묘인(愛猫+-人), 변성인(變性+-人), 화식인(火食+-人)

마. ① 여성장(女性+-葬), 수림장(樹林+-葬)

② 확인단(確認+-團), 후원단(後援+-團)

③ 설중전(雪中+-戰), 비난전(非難+-戰)

④ 축승회(祝勝＋-會), 공청회(空聽＋-會)

⑤ 선수녀(選手＋-女), 의리녀(義理＋-女)

⑥ 헌화료(獻花＋-料), 미안료(美顔＋-料)

⑦ 전속점(專屬＋-店), 주치점(主治＋-店)

⑧ 삼진사 (三振＋-史), 기억사(記憶＋-史)

⑨ 납회식(納會＋-式), 출영식(出迎＋-式)

⑩ 반수생(半修＋-生), 장수생(長修＋-生)

⑪ 수라관(水剌＋-官), 문장관(紋章＋-官)

⑫ 야식증(夜食＋-症), 금속증(金屬＋-症)

바. 식염정(食鹽＋-錠), 약사난(藥師＋-難), 예빈석(禮賓＋-席), 공시촌 (公試＋-村), 외계어(外界＋-語), 검안사(檢眼＋-士), 대피도(待避＋- 圖), 대파비(大破＋-費), 식후감(食後＋-感), 애묘가(愛猫＋-家), 승리 가(勝利＋-歌), 병화(瓶＋-畵), 명품가(名品＋-街), 비교전(比較＋-展), 용수구(用水＋-口), 일반아(一般＋-兒), 장고파(長考＋-派), 주입소 (注入＋-所), 직능민(職能＋-民), 출연작(出演＋-作), 견사호(犬舍＋- 號), 경고왕(警告＋-王), 과세금(課稅＋-金), 명품상(名品＋-商), 사막 복(沙漠＋-服), 삼분력(三分＋-力), 선행록(善行＋-錄), 소형지(小型 ＋-池), 이양일(移讓＋-日), 증언실(證言＋-室), 착각수(錯覺＋-手), 주전국(主戰＋-國), 탈락지 (脫落＋-地), 신토불이증(身土不二＋-證)

(11가)에 'X＋-족(族)'[99]의 고빈도 유형은 '한자어 명사＋한자어 접미사' 이라는 것을 알 수 있다. '-족(-族)'은 이 구조에서만도 12회 출현하여 매우 생산적인 양상을 보인다. '국제족'은 '코즈모크래츠(cosmocrats)'를 의미하며,

---

99) '-족(-族)'에 관한 해석은 4.2.2.의 (가-5가)가 참고된다.

'명품족'은 '오랜 전통이 있는 고가 브랜드의 상품을 무조건적으로 선호하여 사들이는 무리. 또는 그런 사람'을 의미한다.

(11나)에서 '-주(-酒)'는 7회 나와서 'X+-주(-酒)'[100]의 구조는 '한자어 명사+한자어 접미사'라는 유형에 생산성이 높다고 판단될 수 있다. '국민주'는 '대다수의 국민이 좋아하는 술'을 의미하며, '화채주'는 '양주나 맥주에 여러 가지 과일을 썰어 넣은 술'을 가리킨다.

(11다)에서 '-기(-機), -자(-者)'는 모두 4회 출현하는 접미사이다. (11다①)는 'X+-기(-機)'의 구조이고, '-기(-機)'는 '그런 기능을 하는 기계 장비'의 뜻을 파생시키는 접미사이다. (11다②)는 'X+-자(-者)'의 구조이고, '-자(-者)'는 '사람'의 뜻을 나타나는 접미사이다. '탐침기'는 '무엇이 있는지 또는 상태가 어떤지 알아보려고 찔러 보는 기계'를 의미하고, '근사자'는 '어떠한 업무 처리 방식이 더 효과적인지 생각하면서 일하는 사람'을 가리킨다.

(11라)에서 '-체(-體), -론(-論), -형(-型), -인(-人)'은 각각 3회 출현한다. (11라①)는 'X+-체(-體)'의 구조이고, '-체(-體)'는 '일정한 체계를 가진 조직', '글씨 따위에 나타나는 일정한 방식이나 격식' 또한 '글을 서술·표현하는 방식이나 체재'의 뜻을 표현하는 접미사이다. '공화체'는 '여러 사람이 공동으로 운영하는 조직'을 의미하고, '영화체'는 '영화에서, 일상적인 대화에서 쓰는 말로 된 문체'를 가리키고, '삼순체'는 '드라마의 여주인공 김삼순의 이름을 문장의 끝에 사용한 문체나 말투'를 의미한다. (11라②)는 'X+-론(-論)'[101]의 구조이고, (11라③)는 'X+-형(-型)'의 구조이며, (11라④)는 'X+-인(-人)'의 구조이다.

(11마)에서 '-장(-葬), -단(-團), -전(-戰), -회(-會), -녀(-女), -료(-料), -사(-史), -식(-式), -생(-生), -관(-官), -증(-症), -점(-店)'은 각각 2회 출현어이

---

100) '-주(-酒)'에 관한 해석은 4.2.2.의 (가-5라)가 참고된다.
101) '-론(-論)'에 관한 해석은 4.2.2.의 (가-5라)가 참고된다.

다. (11마①)는 'X+-장(-葬)'의 구조이고, (11마②)는 'X+-단(-團)'의 구조
이며, (11마③)는 'X+-전(-戰)'의 구조이고, (11마④)는 'X+-회(-會)'의 구
조이며, (11마⑤)는 'X+-녀(-女)'[102]의 구조이고, (11마⑥)는 'X+-료(-料)'
의 구조이며, (11마⑦)는 'X+-점(-店)'의 구조이고, (11마⑧)는 'X+-사(-史)'
의 구조이며, (11마⑨)는 'X+-식(-式)'의 구조이고, (11마⑩)는 'X+-생(-生)'
의 구조이며, (11마⑪)는 'X+-관(-官)'의 구조이고, (11마⑫)는 'X+-증(-症)'
의 구조이다.

(11바)는 'X+-정(-錠), X+-난(-難), X+-석(-席), X+-촌(-村)' 등 구조이
고, '-정(-錠), -난(-難), -석(-席), -인(-人)' 등 1회 출현어이다.

② 어근+한자어 접미사

(12) 가. 신선족(新鮮+-族), 면창족(面窓+-族), 시혼족(試婚+-族)

나. 숭김파(崇金+-派), 애미파(愛美+-派)

다. 설하정(舌下+-錠), 횡유식(橫流+-式), 연약지(軟弱+-地), 범성애(汎
性+-愛), 육방부(陸防+-部), *주재원(酒在+-員), 대두증(大頭+-症),
분도론(分道+-論), 회문(回+-文), 소변인(笑辯+-人), 경활률(經活
+-率), 의생자(義生+-者), 쾌변기(快便+-機), 수랭법(水冷+-法),
지행장(支行+-長)

(12)는 '한자어 어근+한자어 접미사'의 구성이다. (12가)는 'X+-족(-族)'[103]
의 구조이며 '-족(-族)'은 3회 출현어, '신선족'은 '새로운 조선족'이라는 뜻
으로 중국에서 오래 산 주재원이나 가족을 이르는 말. 이렇게 보니 'X+족

---

102) '-녀(-女)'에 관한 해석은 4.2.2.의 (가-5다)가 참고된다.
103) '-족(-族)'에 관한 해석은 4.2.2.의 (가-5가)가 참고된다.

(族)'은 매우 광범위한 명사 및 한자어 어근을 어근으로 취하여 신어 형성에 아주 활발하게 참여하고 있다. (12나)는 'X+-파(-派)'의 구조이며 '-파(-派)' 는 2회 출현어, '-파(-派)'는 명사와 결합하여 '어떤 생각이나 행동의 특성을 가진 사람'의 뜻을 표현하는 접미사이다. '숭김파'는 '북한 체제를 떠받치는 이들'을 이르는 말. 그리고 (12다)의 'X+-정(-錠), X+-식(-式), X+-지(-地), X+-문(文), X+-원(-員)…' 등은 1회 출현어이다. '-문(文)'은 '글'의 뜻을 의미하는 접미사이며, '회문'은 '바로 읽으나 거꾸로 읽으나 뜻이 같은 문장'을 뜻한다. '-원(-員)'은 '그 일에 종사하는 사람'의 뜻을 나타나는 접미사이고, '주재원'은 '고국에서 방문하는 사람을 접대하느라 술을 자주 먹게 되는 주재원(駐在員)을 비유적으로 표현하는 말이다.

6) 외래어+한자어 접미사

① 명사+한자어 접미사

(13) 가. 가제트족(gadget+-族), 리플족(reply+-族), 캠핑족(camping+-族), 트렁크족(trunk+-族), 기펜족(Giffen+-族), 나이트쿠스족(nightcus+-族), 노매드족(nomad+-族), 더피족(duppie+-族), 멀티족(multi+-族), 베지밀족(Vegemil+-族), 베타족(beta+-族), 스키피족(skippie+-族), 웰빙족(well-bing+-族), 뷔페족(buffet+-族), 힐리스족(Heelys+-族), 파카족(parka+-族), 패러글라이딩족(paragliding+-族), 허브족(hub+-族), 노노 스족(nonos+-族), 슈트케이스족(suitcase+-族), 웰루킹족(well- looking+-族), 웰피트족(well-fit+-族), 지피족(zippie+-族), 초피족(choppie+-族), 체인지족(change+-族), 모자이크족(mosaic+-族), 스노족(snow+-族), 에스컬레이터족(escalator+-族), 리필족(refill+-族),

싱커족(thinker＋-族), 셀피족(selfie＋-族), 킨포크족(kinfolk＋-族), 캔들족(candle＋-族), 배터리족(battery＋-族), 할리족(Harley＋-族)

나. 도미노주(domino＋-酒), 에너자이저주(energizer＋-酒), 다이아몬드주(diamond＋-酒), 도미너주(domino＋-酒), 비아그라주(Viagra＋-酒), 클릭주(click＋-酒), 타이태닉주(Titanic＋-酒), 콘돔주(condom＋-酒), 짬뽕주(ちゃんぽん＋-酒)

다. ① 스포츠화(sports＋-靴), 퓨전화(fusion＋-靴)

② 갤러리촌(gallery＋-村), 컨테이너촌(container＋-村)

③ 패치용(patch＋-用), 워킹용(walking＋-用)

라. 리허설파(rehearsal＋-派), 랙크식(rack＋-式), 훌리건화(hooligan＋-化), 히딩크학(Hiddink＋-學), 겜광(game＋-狂), 카드권(card＋-權), 스포츠권(sports＋-圈), 게임론(game＋-論)

(13가)에 '-족(-族)'은 35회를 출현하는 것을 보면 'X＋-족(族)'[104]은 '외래어 명사＋한자어 접미사' 이 유형에서 월등한 생산성을 보이는 것을 쉽게 알 수 있다. 요즘 외래어 사용이 늘면서 외래어에 '-족(-族)'과 많이 결합한다. '할리족'은 '무게가 300킬로그램이 넘는 오토바이인 할리 데이비슨(Harley Davidson)을 즐겨 타는 무리. 또는 그런 사람'을 의미한다.

(13나)에 '-주(-酒)'는 9회를 출현하여 'X＋-주(酒)'[105]는 생산적인 접미사임을 보이고 특히 이 유형에서 높은 빈도를 나타난 편이다. '도미노주'는 '폭탄주의 하나이다. 맥주를 가득 채운 맥주잔을 일렬로 세우고 그 사이의 위마다 양주를 가득 채운 양주잔을 올려놓은 후 첫 번째 양주잔을 살짝 밀면 그 잔이 맥주잔 안으로 떨어지자마자 나머지 잔들도 차례대로 맥주잔

---

104) '-족(-族)'에 관한 해석은 4.2.2.의 (가-5가)가 참고된다.
105) '-주(-酒)'에 관한 해석은 4.2.2.의 (가-5라)가 참고된다.

안으로 떨어지게 된 술'을 가리킨다.

(13다)에 '-화(-靴), -촌(-村), -용(-用)'은 2회 나타난 접미사이다. (13다①)는 'X+-화(-靴)'의 구조이고 '-화(-靴)'는 명사와 결합하여 '신발'의 의미를 가진 명사를 파생시키는 접미사이다. '스포츠화'는 '운동을 할 때 신는 신발'을 뜻한다. (13다②)는 'X+-촌(-村)'의 구조이며, (13다③) 'X+-용(-用)'의 구조이다.

(13라)에 '-파(-派), -식(-式), -화(-化), -학(-學), -광(-狂), -권(-權), -권(-圈), -론(-論)'은 1회만 출현한 접미사이다. '-화(-化)'는 명사에 결합하여 '그렇게 만들거나 됨'의 뜻을 나타나는 접미사이다. '훌리건화'는 '경기장에서 폭력을 행사하는 광적인 축구 관중이 됨. 또는 그렇게 되게 함'을 뜻한다.

② 동사+한자어 접미사

(14) 카피품(copy+-品), 해킹국(hacking+-國), 다운시프트족(downshift+-族), 드라이브감(drive+-感)

(14)에 'X+-품(-品), X+-국(-國), X+-족(-族),[106] X+-감(-感)'의 구조는 '외래어 동사+한자어 접미사'의 유형에 속한다. '해킹국'은 '국내외의 컴퓨터 시스템에 침입하여 장난이나 범죄를 저지르는 사람이 많은 나라'를 의미한다.

③ 형용사+한자어 접미사

(15) 가. 오컬트족(occult+-族), 키덜트족(kidult+-族), 아날로그족(analogue+-族)

---

106) '-족(-族)'에 관한 해석은 4.2.2.의 (가-5가)가 참고된다.

나. 섹시녀(sexy+-女), 퀵주(quick+-酒), 콤팩트판(compact+-版), 소셜
력(social+-力)

(15가)에 'X+-족(-族)'[107]은 '외래어 형용사+한자어 접미사'의 이 유형
에서만도 3회 나온다. '오컬트족'은 '점, 사주, 운 따위만 믿고 노력은 전혀
하지 않는 무리. 또는 그런 사람'을 가리킨다. (15나)에 'X+-녀(-女), X+-
주(-酒), X+-판(-版), X+-력(-力)'은 모두 1회만 나타난다. '-력(-力)'은 명
사에 결합하여 '능력' 또는 '힘'의 뜻을 표현하는 접미사이다. '소셜력'은
'누리 소통망 서비스(SNS)에 올라온 각종 정보를 통해 미래를 예측하고 이
에 대응하는 능력'을 뜻한다.

나. 접미 파생-'합성+파생'형

'합성+파생'형은 일반적으로 '([X+X]+-접미사)'식으로 조어하는 것이다.

1) 고유어+고유어+고유어 접미사

① 명사+동사+고유어 접미사

(1) 가. ① 천갈이(천+갈-+-이), 발밀이(발+밀-+-이), 참살이(참+살-+-
이), 낚시걸이(낚시+걸-+-이)
② 짚불구이(짚불+굽-+-이)
나. ① 알박기(알+박-+-기), 빗장풀기(빗장+풀-+-기), 꼬리물기(꼬리

---

107) '-족(-族)'에 관한 해석은 4.2.2.의 (가-5가)가 참고된다.

+물-+-기)108)

② 품재기(품+재-+-기)

다. ① 멋울림(멋+울리-+-ㅁ)

② 빛가림(빛+가리-+-ㅁ)

(1)은 '고유어 명사+고유어 동사+고유어 접미사'의 구성이다.

(1가)는 '[N+V+-이]]'의 구조이다. (1가①)은 '-하는 행위 또는 사건'을 의미하며, (1가②)에 '짚불구이'는 '짚불에 고기나 생선 따위를 구워 즉석에서 먹는 일. 또는 그 음식.'의 뜻이기 때문에 '-하는 행위 또는 사건'을 의미할 뿐만 아니라 '-하는 물건, 도구'도 의미한다. 접미사 '-이'는 주로 명사나 어근, 또는 의성·의태어에 결합하거나 동사나 형용사 어간에 붙어 행위명사, 유정명사, 사물명사 등을 파생시키는 기능을 한다(송철의 2008:129-136, 이익섭 2000:103). '천갈이'는 명사 '천'과 동사 '갈다'를 결합하여 합성한 다음에 접미사 '-이'를 붙여서 명사 파생어가 된다. '소파의 골격만 남겨 놓고 천을 뜯어내서 새것으로 바꾸는 일'을 뜻한다.

(1나)는 명사와 동사를 결합한 후에 접미사 '-기'와 결합하여 행위명사나 사건명사를 파생시키는 '[N+V+-기]]'의 구조로 된 예들이다. (1나①)는 '동작성 어근'를 가지는 파생명사이며, (1나②)는 '-기'에 의해 파생된 '有情

---

108) '꼬리물기, 빗장풀기'는 자립어근과 의존어근을 결합한 예이다. (노명희 2006:33)에서 '꼬리물기, 빗장풀기'와 같은 예는 직접성분분석을 [[꼬리물-]+-기], [[빗장풀-]+-기] 와 같이 할 수 있으며, [꼬리+물기], [빗장+풀기]와 같이 하는 방법도 있다. 전자와 같이 분석하면 파생어가 되고, 후자와 같이 분석하면 합성어(compound)에 속하는 것으로 본다. 의미구조상으로는 전자와 같이 분석이 가능하다고 하여도 새로운 단어의 생성과정을 고려할 때 후자로 분석하는 것이 타당할듯하다. 즉 '물기, 풀기'가 어휘부에 존재하고 이를 결합하여 썼을 가능성이 많기 때문이다. '빗장풀기'에서 '풀기'는 완전한 명사로는 잘 쓰이지 않지만 명사형에 속하는 것으로 여기에 포함시켜 다루었다".

名詞'이다. '빗장풀기'는 명사 '빗장'에 동사 '풀다'를 붙인 다음에 접미사 '-기'와 결합한 것이다. '코드프리(codefree)'의 순화어이다. '-기' 명사파생은 아직 그렇게 생산적이지 않지만 최근 들어 점차 생산력을 높아져 있는 것이다.

(1다)는 명사와 동사를 결합한 후에 접미사 '-음'과 결합하여 명사를 파생시키는 '[N+V+-음]'의 구조로 된 예들이다. (1다①)에 '멋울림'은 '주어+자동사'의 구조이고, '멋울림'은 명사 '멋'과 동사 '울리다'를 합성한 후에 접미사 '-음'과 결합한 것이다. '컬러링(color ring)'의 순화어이다. (1다②)에 '빛가림'은 '목적어+타동사'의 구조이다.

② 동사+동사+고유어 접미사

(2) 가. ① 붙어살이(붙-+-어+살-+-이)
　　　② 튀놀이(튀-+놀-+-이)
　　나. 어울모임(어울-+모이-+-ㅁ)

(2)는 '고유어 동사+고유어 동사+고유어 접미사'의 구성이다. (2가①)에 '붙어살이'는 '[V+-어+V+-이]'의 구조이며, '남의 힘에 기대어 살아가는 일'을 의미한다. (2가②)에 '튀놀이'는 '[V+V+-이]'의 구조이다. (2나)에 '어울모임'은 '[V+V+-음]'의 구조이고, '교례회'의 순화어로 '어떤 단체나 조직의 구성원들이 특정한 날이나 일을 계기로 서로 만나서 인사를 나누고 덕담을 주고받는 모임이나 행사'를 가리킨다.

③ 부사+동사+고유어 접미사

(3) 다모음(다+모으-+-ㅁ)

(3)은 '고유어 부사+고유어 동사+고유어 접미사'의 구성이다. '다모음'
은 '[Adv+V+-음]'의 구조로 '풀 세트'의 순화어로 '관련 있는 물건을 하나
로 묶어 놓은 것'을 의미한다.

2) 고유어+고유어+한자어 접미사

① 명사+명사+한자어 접미사

    (4) 가. 김치도시락족(김치+도시락+-族), 새벽닭족(새벽+닭+-族), 밤도깨

          비족(밤+도깨비+-族), 말짱족(말+짱+-族)

       나. 매미눈깔주(매미+눈깔+-酒)

(4)에 생산성이 높은 접미사 '-족(-族)'[109]과 '-주(-酒)'[110]는 '합성+파생'
에서도 나타난다. (4가)에 '김치도시락족'은 '식당의 김치를 먹지 않기 위해
김치를 싸 갖고 다니는 이들'을 가리킨다. (4나)에 '매미눈깔주'는 '백포도
주와 양주를 섞어 만든 술'을 의미한다.

② 관형사+명사+한자어 접미사

    (5) 한벌주(한+벌+-酒)

(5)에 '한벌주'[111]는 '의류업에 종사하는 사람들이 마시는 폭탄주'를 의

---

109) '-족(-族)'에 관한 해석은 4.2.2.의 (가-5가)가 참고된다.
110) '-주(-酒)'에 관한 해석은 4.2.2.의 (가-5라)가 참고된다.
111) '-주(-酒)'에 관한 해석은 4.2.2.의 (가-5라)가 참고된다.

미한다.

③ 동사+동사+한자어 접미사

(6) 가. 부먹파(붓-+먹-+-派), 찍먹파(찍-+먹-+-派)
    나. 먹튀족(먹-+튀-+-族)

(6가)는 동사 '붓다'와 '먹다'를 합성한 다음에 접미사 '-파(-派)'[112]와 결합하는 것이다. '부먹파'는 '탕수육을 먹을 때에 튀긴 소고기나 돼지고기 위에 소스를 부어 먹는 사람의 집단'을 뜻한다. (6나)에 '먹튀족'[113]은 '자신의 실리만 챙기고 다른 일에 대해서는 책임을 회피하는 무리. 또는 그런 사람'을 의미하고 일종의 '먹고 튀자'는 것에 비유한 말이다.

3) 고유어+ㅅ+고유어+한자어 접미사

① 명사+ㅅ+명사+한자어 접미사

(7) 반딧불족(반디+ㅅ+불+-族)

(7)은 그 사이에 사이시옷이 개재되어 생성해진 '합성+파생'형 파생명사이다. '반딧불족'[114]은 집 안에서 마음대로 담배를 피우지 못하고 아파트 베란다로 쫓겨 나와 담배를 피우는 남편의 무리를 비유적으로 이르는 말이다.

---

112) '-파(-派)'에 관한 해석은 4.2.2.의 (가-12나)가 참고된다.
113) '-족(-族)'에 관한 해석은 4.2.2.의 (가-5가)가 참고된다.
114) '-족(-族)'에 관한 해석은 4.2.2.의 (가-5가)가 참고된다.

4) 고유어+한자어+한자어 접미사

① 명사+명사+한자어 접미사

(8) 가. 몸보신족(몸+補身＋-族), 알봉족(알+封＋-族)
　　 나. 물총주(물+銃＋-酒)

(8가)에 '-족(-族)'과 (8나)에 '-주(-酒)'[115]는 다 고빈도 접미사로 신어 형
성에서 아주 생산적임을 보인다. (8가)에 '몸보신족'은 '보신을 위하여 야생
동물까지 가리지 않고 먹는 사람들'을 가리킨다.

5) 고유어+한자어+고유어 접미사

① 부사+명사+고유어 접미사

(9) 몰래제보꾼(몰래+提報＋-꾼)

(9)에서 접미사 '-꾼'은 '어떤 일을 전문적 하는 사람'을 뜻하고(이광호
2007:62), '몰래제보꾼'은 '파파라치(paparazzi)'의 순화어로 '다른 사람이 불법
을 저지른 것을 제보하여 보상금을 타 내는 사람'을 의미한다.

---

115) '-족(-族)'에 관한 해석은 4.2.2.의 (가-5가)가 참고된다. '-주(-酒)'에 관한 해석은
　　 4.2.2.의 (가-5라)가 참고된다.

6) 고유어+한자어+고유어+고유어 접미사

① 명사+명사+동사+고유어 접미사

(10) 쪽방살이(쪽+房+살-+-이)

(10)에 '쪽방살이'는 '[N+N+V+-이]]'의 구조이며, '쪽방에서 사는 살림살이'를 가리킨다.

② 관형사+명사+동사+고유어 접미사

(11) 한상차림(한+床+차리-+-ㅁ)

(11)에 '한상차림'은 '[Det+N+V+-음]'의 구조이며 '모든 음식을 한 상에 담아내는 일. 또는 그렇게 담아 낸 음식상'을 의미한다.

7) 한자어+고유어+한자어 접미사

① 명사+명사+한자어 접미사

(12) 가. 독수리족(禿+수리+-族), 문어발족(文魚+발+-族)
　　　나. ① 금테주(金+테+-酒)
　　　　　② 삼계탕(蔘+계+-湯)

(12)는 '한자어 명사+고유어 명사+한자어 접미사'의 구성이다. (12가)에

'독수리족'은 '견본 주택을 찾아 경품이나 상품만 타 가는 무리. 또는 그런 사람'을 뜻한다. (12나①)에 '금테주'[116)는 '맥주잔에 어느 정도 맥주를 채운 뒤 맥주잔 위에 휴지 한 장을 놓고 양주를 따라 마시는 폭탄주'를 뜻한다. 이때 맥주잔에서 떨어진 양주가 맥주와 섞이지 않아 노란 테를 두른 것처럼 보인다.

2 명사+동사+한자어 접미사

(13) 사돈보기(査頓+보-+-기)

(13)는 '한자어 명사+고유어 동사+한자어 접미사'의 구성으로, '사돈보기'는 '[N+V+-기]]'의 구조로 '동작성 어근'와 결합하여 '혼인할 배우자의 집안사람을 만나 보는 일'을 뜻한다.

8) 한자어+고유어+고유어 접미사

1 명사+명사+고유어 접미사

(14) 영화헤살꾼(映畵+헤살+-꾼),[117) 금손님(金+손+-님)

(14)에 접미사 '-님'은 '높임'의 뜻을 표현하는 접미사이다. '금손님'은 손재주가 뛰어난 사람을 높여 쓰는 신어이다.

---

116) '-주(-酒)'에 관한 해석은 4.2.2.의 (가-5라)가 참고된다.
117) '-꾼'에 관한 해석은 4.2.2.의 (가-1)이 참고된다.

② 명사+동사+고유어 접미사

    (15) 가. 쌍끌이(雙+끌-+-이), 가족살이(家族+살-+-이)
         나. 문잡이(門+잡-+-이)

(15)는 '[N+V+-이]]'의 구조이다. (15가)는 대체로 '-하는 행위 또는 사건'을 의미하고, '쌍끌이'는 두 주체가 함께 어떤 분야나 상황을 주도하는 것을 비유적으로 쓰는 신어이다. (15나)는 '-하는 물건, 도구'를 의미한다.

9) 외래어+고유어+고유어 접미사

① 명사+동사+고유어 접미사

    (16) 껌치기(gum+치-+-기), 빌딩타기(Building+타-+-기)

(16)은 '[N+V+-기]]'의 구조이며 모두 '동작성'을 지닌 '有情名詞'이다. '껌치기'는 '머리에 껌을 붙이거나 커피를 쏟아 주위를 산만하게 한 다음 소지품을 빼내는 일. 또는 그런 사람'을 가리키고, '빌딩타기'는 영업자들의 은어로, 무조건 대형 빌딩에 들어가 구매나 가입을 권유하는 것을 비유적으로 사용하는 신어이다.

10) 외래어+고유어+고유어+고유어 접미사

① 명사+명사+동사+고유어 접미사

    (17) 골뒤풀이(goal+뒤+풀-+-이)

(17)에 '골뒤풀이'는 '[N+N+V+-이]'의 구조이며 '골세리머니(goal ceremony)'를 의미한다.

11) 외래어+외래어+외래어+고유어 접미사

① 명사+개사+명사+고유어 접미사

(18) 텐인텐질(ten+in+ten+-질)

(18)은 '[N+prep+N+-질]'의 구조이다. 접미사 '-질'은 명사나 어근을 어근으로 하여 행위명사를 파생시키며 현대국어에서도 생산성이 매우 높은 접미사이다(송철의 2008:165). 그러나 신어에서 접미사 '-질'의 생산성은 그렇게 높지 않게 보인다. '텐인텐질'은 '10년 안에 10억 원을 모으려고 노력하는 일'을 낮추어 이르는 말이다.

12) 한자어+한자어+한자어 접미사

① 명사+명사+한자어 접미사

(19) 가. ① 정거장족(停車+場+-族), 문화부족(文化+部+-族), 점심시간족(點心+時間+-族)

② 삼색주(三+色+-酒), 삼층탑주(三+層+塔+-酒), 중성자탄주(中性+子彈+-酒)

나. 청소년증(靑+少年+-證), 시야장애석(視野+障碍+-席), 집사변호사(執事+辯護+-士), 녹차만능론(綠茶+萬能+-論), 반신욕법(半身+浴

+-法), 반신욕용(半身+浴+-用), 임종봉사자((臨終+奉仕+-者)

(19가)에 고빈도 접미사인 '[X+X+-족(-族)]'과 '[X+X+-주(-酒)]'[118]는 각각 3회 출현한다. '점심시간족'은 '점심시간을 이용하여 운동, 문화생활, 공부 따위를 하는 사람들'을 가리키며, '삼색주'는 '양주를 가득 채운 양주잔을 맥주잔에 넣고 맥주를 어느 정도 채운 뒤 포도주를 따라서 만드는 폭탄주'를 의미하고 이때 포도주가 양주잔과 거품 사이로 들어가 티(T)자 모양을 이룬다. (19나)에 '[X+X+-證], [X+X+-論], [X+X+-法], [X+X+-者]'[119] 등 각각 1회만 출현하는 것이다. '청소년증'은 '청소년임을 나타내는 증명서'를 뜻하고 '집사변호사'는 힘 있는 정치인이나 돈이 많은 부자의 자질구레한 심부름을 해 주는 변호사를 비유적으로 이르는 말이다.

② 어근+명사+한자어 접미사

(20) 진지병자(眞摯-+病+-者)

(20)에 '진지병자'[120]는 '어떤 일을 가볍게 넘기지 못하고 진지하게 생각하고 받아들이는 사람'을 의미한다.

---

118) '-족(-族)'에 관한 해석은 4.2.2.의 (가-5가)가 참고된다. '-주(-酒)'에 관한 해석은 4.2.2.의 (가-5라)가 참고된다.
119) '-론(-論)'에 관한 해석은 4.2.2.의 (가-5라)가 참고된다. '-자(-者)'에 관한 해석은 4.2.2.의 (가-11다①)가 참고된다.
120) '-자(-者)'에 관한 해석은 4.2.2.의 (가-11다①)가 참고된다.

13) 외래어+외래어+한자어 접미사

① 명사+명사+한자어 접미사

(21) 가. 모바일오피스족(mobile+office+-族), 원샷족(one+shot+-族), 월드
컵족(World+Cup+-族), 인라인스케이트족(in-line+skate+-族), 잡
노매드족(job+nomad+-族), 더블라이프족(double+life+-族), 디지
털스쿨족(digital+school+-族), 바나나보트족 (banana+boat+-族),
카이트보드족 (kite+board+-族), 토이카메라족(toy+camera+-族),
투폰족(two+phone+-族), 오디족(O+D+-族)
나. 월드컵주(World+Cup+-酒)

(21)에 고빈도 접미사인 '-족(-族)'과 '-주(-酒)'[121]는 어근의 기원에 상관
없이 자유롭게 결합하지만 최근에 외래어 사용이 늘어가면서 외래어와 더
많이 결합한 것이다. (21가)에 '모바일오피스족'은 '개인 휴대 정보 단말기나
노트북 컴퓨터로 언제 어디서나 회사 네트워크에 접속하여 필요한 정보를
주고받으면서 일하는 무리. 또는 그런 사람'을 의미한다. (21나)에 '월드컵
주'는 '맥주잔에 젓가락 두 개를 걸치고 그 위에 양주잔을 놓은 뒤 '충성'을
외치며 발로 젓가락을 차서 양주잔을 떨어뜨려 만드는 폭탄주'를 가리킨다.

② 부사+형용사+한자어 접미사

(22) 콘트라섹슈얼족(contra+sexual+-族)

---

121) '-족(-族)'에 관한 해석은 4.2.2.의 (가-5가)가 참고된다. '-주(-酒)'에 관한 해석은
4.2.2.의 (가-5라)가 참고된다.

(22)에 '콘트라섹슈얼족'[122]은 '기존의 성 역할에 얽매이지 않고 가정보다는 사회적 성공과 출세에 더 관심을 가지는 여성들'을 뜻한다.

③ 형용사+명사+한자어 접미사

(23) 뉴맨족(new+man+-族)

④ 동사+동사+한자어 접미사

(24) 린백족(lean+back+-族)

14) 외래어+한자어+한자어 접미사

① 명사+명사+한자어 접미사

(25) 티자주(T+字+-酒), 셀프작명소(self+作名+-所), 갓수족(god+手+-族)

② 명사+어근+한자어 접미사

(26) 카폭족(car+暴+-族)

(26)에 '카폭족'은 '폭주족(暴走族)이나 폭카족(暴car族)과 달리 심야에 아주 천천히 차를 몰아 다른 차량의 운전을 방해하는 무리. 또는 그런 사람. 본래

---

122) '-족(-族)'에 관한 해석은 4.2.2.의 (가-5가)가 참고된다.

'폭카족(暴car族)'과 같은 의미로 쓰였으나 최근에는 두 가지가 구분되어 쓰이고 있다.'

③ 형용사+명사+한자어 접미사

(27) 슈퍼전파자(super+傳播+-者)

(27)에 '슈퍼전파자'[123]는 '혼자서 여러 사람에게 전염병을 퍼뜨리는 사람'을 뜻한다.

15) 한자어+외래어+한자어 접미사

① 명사+명사+한자어 접미사

(28) 가. 녹차카페족(綠茶+café+-族), 중고폰족(中古+phone+-族)
　　　나. 시테크형(時+tech+-型)

(28가)에 '녹차카페족'[124]은 '녹차를 전문으로 파는 카페를 즐겨 가는 이들'을 의미하며, (28나)에 '시테크형'[125]은 '시간 활용의 효율성을 꾀할 수 있는 유형'을 뜻한다.

---

123) '-자(-者)'에 관한 해석은 4.2.2.의 (가-11다①)가 참고된다.
124) '-족(-族)'에 관한 해석은 4.2.2.의 (가-5가)가 참고된다.
125) '-형(-型)'에 관한 해석은 4.2.2.의 (가-11라③)이 참고된다.

16) 고유어+외래어+한자어 접미사

① 명사+명사+한자어 접미사

(29) 펌플족(펌＋reply＋-族)

(29)에 '펌'은 '퍼 옴'의 줄인 말로 '다른 데서 글이나 자료를 그대로 가져옴'
이라는 인터넷 신어이다. '펌플족'[126]은 '인터넷상에서, 다른 사람의 글이나
자료를 그대로 가져와서 댓글을 올리는 무리. 또는 그런 사람'을 의미한다.

② 동사+명사+한자어 접미사

(30) 부비댄스족(부비-＋dance＋-族)

③ 명사+형용사+한자어 접미사

(31) 펌킨족(펌＋KIN＋-族)

다. 접미 파생-'혼성+파생'형

1) 고유어+고유어+한자어 접미사

① 명사+명사+한자어 접미사

(1) 혼밥족(혼자＋밥＋-族)

---

126) '-족(-族)'에 관한 해석은 4.2.2.의 (가-5가)가 참고된다.

(1)에 '혼밥족'[127]은 '([혼자+밥]+-族)'의 결합 순서로 '혼자'의 첫 앞부분과 '밥'이 결합한 후에 접미사 '-族'을 붙인 예로서 '혼성+파생'형에 속한다. '혼밥족'은 '(주로 대학에서) 혼자 밥을 먹는 사람들'을 지칭해서 부르는 말이다.

2) 고유어+한자어+한자어 접미사

① 명사+ㅅ+명사+한자어 접미사

(2) 뒷구정동([뒤+ㅅ+狎鷗亭]+-洞)

(2)에 '뒷구정동'은 로데오거리가 형성된, 압구정동 이외의 지역을 '압구정동(狎鷗亭洞)'에 상대하여 이르는 말이다.

② 동사+명사+한자어 접미사

(3) 찍퇴자(찍-+退職+-者)

3) 고유어+외래어+한자어 접미사

① 명사+명사+한자어 접미사

(4) 밥터디족(밥+study+-族)

---

127) '-족(-族)'에 관한 해석은 4.2.2.의 (가-5가)가 참고된다.

② 동사+명사+한자어 접미사

    (5) 맛디스곡(맛서-+disrespect+-曲)

4) 한자어+고유어+한자어 접미사

① 명사+명사+한자어 접미사

    (6) 낙바생(駱駝+바늘구멍+-生)

(6)에 '낙바생'[128]은 '낙타가 바늘구멍을 통과하는 것처럼 아주 어려운 취업에 성공한 사람'을 비유적으로 쓰는 말.

② 명사+동사+한자어 접미사

    (7) 왕따족(王+따+-族)

(7)에 '왕따'는 '왕+따돌리다'에 온 혼성어이며, '왕따족'[129]은 '한 집단의 모든 사람에게 따돌림을 받는 무리. 또는 그런 사람'을 뜻한다.

5) 한자어+한자어+고유어 접미사

① 명사+명사+고유어 접미사

    (8) 예랑이(豫備+新郞+-이)

---

128) 'X+-생(-生)'에 관한 해석은 4.2.2.의 (가-11마⑩)이 참고된다.
129) '-족(-族)'에 관한 해석은 4.2.2.의 (가-5가)가 참고된다.

(8)에 '예랑'은 '예비+신랑'에서 온 전형적인 'AB+CD→AD'형 신어이고 '[N+N+-이]'의 구조이다. 여기서 접미사 '-이'는 사람 이름에 붙는 명사 파생 접미사이다. '-이'는 자음으로 끝나는 모든 인면명사에다가 붙는 접미사이다, (허웅 1975:38-40)에서는 이 '-이'를 '문법적으로나 어휘적으로 아무런 뜻이 없고, 오직 소리를 고르기 위해서 들어가는 것'으로 보았다. (송철의 2008:138-139)에서 '인명에 붙는 '-이'가 별다른 의미기능을 갖지 못하지만 인명도 넓게 보면 有情名詞의 범주에 들 수 있으므로 결국 '-이'는 유정명사를 파생시키는 접미사라고 할 수 있겠다고 생각한다.' '예랑이'는 예비 신부가 예비 신랑을 사랑스럽게 부르는 말이다.

6) 한자어+한자어+한자어 접미사

① 명사+명사+한자어 접미사

(9) 방폐장(放射性+廢棄物+-場)

7) 한자어+외래어+한자어 접미사

① 명사+명사+한자어 접미사

(10) 차깡족(車+わりかん[割り勘]/バリカン[Bariquand]+-族), 혼테크족(婚 tech[結婚+technology]+-族), 직테크족(職+technology+-族)

8) 외래어+한자어+고유어 접미사

① 명사+명사+고유어 접미사

(11) 셀기꾼(selfcamera+詐欺+-꾼)[130]

9) 외래어+한자어+한자어 접미사

① 명사+명사+한자어 접미사

(12) 박탄주(Bacchus+爆彈+-酒)

② 형용사+명사+한자어 접미사

(13) 영퇴족(young+退職-+-族)

10) 외래어+외래어+한자어 접미사

① 명사+명사+한자어 접미사

(14) 숍캉스족(shopping+vacance+-族), 모잉족(moeng[mobile+English]+-族),
코보스족(Kobos[Korean+Bobos]+-族), 폰카족(phoneca[phone+camera]+-
族), 패러싱글족(parasingle[parasite+single]+-族), 솔캠족(solo+camping+-

---

130) '-꾼'에 관한 해석은 4.2.2.의 (가-1)이 참고된다.

族), 나핑족(night+camping+-族), 런피스족(running+one-piece+-族),
모루밍족(mobile+showrooming+-族), 워런치족(walking+lunch+-族),
캠프닉족(camping+picnic+-族), 커캠족(couple+camping+-族)

혼성어중에 외래어의 비율이 아주 높고 외래어 명사와 접미사 '-族'의
결합도 높은 빈도로 나타난다. (14)는 그런 예들이다. '숍캉스족'은 '피서를
위해 백화점이나 대형 할인마트에서 쇼핑을 즐기는 무리. 또는 그런 사람'
을 의미한다.

② 형용사+명사+한자어 접미사

(15) 프리터족(free+Arbeiter+-族), 매스티지족(masstige[mass+prestige]+-族)

③ 형용사+명사+형용사+명사+한자어 접미사

(16) 딘스족(DINS[Double+Income+No+Sex]+-族),
오팔족(OPAL[Old+People+with+Active+Life]+-族)

④ 동사+명사+한자어 접미사

(17) 바이어트녀(bicycle+diet+-女)

⑤ 개사+명사+한자어 접미사

(18) 포비족(for+baby+-族)

(18)에 '포비족'은 '자신의 아이를 위해서 아낌없이 투자하는 사람. 또는 그런 무리'를 가리킨다.

11) 한자어+한자어·고유어+한자어 접미사

① 명사+명사+한자어 접미사

　　(19) 중박족(中規模＋大박＋-族)

(19)에 '중박족'은 '적당한 정도의 위험을 감수하면서 중규모의 수익을 올리려는 투자자. 또는 그런 무리'를 의미한다.

라. 접미 파생-'두음절어 형성+파생'형

1) 고유어+외래어+한자어 접미사

① 부사+명사+한자어 접미사

　　(1) 몰카족(몰래＋camera＋-族)

(1)에 '몰카족'은 우선 '몰래 카메라'의 첫 단어의 첫음절을 각각 취하여 '몰카'를 만든 후에 접미사 '-族'과 결합하여 만든 신어이다. '몰카족'은 '다른 사람의 행동이나 모습을 몰래카메라로 촬영하는 무리. 또는 그런 사람'을 의미한다.

2) 고유어+외래어+고유어+고유어+한자어 접미사

① 명사+명사+명사+동사+한자어 접미사

(2) 내디내만식(내가+design해서+내가+만든다+-式)

(2)에 '내디내만'은 '내가 다자인해서 내가 만든다.'와 같이 모든 어절의
첫음절을 따서 만드는 것이다. 그 다음에 접미사 '-式'을 붙여서 만든 것이
며, '내가 디자인해서 내가 만든다는 방식'을 의미한다.

3) 한자어+고유어+고유어+한자어 접미사

① 부사+명사+동사+한자어 접미사

(3) 금사빠녀(今方+사랑에+빠지는+-女)

(3)에 '금사빠녀'도 두음절어 '금사빠'와 접미사 '-녀'를 결합해서 만든
것이다.

4) 한자어+한자어 · 외래어+한자어 접미사

① 명사+명사+한자어 접미사

(4) 소원주(燒酒+原豆coffee+-酒)

5) 한자어+한자어+한자어 접미사

① 명사+명사+한자어 접미사

(5) 중기인(中小＋企業＋-人)

6) 외래어+외래어+한자어 접미사

① 명사+명사+한자어 접미사

(6) 셀카족(self+camera+-族), 아라족(avatar+life+-族), 디카족(digital+camera+-族)

② 형용사+동사+개사+명사+한자어 접미사

(7) 듀크족(DEWK[Dual+Employed+With+Kids]+-族)

(7)에 '듀크족'은 '아이를 낳아 키우며 맞벌이를 하는 부부들'을 의미한다.

③ 부사+명사+부사+명사+한자어 접미사

(8) 니트족(NEET[Not+in+Employment, Education+or+Trainning]+-族)

(8)에 '니트족'은 '학생도 아니고 직장인도 아니면서 그렇다고 직업 훈련을 받지도 구직 활동을 하지도 않는 무리. 또는 그런 사람'을 의미한다.

마. 접미 파생-'절단+파생'형

1) 고유어+한자어 접미사

① 명사+한자어 접미사

(1) 딸녀(딸기를+든+-女), 치기단(소매치기+-團)

(1)에 '딸녀'는 먼저 '딸기를 든다'의 뒤 형태를 잘라내고 첫음절인 '딸'만 취하여 절단어를 만든 후에 접미사 '-女'와 결합하여 '딸기를 든 여자'의 줄여 이르는 말로 '인터넷상에서 크게 인기를 끈 사진 속의 여자'를 가리킨 다. '치기단'은 먼저 '소매치기'의 앞부분을 잘라내고 절단어 '치기'를 이룬 후에 '-團'과 결합한다. '치기단'은 '소매치기단'의 뜻이고 '남의 몸이나 가 방을 슬쩍 뒤져 금품을 훔치는 사람들로 이루어진 조직'을 가리킨다.

2) 고유어+한자어+한자어 접미사

① 명사+명사+한자어 접미사

(2) 잎채류(잎+菜蔬+-類)

(2)에 '잎채류'는 '잎채소류(-菜蔬類)'이다.

3) 한자어 · 고유어+한자어 접미사

① 명사+한자어 접미사

(3) 꽁족(空짜+-族)

4) 외래어+고유어 접미사

① 명사+고유어 접미사

(4) 사이질(cyworld+-질)

(4)는 '[N+-질]'의 구조이다.

② 형용사+고유어 접미사

(5) 어그로꾼(aggressive+-꾼)

5) 외래어+한자어 접미사

① 명사+한자어 접미사

(6) 뽕주(ちゃんぽん{짬뽕}+-酒), 아파트장(apartment+-場),
스펙족(specification+-族)

② 대명사+한자어 접미사

(7) 썸설(something+-說)

(7)에 '썸설'은 '실제로 사귀지는 않지만 서로 호감을 갖고 있는 사이라고 떠드는 소문'을 말한다.

바. 접미 파생-'절단+합성+파생'형

1) 한자어+외래어+한자어 접미사

① 명사+명사+한자어 접미사

(1) 악플족(惡pl[惡+reply]+-族)

(1)에 '악플족'은 먼저 '리플라이(reply)'의 앞과 뒷부분을 잘라낸 후 중간 부분 '플'만 취하여 '악(惡)'과 합성한 후에 접미사 '-族'과 결합하는 것이다. '다른 사람이 올린 글에 대하여 비방하거나 험담하는 내용의 댓글을 즐겨 올리는 무리. 또는 그런 사람'을 의미한다.

사. 접미 파생-'파생+파생'형

'파생+파생'형은 접미사가 두 번 붙여서 파생과정이 두 번 일어나는 예 들이다.

1) 고유어+고유어+고유어 접미사+고유어 접미사

① 명사+동사+고유어 접미사+고유어 접미사

    (1) 맵시가꿈이(맵시+가꾸-+-ㅁ+-이)

    (1)에 '맵시가꿈이'는 '[N+V+-ㅁ+-이]'의 구조이고, '스타일리스트'의 순화어로 '옷을 입거나 실내를 꾸미는 일에 대해 조언하거나 지도하는 사람'을 의미한다.

2) 고유어+고유어 접미사+한자어 접미사

① 동사+고유어 접미사+한자어 접미사

    (2) 씌움수(씌우-+-ㅁ+-手), 박치기주(박치-+-기+-酒), 그림족(그리-+
        -ㅁ+-族)

② 부사+고유어 접미사+한자어 접미사

    (3) 모둠전(모두+-ㅁ+-展)

    (3)에 '모둠전'은 '여러 물품이나 작품을 한데 모아 여는 전시회'를 가리킨다.

3) 고유어+고유어+고유어 접미사+한자어 접미사

① 명사+동사+고유어 접미사+한자어 접미사

    (4) 봄맞이족(봄+맞-+-이+-族)

(4)에 '봄맞이족'은 '봄을 맞는 무리. 또는 그런 사람'을 의미한다.

4) 한자어+고유어+고유어 접미사+고유어 접미사

① 명사+동사+고유어 접미사+고유어 접미사

    (5) 우승지킴이(優勝+지키-+-ㅁ+-이)

(5)에 '우승지킴이'는 '[N+V+-ㅁ+-이]]'의 구조이고, '디펜딩 챔피언'의
순화어로 '전년도 또는 지난 대회의 우승자나 우승 단체'를 의미한다.

5) 한자어+고유어+고유어 접미사+한자어 접미사

① 명사+동사+고유어 접미사+한자어 접미사

    (6) 쌍끌이주(雙+끌-+-이+-酒)

(6)에 '쌍끌이주'는 '두 사람이 동시에 마시는 폭탄주'를 가리킨다.

6) 한자어+고유어+고유어 접미사+한자어+한자어+한자어 접미사

① 명사+동사+고유어 접미사+명사+명사+한자어 접미사

(7) 수도지키기투쟁위원회(首都+지키-+-기+鬪爭+委員+-會)

(7)에 '수도지키기투쟁위원회'는 '수도 이전 반대 운동을 벌이는 모임'을
뜻한다.

7) 한자어+한자어 접미사+한자어 접미사

① 명사+한자어 접미사+한자어 접미사

(8) 가. 청계천족(淸溪+-川+-族), 등산로족(登山+-路+-族)
    나. 장애인증(障碍+-人+-證), 탈모광증(脫毛+-狂+-症), 공동체촌(共同
        +-體+-村)

(8가)에 두 번째 접미사가 '-族'인 경우 나온 예들이다. '청계천족'은 '청
계천 복원 후 청계천 근처에서 식사와 데이트, 산책 등을 즐기는 이들'을
가리킨다. (8나)에 접미사는 각각 한 번만 나타나서 만든 예들이다. '장애인
증'은 '장애인임을 나타내는 증명서'를 의미한다.

8) 외래어+고유어 접미사+한자어 접미사

① 명사+고유어 접미사+한자어 접미사

    (9) 껌딱지녀(gum+-딱지+-女)

(9)에 '껌딱지녀'는 '다른 사람에게 들러붙어 한시도 떨어지지 않는 여자' 를 의미한다.

9) 외래어+한자어 접미사+한자어 접미사

① 형용사+한자어 접미사+한자어 접미사

    (10) 영품족(young+-品+-族)

(10)에 '영품족'은 '20~30대의 젊은 명품족'을 의미한다.

10) 한자어 · 고유어+고유어 접미사+한자어 접미사

① 동사+고유어 접미사+한자어 접미사

    (11) 파도타기주(波濤타-+-기+-酒)

(11)에 '파도타기주'는 '여러 사람이 파도타기를 하듯이 차례대로 돌아가 면서 마시는 폭탄주'를 의미한다.

위 예를 살펴보면 접미사들 중에 '-ㅁ'가 중간에 붙는 경우 가장 많은 것을 알 수 있고, 다른 고유어 접미사 중에 '-이' 앞에 개재되는 경우 상대적으로 많으며, 한자어 접미사 앞에도 흔히 볼 수 있는 것을 알 수 있다. 또한 두 번째 접미사 중에 '-족(-族)'의 생산성은 아주 높은 것을 보인다. 역시 어느 유형에서든 '-족(-族)'의 생산성은 항상 높은 것이다.

아. 접미 파생-'첩어형성+파생'형

한국어 신어에서 '첩어형성+파생'형의 예문이 없다.

자. 접미 파생-'축약+파생'형

1) 한자어+한자어 접미사

① 명사+한자어 접미사

    (1) 퐁족(抱擁+-族), 셩장(水泳+-場)

(1)에 '퐁족'은 우선 '포옹'을 '퐁'으로 축약한 다음에 접미사 '-族'을 붙인 예이다. '2002년 한일 월드컵에서 한국 대표 팀의 축구 경기를 보다가 한국 대표 팀이 득점을 하면 옆 사람을 기습적으로 껴안는 무리. 또는 그런 사람'을 의미한다.

차. 접미 파생-'기타+파생'형

1) 한자어+고유어 접미사

(1) 고나리질(管理+-질)

(1)은 '한자어 명사+고유어 접미사'의 '[N+-질]'의 예로, 우선 '관리'를 '고나리'로 확대한 다음에 접미사 '-질'을 붙인 것이다. '-질'은 명사나 어 근을 어근으로 하여 행위명사를 파생시키는 접미사이다. 보통 'X(어근)로 X 질(파생어)을 하다'와 같은 형식이다(송철의 2008:165-166). '고나리질'은 '관 리질'을 변형한 말로, 사람을 통제하고 지휘하며 감독하는 것.

2) 고유어+한자어+한자어 접미사

(2) 아르피족(RP[알뜰+避暑]+-族)

(2)는 '고유어 명사+한자어 명사+한자어 접미사'의 예이다.

3) 외래어+외래어+한자어 접미사

(3) 더블엘족(doubleL[Leports+Luxury]+-族)

(4) 비투비족(B2B[Back+TO+Bedroom]+-族)

(5) 슬로비족(slobbie[slower+but+better+working]+-族)

(3)은 '외래어 명사+외래어 명사+한자어 접미사'의 예이다. (4)는 '외래

어 동사+외래어 개사+외래어 명사+한자어 접미사'의 예로, '비투비족'은 '부모를 떠났다가 나이가 들어 부모 곁으로 돌아오는 무리. 또는 그런 사람' 을 의미한다. (5)는 '외래어 형용사+외래어 접속사+외래어 부사+외래어 형용사+한자어 접미사'의 구성으로, '슬로비족'은 '느리지만 더 열심히 일할 뿐만 아니라 인생을 즐기면서 사는 무리. 또는 그런 사람'을 의미한다.

지금 접미 파생어의 유형을 다 살펴봤는데 이들의 구조 분석을 도표로 보이면 다음과 같다.

〈표 4-25〉 한국어-접미 파생어의 구조 분석 도표

한국어-접미 파생어의 구조 분석 도표					
분류			단어 수	비율(%)	예
'단순'형	고유어 +고유어 접미사	① 명사+고유어 접미사	2	0.51	비듬쟁이, 누리꾼
		② 동사+고유어 접미사	5	1.28	*업둥이, 치기…
		③ 형용사+고유어 접미사	1	0.26	찌질이
		④ 형용사+어미+고유어 접미사	1	0.26	싸난뱅이
	고유어 +한자어 접미사	① 명사+한자어 접미사	15	3.83	엄지족, 골뱅이족…
		② 동사+한자어 접미사	2	0.51	떨녀, 덮녀
		③ 형용사+한자어 접미사	4	1.02	멍족, 엉큼족…
		④ 어근+한자어 접미사	1	0.26	찜녀
	한자어 +고유어 접미사	① 명사+고유어 접미사	6	1.53	보꾼, 경품꾼…
	외래어 +고유어 접미사	① 명사+고유어 접미사	4	1.02	캡처꾼, 비엔날레꾼 …

	한자어 +한자어 접미사	① 명사+한자어 접미사	97	24.74	국제족, 명품족…
		② 어근+한자어 접미사	20	5.1	신선족, 면창족…
	외래어 +한자어 접미사	① 명사+한자어 접미사	58	14.8	가제트족, 리플족…
		② 동사+한자어 접미사	4	1.02	카피품, 해킹국…
		③ 형용사+한자어 접미사	7	1.79	오컬트족, 키덜트족…
'합성+ 파생'형	고유어 +고유어 +고유어 접미사	① 명사+동사+고유어 접미사	11	2.81	천갈이, 발밑이…
		② 동사+동사+고유어 접미사	3	0.77	붙어살이, 뛰놀이…
		③ 부사+동사+고유어 접미사	1	0.26	다모음
	고유어 +고유어 +한자어 접미사	① 명사+명사+한자어 접미사	5	1.28	김치 도시락족, 새벽닭족…
		② 관형사+명사+한자어 접미사	1	0.26	한벌주
		③ 동사+동사+한자어 접미사	3	0.77	부먹파, 먹튀족…
	고유어+ㅅ +고유어 +한자어 접미사	① 명사+ㅅ+명사+ 한자어 접미사	1	0.26	반딧불족
	고유어+한자어+ 한자어 접미사	① 명사+명사+한자어 접미사	3	0.77	몸보신족, 알봉족…
	고유어+한자어+ 고유어 접미사	① 부사+명사+고유어 접미사	1	0.26	몰래제보꾼
	고유어+한자어+ 고유어+고유어 접미사	① 명사+명사+동사+ 고유어 접미사	1	0.26	쪽방살이
		② 관형사+명사+동사+ 고유어 접미사	1	0.26	한상차림

			개수	백분율	예시
한자어+고유어+ 한자어 접미사	① 명사+명사+한자어 접미사		4	1.02	독수리족, 문어발족…
	② 명사+동사+한자어 접미사		1	0.26	사돈보기
한자어+고유어+ 고유어 접미사	① 명사+명사+고유어 접미사		2	0.51	영화혜살꾼, 금손님
	② 명사+동사+고유어 접미사		3	0.77	쌍끌이, 가족살이…
외래어+고유어+ 고유어 접미사	① 명사+동사+고유어 접미사		2	0.51	껌치기, 빌딩타기
외래어+고유어+ 고유어+고유어 접미사	① 명사+명사+동사+ 고유어 접미사		1	0.26	골뒤풀이
외래어+외래어+ 외래어+고유어 접미사	① 명사+개사+명사+ 고유어 접미사		1	0.26	텐인텐질
한자어+한자어+ 한자어 접미사	① 명사+명사+한자어 접미사		13	3.32	정거장족, 문화부족…
	② 어근+명사+한자어 접미사		1	0.26	진지병자
외래어+외래어+ 한자어 접미사	① 명사+명사+한자어 접미사		13	3.32	모바일오피 스족, 원샷족…
	② 부사+형용사+한자어 접미사		1	0.26	콘트라섹슈 얼족
	③ 형용사+명사+한자어 접미사		1	0.26	뉴맨족
	④ 동사+동사+한자어 접미사		1	0.26	린백족
외래어+한자어+ 한자어 접미사	① 명사+명사+한자어 접미사		3	0.77	티자주, 셀프작명소, 갓수족…
	② 명사+어근+한자어 접미사		1	0.26	카폭족

			빈도	%	예
		③ 형용사+명사+한자어 접미사	1	0.26	슈퍼전파자
	한자어+외래어+한자어 접미사	① 명사+명사+한자어 접미사	3	0.77	녹차카페족, 중고폰족…
		① 명사+명사+한자어 접미사	1	0.26	펌플족
	고유어+외래어+한자어 접미사	② 동사+명사+한자어 접미사	1	0.26	부비댄스족
		③ 명사+형용사+한자어 접미사	1	0.26	펌킨족
'혼성+파생'형	고유어+고유어+한자어 접미사	① 명사+명사+한자어 접미사	1	0.26	혼밥족
	고유어+한자어+한자어 접미사	① 명사+ㅅ+명사+한자어 접미사	1	0.26	뒷구정동
		② 동사+명사+한자어 접미사	1	0.26	찍퇴자
	고유어+외래어+한자어 접미사	① 명사+명사+한자어 접미사	1	0.26	밥터디족
		② 동사+명사+한자어 접미사	1	0.26	맛디스곡
	한자어+고유어+한자어 접미사	① 명사+명사+한자어 접미사	1	0.26	낙바생
		② 명사+동사+한자어 접미사	1	0.26	왕따족
	한자어+한자어+고유어 접미사	① 명사+명사+고유어 접미사	1	0.26	예랑이
	한자어+한자어+한자어 접미사	① 명사+명사+한자어 접미사	1	0.26	방폐장
	한자어+외래어+한자어 접미사	① 명사+명사+한자어 접미사	3	0.77	차깡족, 혼테크족…
	외래어+한자어+고유어 접미사	① 명사+명사+고유어 접미사	1	0.26	셀기꾼
	외래어+한자어+한자어 접미사	① 명사+명사+한자어 접미사	1	0.26	박탄주

		② 형용사+명사+한자어 접미사	1	0.26	영퇴족
	외래어+외래어 +한자어 접미사	① 명사+명사+한자어 접미사	12	3.06	숍캉스족, 폰카족…
		② 형용사+명사+한자어 접미사	2	0.51	프리터족, 매스티지족
		③ 형용사+명사+형용사 +명사+한자어 접미사	2	0.51	딘스족, 오팔족
		④ 동사+명사+한자어 접미사	1	0.26	바이어트녀
		⑤ 개사+명사+한자어 접미사	1	0.26	포비족
	한자어+ 한자어·고유어 +한자어 접미사	① 명사+명사+한자어 접미사	1	0.26	중박족
'두음절어 형성+ 파생'형	고유어+외래어+ 한자어 접미사	① 부사+명사+한자어 접미사	1	0.26	몰카족
	고유어+외래어+ 고유어+고유어+ 한자어 접미사	① 명사+명사+명사+ 동사+한자어 접미사	1	0.26	내디내만식
	한자어+고유어 +고유어 +한자어 접미사	① 부사+명사+동사+ 한자어 접미사	1	0.26	금사빠녀
	한자어+ 한자어·외래어 +한자어 접미사	① 명사+명사+한자어 접미사	1	0.26	소원주
	한자어+한자어 +한자어 접미사	① 명사+명사+한자어 접미사	1	0.26	중기인
	외래어+외래어 +한자어 접미사	① 명사+명사+한자어 접미사	3	0.77	디카족, 셀카족…
		② 형용사+동사+개사+ 명사+한자어 접미사	1	0.26	듀크족
		③ 부사+명사+부사+ 명사+한자어 접미사	1	0.26	니트족

'절단+ 파생'형	고유어 +한자어 접미사	① 명사+한자어 접미사	2	0.51	딸녀, 치기단
	고유어+한자어 +한자어 접미사	① 명사+명사+한자어 접미사	1	0.26	잎채류
	한자어·고유어 +한자어 접미사	① 명사+한자어 접미사	1	0.26	꽁족
	외래어 +고유어 접미사	① 명사+고유어 접미사	1	0.26	사이질
		② 형용사+고유어 접미사	1	0.26	어그로꾼
'절단+ 합성+ 파생'형	외래어 +한자어 접미사	① 명사+한자어 접미사	3	0.77	뽕주, 아파트장…
		② 대명사+한자어 접미사	1	0.26	썸설
	한자어+외래어 +한자어 접미사	① 명사+명사+한자어 접미사	1	0.26	악플족
'파생+ 파생'형	고유어 명사 +고유어 동사 +고유어 접미사 +고유어 접미사	① 명사+동사+고유어 접미사+고유어 접미사	1	0.26	맵시가꿈이
	고유어 +고유어 접미사 +한자어 접미사	① 동사+고유어 접미사+ 한자어 접미사	3	0.77	씌움수…
		② 부사+고유어 접미사+ 한자어 접미사	1	0.26	모둠전
	고유어+고유어 +고유어 접미사 +한자어 접미사	① 명사+동사+고유어 접미사+한자어 접미사	1	0.26	봄맞이족
	한자어+고유어 +고유어 접미사 +고유어 접미사	① 명사+동사+고유어 접미사+고유어 접미사	1	0.26	우승지킴이
	한자어+고유어 +고유어 접미사 +한자어 접미사	① 명사+동사+고유어 접미사+한자어 접미사	1	0.26	쌍끌이주
	한자어+고유어 +고유어 접미사 +한자어+한자어	① 명사+동사+고유어 접미사+명사+명사+ 한자어 접미사	1	0.26	수도지키기 투쟁위원회

	+한자어 접미사				
	한자어 +한자어 접미사 +한자어 접미사	① 명사+한자어 접미사+ 한자어 접미사	5	1.28	청계천족, 등산로족…
	외래어 +고유어 접미사 +한자어 접미사	① 명사+고유어 접미사+ 한자어 접미사	1	0.26	껌딱지녀
	외래어 +한자어 접미사 +한자어 접미사	① 형용사+한자어 접미사 +한자어 접미사	1	0.26	영품족
	한자어·고유어 +고유어 접미사 +한자어 접미사	① 동사+고유어 접미사+ 한자어 접미사	1	0.26	파도타기주
'첩어 형성+ 파생'형	/	/	/		/
'축약+ 파생'형	한자어 +한자어 접미사	① 명사+한자어 접미사	2	0.51	풍족, 성장
'기타+ 파생'형	한자어+고유어 접미사		1	0.26	고나리질
	고유어+한자어+한자어 접미사		1	0.26	아르피족
	외래어+외래어+한자어 접미사		3	0.77	더블엘족, 비투비족…
계			392	100	

[중국어]

가. 접미 파생-단순형

① 명사+접미사

(1) 骨性(骨+-性)

(1)은 '[1음절N+-性]'의 주조이다.

나. 접미 파생-'합성+파생'형

① 명사+명사+접미사

  (1) 가. ① 課托儿(課+托+-儿)

        ② 江南范儿(江南+范+-儿)

     나. 女漢子(女+漢+-子)

(1)은 '[N+N+-儿]'의 구조이다. (1가①)은 '[2음절N+-儿]'의 구조이며 (1가②)는 '[3음N+-儿]'의 구조이다. (1나)는 '[2음절N+-子]'의 구조이며 '女漢子'는 '남자같은 성격을 가진 보이 쉬한 여성'을 지칭하는 신어.

② 동사+명사+명사+접미사

  (2) 超電器化(超+電+器+-化)

(2)는 '[3음절N+-化]'의 구조이다.

③ 형용사+수사+접미사

  (3) 新四化(新+四+-化)

다. 접미 파생-'혼성+파생'형

① 동사+형용사+접미사

(1) 招优生(招收＋优秀＋-生)

(1)에 '招优生'은 '중국 고입 입시 전형의 일종인 招优를 통해 입학한 학생'을 의미한다.

중국어에서는 고유어 접미사와 흔히 결합하는 어근은 1음절 어근나 2음절 어근다. 중국어에서 고유어 접미사는 1음절 어근과 많이 결합한다. 중국어의 고유어 접미사의 어근은 주로 1음절이나 2음절인 것을 취하고 다음절 어근을 잘 취하지 않는다. 즉, 접미사 앞에 1음절인 어근을 놓아 2음절인 어휘를 만들거나 2음절 어휘에 접미사를 붙어 3음절인 어휘를 만든다(왕염 2011:36). 그러나 신어에서 결합하는 어근은 더 다양하고 불규칙적으로 보인다.

〈표 4-26〉 중국어-접미 파생어의 구조 분석 도표

분류		단어 수	비율(%)	예
단순형	① 명사＋접미사	1	14.285	骨性
'합성＋파생'형	**① 명사＋명사＋접미사**	**3**	**42.86**	課托儿, 江南范儿, 女漢子
	② 동사＋명사＋명사＋접미사	1	14.285	超電器化
	③ 형용사＋수사＋접미사	1	14.285	新四化
'혼성＋파생'형	① 동사＋형용사＋접미사	1	14.285	招优生
계		7	100	

중국어에서 파생어는 별로 없는데 기존 논의 보니까 접사와 준접사[131]의 차이점에 관한 논의가 있다.[132] '준접사의 개념, 특징' 및 '접사, 준접사, 어

---

131) 呂叔湘(1979:48-49)에서 중국어 준접사(類詞綴)의 개념은 '어의(語義)상에서 아직 완전히 虛化(허화)되지 않고 가끔 어근의 형태로 나타나는 것'라고 한다. 준접사는 어의상에서 虛化(허화)의 추세가 있을 뿐만 아니라 조어 위치가 상대적으로 고정되고 생산성이 높고 품사도 밝힐 수 있어야 한다. 또한, 접사의 생산성에 대해 언급하였다. 어떤 접사는 생산성이 있어서 신어를 만들 수 있다. 예를 들어, '第-(제-)'는 어떤 수사 앞에도 붙일 수 있고, '-者(-자), -們(-들), -性(-성), -化(-화)' 등 모두 자유롭게 신어를 만들 수 있다. 반면에, '初-(초-), 老-(노-), -子(-자), -然(-연)' 등 생산성이 없어서 신어를 만들 수 없다.
    陳光磊(1994:23)에서는 '준접사는 접사와 비슷한 형태소이지만 접사만큼 허화(虛化) 정도가 크지는 않고 어근만큼 실제적 의미를 갖지는 않은 반실반허의 상태이며 단어 결합시 결합면이 상당히 넓은 형태소'라고 한다.
    張斌(2002:173-179)은 이러한 특징 외에 '준접사는 위치가 기본적으로 고정되고 의미가 추상화되 었으며 어음이 변하지 않는 접사로 준접사는 어근이 접사로 변해가는 중간적 상태에 있다'고 언급하였다.
    尹海良(2007:66)에서 준접사인지 판단할 때 '어의허화(語義虛化), 어의점착(語義粘附, Semantic adhesion), 혼자의 높은 조합력(單向高搭配)과 조어 위치를 확정되기'의 기준에 따라 종합적인 판단을 진행해야 한다. 이 네 가지 조건을 모두 부합하는 형태소는 중국어 준접사로 인정할 수 있다.
132) 馬慶株(2002)에서 접사와 준접사의 차이점을 총괄하였고, 박흥수·김영희(2010:42)에서 접사, 준접사, 어근의 공통점과 차이점을 종합하여 비교하였다.

접사와 준접사의 차이점(馬慶株 2002)	
접사	준접사
의미는 虛化(허화)된 것	의미는 실제적이고 추상적인 것
허사(虛辭) 형태소가 되거나 절대로 형태소가 되지 못함.	형태소가 되지 못함.
어음에서 특징이 있다. 단음절의 단어는 거의 다 경음화(輕音化)가 되고, 2음절과 3음절의 단어는 성조 상의 특징이. 다음절 접미사의 단어(單字)로서의 성조는 접미사로서의 성조와 자주 다를 수 있다.	단음절 것만 있고, 경성으로 발음한 것이 아주 적다.

접사, 준접사, 어근의 공통점과 차이점(박흥수·김영희 2010:42)			
	접사	준접사	어근
의미의 허화	초강	중	무
위치의 고정성	초강	강	무

근의 공통점과 차이점'에 관한 학자들의 의견을 살펴본 후에 '준접사'는 '어의가 부분적으로 허화되고 조어 위치가 상대적으로 고정적이며 품사를 표시하는 기능이 있고 단어 이상의 단위인 구에도 결합되는 높은 조어력을 가져서 접사와 유사하는 것'이라고 생각한다.

〈표 4-27〉 학자들은 제시한 준접사 개수 통계 도표

출처	용어	예	개수
呂叔湘 (1979:48-49)	類前綴 (준접두사)	可-(가-), 好-(호-), 難-(난), 准-(준-), 類-(류-), 亞-(아-), 次-(차-), 超-(초-), 半-(반-), 單-(단-), 多-(다-), 不-(불-), 无-(무-), 非-(비-), 反-(반-), 自-(자-), 前-(전-), 代-(대-)	18
	類后綴 (준접미사)	員(-원), -家(-가), -人(-인), -民(-민), -界(-계), -物(-물), -品(-품), -具(-구), -件(-건), -子(-자), -种(-종), -類(-류), -別(-별), -度(-도), -率(-율), -法(-법), -學(-학), -体(-체), -質(-질), -力(-력), -气(-기), -性(-성), -化(-화)	23
劉月華 (2004:41-45)	類前綴 (준접두사)	半-(반-), 次-(차-), 亞-(아-), 准-(준-), 類-(류-), 非-(비-), 僞-(위-), 反-(반-), 全-(전-), 多-(다-), 超-(초-), 大-(대-), 單-(단-)	13
	類后綴 (준접미사)	-員(-원), -長(-장), -士(-사), -家(-가), -師(-사), -生(-생), -工(-공), -匠(-장), -手(-수), -星(-성), -友(-우), -迷(-팬(fan)), -漢(-한), -界(-계), -隊(-대), -族(-족), -佬(-뜨기), -鬼(-귀), -棍(-곤), -主義(-주의), -學(-학), -論(-논), -气(-기), -風(-풍), -性(-성),	43

품사성 표시기능	강	중	무
결합의 단방향성	강	강	무
구와의 결합능력	무	강	초강
신조어 생성능력	약	강	초강

尹海良 (2007:67-68)	類前綴 (준접두사)	-度(-도), -率(-율), -型(-형), -形(-형), -式(-식), -廳(-청), -行(-행), -厂(-창), -場(-장), -站(-참), -具(-구), -器(-기), -件(-건), -机(-기), -儀(-의), -品(-품), -則(-칙), -法1(-법), -法2(-법), -法3(-법)	
	類前綴 (준접두사)	准-(준-), 類-(류-), 非-(비-), 超-(초-), 可-(가-), 僞-(위-), 亞-(아-), 泛-(범-), 前-(전-), 后-(후-), 單-(단-), 多-(다-), 零-(영-), 軟-(연-), 分-(분-), 子2-(자-)	16
	類后綴 (준접미사)	-性(-성), -化(-화), -家(-가), -者(-자), -率(-율), -度(-도), -學(-학), -員(-원), -界(-계), -師(-사), -觀(-관), -論(-논), -熱(-열), -生(-생), -式(-식), -手(-수), -型(-형), -夫(-부), -棍(-곤), -鬼(-귀), -漢(-한), -迷(-팬(fan)), -壇(-단), -別(-별), -星(-성), -族(-족), -霸(-패), -長(-장), -徒(-도), -門(-문), -盲(-맹), -面(-면), -頭2(-두), -子3(-자)	34
沈光浩 (2011:111-112)[133]	類前綴 (준접두사)	非-(비-), 准-(준-), 軟-(연-), 零-(영-), 多-(다-), 超-(초-) 硬-(경-), 亞-(아-), 泛-(범-), 次-(차-)	10
	類后綴 (준접미사)	-員(-원), -民(-민), -師(-사), -者(-자), -手(-수), -虫(-충), -迷(-팬(fan)), -哥(-형), -姐(-언니), -奴(-노), -爺(-야), -嫂(-수), -客(-객), -星(-성), -盲(-맹), -友(-우), -熱(-열), -霸(-패), -城(-성), -風(-풍), -門(-문), -族(-족), -壇(-단), -家(-가), -戶(-호), -界(-계), -式(-식), -型(-형), -党(-당), -版(-판), -妹(-매), -吧(-바(bar))	32
박흥수·진윤영 (2015:6)	준접두사	超-(초-), 多-(다-), 反-(반-), 非-(비-), 高-(고-), 軟-(연-), 微-(미-)	7
	준접미사	-風(-풍), -鬼(-귀), -界(-계), -客(-객), -熱(-열), -秀(-쇼(show)), -員(-원), -族(-족), -者(-자)	9

---

133) 沈光浩(2011:111-112)에서 접사는 虛化(허화)의 수준이 같지 않아서 등급도 다르다. 그 중에 'a류>b류>c류', 그들은 모두 '접사-어근'이 '연속체(continuum)'에 처하고

이 책에서 '준접사'에 대해 관심을 가질 뿐만 아니라 '준접사' 중에 '신어로서의 준접사'에 더 주목을 한다. 왜냐하면 현대 중국어에는 '신어에 나타난 준접사' 때문에 접사화 경향이 있고, '신어에 나타난 준접사'는 기존의 논의와 조금 차이를 보이기 때문이다. 한국어도 신어로 나타난 '준접사'의 특징이 있어서 중국어와 비교 연구하겠다. 위 도표에서 준접두사보다 준접미사의 수가 더 많은 것이 보여서 준접미사의 생산성이 더욱 강한 것을 알게 된다. 학술 논저 중에 나타나는 준접사의 통계를 통해 현대 중국어 '준접사'를 선정한 범위와 수량에 대해 학자들은 아직은 일치된 의견을 달성하지 못한 것을 발견한다.

접사는 '위치의 고정성, 의미의 허화, 형태소의 허실(虛實)정도,[134) 범주화 기능(類化作用)'[135)의 특징을 가진다. 그러나 준접사의 양상은 접사의 구체적인 양상과 다르다. 본 논문에서 준접사로 인정하는 기준은 '의미허화, 위치

있다. 준접사는 동태적이고 가변적인 체계이며 아래와 같은 형태소는 현대중국어에서 생산성을 가지는 준접사이라고 생각한다.

a류:

非-(비-), 准-(준-)

b류:

軟-(연-), 零-(영-), 多-(다-), 超-(초-)

-員(-원), -民(-민), -師(-사), -者(-자), -手(-수), -虫(-충), -迷(-팬(fan)), -哥(-형), -姐(-언니), -奴(-노), -爺(-야), -嫂(-수), -客(-객), -星(-성), -盲(-맹), -友(-우), -熱(-열), -霸(-패), -城(-성), -風(-풍), -門(-문), -族(-족), -壇(-단), -家(-가), -戶(-호), -界(-계), -式(-식), -型(-형)

c류:

硬-(경-), 亞-(아-), 泛-(범-), 次-(차-)

-党(-당), -版(-판), -妹(-매), -吧(-바(bar))

134) '접두사는 앞에 접미사는 뒤에 고정적으로 위치함으로 '詞綴'의 '綴'는 점착성을 나타낸다. 또한 접사는 어근일 때의 의미를 상실하고 접두사 혹은 접미사로 사용될 때 이는 허(虛)형태소가 되기 때문에 형태소의 허실(虛實)정도를 판단하여 접사를 규정해야 한다'(郭良夫:1983).

135) 범주화 기능(類化作用)은 품사를 표시하는 기능이다.

의 고정성, 품사성 표시기능, 결합의 단방향성(單向高搭配性),[136] 구와의 결합 능력, 지속적인 생산성과 의미의 독자성'이라는 여섯 가지 기준으로 준접사를 판단하겠다.

이 책에서의 신어를 보면 합성어 중에 높은 빈도로 나타나는 명사가 있다. 『2006년 한어 신어』~『2013년 한어 신어』에서 합성어 중에 앞에 높은 빈도로 나타나는 명사를 빈도 수 높은 것부터 정리하면 다음 표와 같다.

〈표 4-28〉『2006년 한어 신어』~『2013년 한어 신어』 합성어 중에
앞에 높은 빈도로 나타나는 명사 총수

고유어		
명사	빈도 수	예
云-(운-)	10	云安全, 云競賽, 云戰略, 云商…
神-(신-)	8	神編排, 神答案, 神對話, 神剪輯, 神劇…
雷-(뇌-)	6	雷点, 雷文化, 雷語, 雷詞, 雷主, 雷民…
新-(신-)	4	新港仔, 新子學, 新標鹽, 新四化
洋-(양-)	4	洋腐敗, 洋挑刺, 洋房貸, 洋票倒
囧-(경-)	3	囧事, 囧文化, 囧片
亞-(아-)	2	亞疾病, 亞孤儿
后-(후-)	2	后三屆, 后儿童
裸-(나-)	2	裸博, 裸官
晒-(쇄-)	2	晒品, 晒一族
大-(대-)	2	大防務, 大三通
軟-(연-)	2	軟績效, 軟課程

---

136) '결합의 단방향성(單向高搭配性)은 하나의 형태소가 어느 위치에서는 다른 어근과 빈도 높게 결합하는 반면 어느 위치에서는 낮은 빈도를 보이는 성질을 말한다. 접사와 준접사는 이 특징을 가지고 있는데 반해 어근은 이러한 특징을 가지고 있지 않다'(박홍수·김영희 2010:37).

위 도표에서 앞에 높은 빈도로 나타나는 명사는 '云-(운-)', '神-(신-)', '雷-(외-)', '新-(신-)', '洋-(양-)', '囧-(경-)'가 있으며,[137] '亞-(아-)', '后-(후-)', '裸-(나-)', '晒-(쇄-)', '大-(대-)', '軟-(연-)'는 2회 나온 것이다. '云-(운-)'은 이 중에 제일 많이 나타난 명사인데 '클라우드 컴퓨팅 기술(cloud computing)'에서 온 명사로 최근에 높은 빈도로 사용하고 있다. 그 중에 '亞-(아-)', '后-(후-)', '大-(대-)', '軟-(연-)'은 기존 논의에서 언급했던 준접두사인데 여기에서 포함되어 있다. '反-(반-)', '男-(남-)', '僞-(위-)'는 1회만 나타난 명사라서 <표 4-28>에 제시하지 않으나 기존논의를 보면 박홍수·진윤영(2015: 6), 呂叔湘(1979:48-49), 劉月華(2004:41-45)에서는 '反-(반-)'을 준접두사로 인정하고 尹海良(2007:67-68), 劉月華(2004:41-45)에서는 '僞-(위-)'를 준접두사로 인정한다.

『2006년 한어 신어』~『2013년 한어 신어』에서 합성어 중에 뒤에 높은 빈도로 나타나는 명사를 고유어, 외래어별 빈도 수 높은 것부터 정리하면 다음 표와 같다.

〈표 4-29〉『2006년 한어 신어』~『2013년 한어 신어』 합성어 중에 **뒤에** 높은 빈도로 나타나는 명사 총수

고유어			외래어		
명사	빈도 수	예	명사	빈도 수	예
-族(-족)	108	吊瓶族, 飛魚族…	-吧(-bar)	13	痛快吧, K客吧…
-門(-문)	52	電話門, 監控門…	-粉(-fan)	11	職粉, 散粉…
-体(-체)	42	梨花体, 白素貞体…	-控(-コン,	2	攻略控, 偵探控

---

137) 전통적인 중국어 접두사의 예를 들어보면 '阿'는 실제의미를 갖지 않고 문법기능만 갖는다. 어근 앞에만 출현하여 위치가 고정적인 것이다. 예를 들어, '-婆, -爸, -哥'. 준접두사 '新', '云', '神' 등은 접사와 같이 어근의 앞에 고정적으로 나타난다는 특징을 가지지만 접사와 달리 어근의 일정한 의미를 가진다. 준접사는 단어를 만들 때 어근은 자유롭게 다른 어근과 결합할 수 있다.

			-complex)		
-客(-객)	26	拼客, 印客…	-飯(-fan)	2	什錦飯, 八宝飯
-令(-령)	19	限批令, 禁高令…	-迷(-fan)	2	突迷, 章迷
-女(-녀)	17	剩女, 輕熟女…			
-奴(-노)	17	車奴, 壟奴…			
-男(-남)	13	草莓男, 鳳凰男…			
-人(-인)	10	樹人, 腥人…			
-團(-단)	10	抱抱團 (프리허그운동), 蜜友團…			
-哥(-형)	10	*表哥, 誠實哥…			
-節(-절)	8	擒人節, 非遺節…			
-稅(-세)	7	擇校稅, 猫狗稅…			
-症(-증)	5	夢食症, 路怒症…			
-日(-일)	5	減塑日, 排隊日…			
-車(-차)	5	動能車, 擺站車…			
-霸(-패)	5	考霸, 飯霸…			
-軍(-군)	4	紅杉軍, 山寨軍…			
-字頭(-자두)	4	D字頭, C字頭…			
-會(-회)	4	股友會, 讀奏會…			
-娃(-아기)	4	國娃, 節娃…			
-時代(-시대)	3	7時代, 風時代…			
-房(-방)	3	求學房, 三限房…			
-手(-수)	3	手机手, 游戲手…			
-二代(-2세)	3	獨二代, 強二代…			
-裝(-장)	3	抱抱裝, 的士裝…			
-案(-안)	3	串串案, 私宅案…			
-制(-제)	3	公宅制, 90制…			
-費(-비)	3	助培費, 兩費…			
--代(-1세)	3	O一代, 媚一代…			
-劇(-극)	3	囧劇, 雷劇, 山寨劇			

-風(-풍)	3	深折風, 山寨風…			
-叔(-숙)	3	*表叔, 房叔…			
-論(-논)	3	筷子論, 籠子論…			
-街(-가)	2	求職街, 山寨街			
-班(-반)	2	吊瓶班, 汶川班			
-嫂(-수)	2	婚嫂, 房嫂			
-号(-호)	2	公衆号, 微信号			
-者(-자)	2	蹭睡者, 失獨者			
-姐(-언니)	2	房姐, 提貨姐			
-爺(-야)	2	房爺, 墳爺			
-熱(-열)	2	莫言熱, 元芳熱			
-帝(-제)	2	打工帝, 房帝			
-党(-당)	2	盜版党, 賣分党			
-版(-판)	2	彩銀版, 山寨版			
-民(-민)	2	沽民, 邦民			

위 도표에서 뒤에 높은 빈도로 나타나는 명사로 '-族(-족)'은 가장 많이 나타나며, 그 다음은 '-門(-문)'과 '-体(-체)'이다. 이 중에 '-人(-인), -体(-체), -生(-생), -手(-수), -族(-족), -論(-논), -風(-풍), -者(-자), -熱(-열), -霸(-패), -門(-문), -姐(-언니), -爺(-야), -客(-객), -戶(-호), -党(-당), 版-(-판), -迷(-fan), -吧(-bar)'는 기존 논의에서 언급했던 준접미사인데 여기에서 포함되어 있다. '-券(-권), -線(-선), -服(-복), -墙(-장), -云(-운), -生(-생), -戶(-호), -病(-병)'은 1회만 나타난 명사라서 <표 4-29>에서 제시하지 않았다.

먼저 어원에 따라서 고유어, 외래어의 순서로 정리한다. 그 다음에 빈도가 높은 것을 제시하고 의미가 달라진 것의 순서에 따라 예 몇 개를 분석한다.

단어 그대로 보면 '族(족)'은 108회의 높은 빈도를 출현하며 조어위치는 아주 다양하다. 예를 들어, '族譜2, 家族, WiFi族, 微信族'. 그러나 이것 때문에 '族(족)'은 준접미사라고 할 수 없다. 왜냐하면 다른 위치에 있는 같은 형태소[138])는 의미가 다를 수 있다. 의미론에서 보면, '族譜'와 '家族' 중에 형태소 '族'은 같은 의미고 모두 '가족'의 뜻이라서 여기서 '族'의 조어위치는 비고정적이다. 그러나 'WiFi族' 중에 '族'의 의미는 '그런 특성을 가지는 사람이나 사물의 무리' 또는 '그 무리에 속하는 사람이나 사물의 무리'의 뜻이고, 이 의미에서 '族'의 조어위치는 고정적이다. '어의허화'[139])와 '조어위치'를 통해 판정하면, 전자의 의미에서 '族'은 어근이며, 후자는 준접미사이다. 준접미사 '族(족)'은 주로 이음절의 명사나 명사구와 결합하여 삼음절어를 이루며 요즘에는 '裸婚族(나혼족)'[140])과 같이 준접두·접미사[141])를 형성하기도 한다.

'客(객)'은 26회를 나타나서 높은 편이며 고유어 중에 네 번째 순위로 나와서 준접사로 볼 가능성이 있다. '각지를 떠돌아다니면서 어떤 일에 종사하는 사람'이라는 뜻을 가지고 대량의 파생어 '拼飯客(같이 식사를 하고 비용을 분담하는 사람들), 淘客(인터넷 또는 상점등의 할인 정보 등을 모으는 네티즌),

---

138) 형태소(語素)는 글자의 독음과 의미의 최소한 결합체이며 최소한 문법단위이다. 예를 들면, '인(人), 민(民), 포도(葡萄)' 등 다 형태소이다. 왜냐하면, 그들은 다 의미를 가질 뿐만 아니라 더 이상은 더 작은 의미를 가진 단위로 쪼갤 수가 없는 것이다(劉月華, 潘文娛, 故韡, 2004:1).
語素是最小的音義結合体, 也是最小的語法單位. 如'人, 民, 葡萄'等等都是語素, 因爲它們都有意義, 而且不能分割成更小的有意義的單位(劉月華, 潘文娛, 故韡 2004:1).

139) 박정구(2000)에서는 허화는 실제적인 의미와 기능을 가진 실사가 그 의미는 상실하였지만 구조적 기능만은 잃지 않고 결국 구조적인 기능을 담당하는 허사로 변화되는 과정이라고 말하였다. 즉 한 단어의 어휘적 의미의 상실과 구조적 기능의 담당을 허화라고 하였음을 알 수 있다.

140) '나혼족'은 '신혼집과 결혼식, 신혼여행, 결혼반지 없이 두 남녀가 법률상 혼인신고 절차만을 밟은 채 부부의 인연을 맺는 사람들'을 가리킨다.

141) 陳光磊(1994:23)에서는 '준접사는 접사와 비슷한 형태소이지만 접사만큼 허화정도가 크지는 않고 어근만큼 실제적 의미를 갖지는 않은 반실반허의 상태이며 단어결 합시 결합면이 상당히 넓은 형태소'라고 밝혔다.
所謂類詞綴, 就是類乎詞綴的詞素. 它比詞綴的虛化程度差一些, 又沒有詞根的意義那麽實, 是一種半實半虛而在複合詞里結合面相當寬的詞素(陳光磊 1994:23).

試客(샘플테스터족)' 등이 생성하게 되었다.[142]

'奴(노)'도 17회를 출현하고 고유어 중에 여섯 번째의 높은 순위로 나오며 범주화 기능(類化作用)에 속한 것이니 준접사로 봐도 가능하다. 원래의 의미 '노예이다. 종'에서 '어떤 일 때문에 큰 스트레스, 무거운 부담을 지고 있는 사람'의 파생적 의미를 가지게 된다. '車奴(차의 노예, 카푸어)'는 '차를 구입하고 난 후 관리와 유지를 힘들어하며 고통을 받는 사람'을 의미하고 '房奴(하우스푸어)'는 '집을 사기 위해 무리하게 대출을 받아 대출금 상황으로 생활이 어려운 사람'을 가리키며 '專利奴(특허 노예)'는 '직접 보유한 특허권이 없어 생산 또는 무역 시 다른 사람의 제약을 받는 측'을 의미한다.

'霸(패)'는 5회를 나타나고 조어위치도 아주 다양해 보인다. '霸主'와 '村霸' 중에 형태소 '霸'는 같은 의미이다. 즉, 남을 못살게 하는 우두머리. 그러나 '學霸', '研霸', '屛霸' 중에 '霸'의 의미는 '같은 동류나 무리에서 어떤 분야 가장 잘하고 가장 우수한 개체'. 어의허화와 조어위치에 따라서 판단하면, 전자 의미에서 조어위치가 비고정적인 '霸'는 어근이며, 후자 어의허화 또한 조어위치가 고정적인 '霸'는 준접미사이다.

실질적인 형태소 '車(차)'는 5회를 출현하며 '종류'의 의미를 나타날 수 있다. 예를 들어, '動能車', '紅頭車', '奧版車' 등이다. 단어에서도 어떤 종류를 표현할 수 있다. 그러나 그의 자체는 집합명사이라서 범주화 기능을 가지지 않다.

'手(수)'는 3회를 출현하고 단어 전체의 어의 범주를 나타내서 '어떤 기능이나 기술에 능숙한 사람'의 뜻이다. 예를 들어, '代購手'는 '대리 구입(구매)하여 수수료를 버는 사람'의 뜻이며 '代購'는 어떤 기술을 하는 사람을 한정설명하는 것이다. 그 이외에도 '手机手', '游戲手'의 예가 있다. 준접사의 범

---

142) 박홍수·진윤영(2015:7)에서 '客(객)'은 준접사로 분류하였다.

주화 기능(類化作用)[143]은 구제적인 파생어에서 나타날 수 있는데 파생어에서 나와서 독립적인 단어를 생성하면 범주화 기능이 사라지며 실사(實詞) 의미는 돌출할 것이다. 준접미사 '手(수)'는 'X+手' 이 파생 구조에서만 범주화 의미를 가져서 범주화 기능을 일으킬 수 있다. 바꾸어 말하자면 준접미사로서 '手'는 부착성(adhesivity)이 있다는 의미이다.

'熱(열)'은 2회를 출현하며 본래 '덥다, 뜨겁다'의 의미에서 '유행, 붐(boom)의 뜻으로 많은 사람들이 열중하여 형성된 일종의 시대적 추세'로 의미가 추상화되었는데 어떤 때에는 '熱(열)'을 생략해도 의미가 크게 달라지지 않는다. 이로 인하여 '熱(열)'의 출현 빈도가 높지 않지만 의미를 확대되는 점에서 준접미사로 볼 가능성이 있다. '莫言熱, 元芳熱'을 생성해 온다.[144]

'嫂(수)'는 2회만 나타나는 횟수가 많지 않지만 그의 의미는 점차 범주화가 되며 확대되고 있는 점에서 준접사로 볼 가능성이 있다. '嫂(수)'는『현대한어사전』(제5판) 중에서 두 가지 의항이 있다: ① 형수. ② 아주머니(나이가 그리 많지 않은 기혼녀에 대한 호칭). 의항①과 비교하면 ②는 이미 범주화가 된 것이다. 그러나 '嫂'의 파생어가 늘어가면서 '嫂'의 의미는 계속 확대되고 있다. 예를 들어, '房嫂'는 '(상해 등지에서) 실직 후 주택거래 업종에 종사하는 기혼 여성', '婚嫂'는 '위장 결혼 여성'을 가리킨다. 그 중에 '嫂'는 기혼 여성을 가리키지만 나이는 한정하지 않는 것이다. 최근에 '嫂'를 사용하는 신어는 의미 확대되어 있어서 나이를 한정하지 않을 뿐만 아니라 반드시 기혼인 것이 아닌 것도 되고 꼭 여성 아닌 남성이 될 수도 있다.

'吧(bar)'[145]는 13회를 나타나며 본래 외래어 'bar'를 음역한 것으로 중국

---

143) 馬慶株(1995)에서 접사는 범주화 기능(類化作用), 즉 품사를 표시하는 기능을 갖추고 있다고 언급하였다.

144) '熱(열)'에 대한 분석은 박흥수·김영희(2010:32,36)에서도 있다.

145) '吧(bar)'와 같은 영어단어를 음역하여 중국어 형태소로 변화한 준접사들은 그 의미가 사전의 의미항목에 수록되어 있지 않다. 이는 이들이 중국어 형태소의 의미에서 오랜

어 자체의 의미와는 상관없다. '吧'는 처음에는 '酒吧'를 구성하여 술집의 의미만을 가졌지만 현재는 '奧運吧(TV 등 설비를 전문적으로 제공하여 올림픽을 관람할 수 있는 카페), K客吧('새로운 형태의 다기능 노래방, 기존 노래방 기능 외에 MTV제작, CD제작, 네트워크 연동 등 다양한 옵션을 제공하는 노래방'을 칭함)'에서 볼 수 있는 것과 같이 휴식장소의 의미를갖게 되면서 새로운 의미를 파생하게 되었다. '吧(bar)'의 예를 통해 준접사의 의미는 접사와 달리 기본의미에서 점점 변화되어 허화된 결과가 아니라 허화과정 중 새로운 의미를 파생하고 의미가 확대된 것이라고 이해할 수 있다.

'粉(fan)'은 11회를 출현하며 영어 'fan'에서 시작되어 '(가수의) 팬'의 뜻을 가지게 되었고, 최근에 광범위하게 사용되면서 명사표지를 표현하는 준접미사로 '腦殘粉'('스타나 명품에 대해 푹 빠져서 이성을 잃어버린 팬'에 대한 일종의 호칭')과 같은 '가수의 팬'만 한정하는 것이 아니라 '鐵粉(지하철 팬. 기차나 지하철을 타는 것을 좋아하는 사람들)'과 같은 파생어가 생성하였다. 그 이외에도 '潮粉', '散粉', '職粉' 등 있다. 그래서 '粉(fan)'은 준접미사로 봐도 된다.

〈표 4-30〉『2006년 한어 신어』~『2013년 한어 신어』 합성어 중에
높은 빈도로 나타나는 '특수 유형 명사'[146]

분류		번호	명사		빈도 수	예
앞에 나오는 명사인지 뒤에 나오는 명사인지 판단하기	고유어	1	亞	男	1	亞熟男<2007>
		2	僞	門	1	僞虎門<2007>
		3	雷	民	1	雷民<2008>
		4	雷	人	1	雷人<2008>
		5	雷	劇	1	雷劇<2008>

시간 허화과정을 거친 것이 아니라 기본의미와는 다른 새로운 의미로 쓰였기 때문에 이들을 범화되었다고 한다(박홍수·김영희 2010:33).

146) 위 <표 4-30>에서 제시한 명사들은 모두 높은 빈도로 나타나는데 준접두사인지 준접미사인지 판단하기 어려운 단어들이다.

어려운 단어		6	囧	劇	1	囧劇<2008>
		7	囧	吧	1	囧吧<2008>
		8	裸	族	1	裸婚族<2009>
		9	裸	車	1	裸奔車<2009>

4.2.3. 접두·접미 파생

[한국어]

가. 접두·접미 파생-단순형

1) 고유어 접두사+고유어+고유어 접미사

① 고유어 접두사+동사+고유어 접미사

    (1) 외벌이(외-+벌-+-이)

(1)에 접두사 '외-'는 명사 앞에 붙어 '혼자인' 또는 '하나인' 또는 '한쪽에 치우친'의 뜻을 나타내는 접두사이다. '외벌이'는 '부부 가운데 한 사람만이 직업을 가지고 돈을 벎. 또는 그런 일'을 의미한다.

2) 고유어 접두사+한자어+고유어 접미사

① 고유어 접두사+명사+고유어 접미사

(2) 헛모양새(헛-+模樣+-새)

(2)에 접두사 '헛-'은 '이유 없는, 보람 없는, 잘못'의 의미를 더하는 접두사이다. 접미사 '-새'는 '모양, 상태' 등을 의미하는 명사를 파생시킨다. '헛모양새'는 '마음속과 달리 겉으로 보이는 모양의 상태'를 의미한다.

3) 고유어 접두사+한자어+한자어 접미사

① 고유어 접두사+명사+한자어 접미사

(3) 늦휴가족(늦-+休暇+-族)

4) 한자어 접두사+고유어+한자어 접미사

① 한자어 접두사+명사+한자어 접미사

(4) 신기러기족(新-+기러기+-族)

5) 한자어 접두사+한자어+한자어 접미사

① 한자어 접두사+명사+한자어 접미사

(5) 역유학생(逆-+留學+-生), 역유학파(逆-+留學+-派), 탈사극화(脫-+史

劇+-化), 역전세난(逆-+專貰+-難), 재신임률(再-+信任+-率), 저출산력(低-+出産+-力), 남승무원(男-+乘務+-員), 다세대촌(多-+世帶+-村), 무삭제물(無-+削除+-物), 신명품족(新-+名品+-族), 폐소모품(廢-+消耗+-品), 준적국(準-+敵+-國)

(5)에 '역유학생'은 '외국에서 공부하다가 다시 본국으로 돌아와 수학하는 학생'을 가리키며, '다세대촌'은 '다세대 주택이 모여 있는 곳'을 가리킨다.

6) 한자어 접두사+외래어+한자어 접미사

① 한자어 접두사+명사+한자어 접미사

(6) 역쇼루밍족(逆-+showrooming+-族)

(6)에 '역쇼루밍족'은 '온라인 쇼핑몰에서 제품을 살펴본 뒤, 오프라인 매장에서 제품을 구매하는 형상'을 가리킨다.

접두·접미 파생어들의 구조 분석을 도표로 보이면 다음과 같다.

⟨표 4-31⟩ 한국어-접두·접미 파생어의 구조 분석 도표

한국어-접두·접미 파생어의 구조 분석 도표					
분류			단어 수	비율(%)	예
'단순'형	고유어 접두사+고유어+고유어 접미사	① 고유어 접두사+동사+고유어 접미사	1	5.882	외벌이
	고유어 접두사+한자어+고유어 접미사	① 고유어 접두사+명사+고유어 접미사	1	5.882	헛모양새

고유어 접두사+한 자어+한자어 접미사	① 고유어 접두사+ 명사+한자어 접미사	1	5.882	늦휴가족
한자어 접두사+고 유어+한자어 접미사	① 한자어 접두사+ 명사+한자어 접미사	1	5.882	신기러기족
한자어 접두사+한 자어+한자어 접미사	**① 한자어 접두사+ 명사+한자어 접미사**	**12**	**70.59**	**역유학생, 역유학파 …**
한자어 접두사+외 래어+한자어 접미사	① 한자어 접두사+ 명사+한자어 접미사	1	5.882	역쇼루밍족
계		17	100	

〈표 4-32〉 한국어-파생어의 통시적인 분석 도표

	전체 신어 수	파생어 수	비율(%)
2002년	197	65	32.99
2003년	379	145	38.26
2004년	359	110	30.64
2005년	269	90	33.46
2014년	168	47	27.98

〈표 4-33〉 중국어-파생어의 통시적인 분석 도표

	전체 신어 수	파생어 수	비율(%)
2006년	88	1	1.14
2007년	208	3	1.44
2008년	256	1	0.39
2012년	279	2	0.72
2013년	228	2	0.88

위에 <표 4-32>와 <표 4-33>을 통해 최근 5년 동안 한·중 파생어의 통시적인 특징을 비교해 볼 수 있다. 첫째, 한국어 파생어는 평균적 32.67% 정도를 차지하지만 중국어 파생어는 평균적 0.91%정도를 차지하는 것이다.

한국어 파생어의 비율은 중국어 파생어 비율보다 31배가 많아서 압도적으로 큰 비중을 차지하는 것이다. 둘째, 한·중 파생어는 최근 5년 동안 모두 감소하는 양상을 보인다. 한국어 2002년에는 32.99%, 2003년에 38.26%, 2004년에 30.64%, 2005년에 33.46%, 2014년에 27.98%로 감소를 보이며, 중국어도 2006년에는 1.14%, 2007년에 1.44%, 2008년에 0.39%, 2012년에 0.72%, 2013년에 0.88%로 감소를 보인다. 이 현상의 이유는 최근에 신어 형성에 새로운 조어법이 나타나기 때문이다.

한국어 파생어는 아주 발달하지만 파생어로 인정하지 않고 높은 빈도로 사용하는 명사나 어근이 있다. 그러나 한국어 파생어는 매우 발달하기 때문에 '준접사'에 관한 연구 거의 없어서 여기서 몇 가지만 논의를 하겠다. 『표준국어대사전』에서 접사로 인정하지 않은 말은 이 책에서 합성어로 분류한다. 그렇지만 그 중에 최근에는 점점 접사로 쓰이는 말이 있다. 『2002년 신어』~『2014년 신어』에서 합성어 중에 앞에 높은 빈도로 나타나는 명사와 어근을 고유어, 한자어, 외래어별 빈도 수 높은 것부터 정리하면 다음 표와 같다.

〈표 4-34〉『2002년 신어』~『2014년 신어』 합성어 중에
뒤에 높은 빈도로 나타나는 명사나 어근 총수

고유어			한자어			외래어		
명사	빈도 수	예	명사	빈도 수	예	명사	빈도 수	예
짱	26	몸짱, 푼수짱, …	병(病)	18	욕설병, 첨단병…	폰 (phone)	10	거울폰, 얼짱폰…
춤	5	매미춤, 부비부비춤, 전봇대춤…	남(男)	16	성공남, 엉큼남…	데이 (day)	10	구구데이, 삼겹살데이 …
짤	4	고대짤, 인생짤…	방(房)	16	공주방, 날개방…	맨 (man)	7	능력맨, 건실맨, 진지맨…

꽝	3	몸꽝, 얼꽝…	당(黨)	7	경로당, 정책당…	송 (song)	4	가나다라송, 올챙이송…
			견(犬)	6	도우미견, 무모견…	택시 (taxi)	3	산모택시, 실버택시…
			맹(盲)	5	문화맹, 돈맹…	벨트 (belt)	3	물벨트, 대기벨트…
			시(市)	4	강남특별시, 제단시…	테크 (tech)	3	금테크, 휴테크…
			부대 (部隊)	3	미시부대, 솔로부대…			
			미남 (美男)	3	꽃미남, 온미남…			
			계(契)	3	명품계, 싸움계…			

<표 4-34>를 보면 높은 빈도로 나타나는 명사와 어근에서 고유어, 한자어, 외래어가 다 있다. 이들은 한국말에서 접사는 아니더라도 최근에 높은 빈도로 나타나서 접사처럼 쓰이는 경향이 있다. 그 들은 가진 공통적인 특징은 최근 10년 동안 생산성이 높은 것이다. 그 중에 고유어 '꽝'은 26회로 가장 많이 나타나는 명사이며, 그 다음에 한자어 '병(病), 남(男), 방(房)'은 16~18회로 빈번하게 사용하는 것이고, 외래어 중에 '폰(phone), 데이(day)'는 10회가 나온다. 국립국어연구원(2002:7-12)에서도 '방(房)'이나 '병(病)'은 아주 빈번하게 쓰여 거의 접사처럼 인식되는 경향이 있다고 한다. 국립국어연구원(2005:xiii)에서도 『표준국어대사전』에서 접미사로 인정하지 않은 '남(男)'과 '맹(盲)'은 접미사로 분류하였으며 국립국어연구원(2014:26)에서도 '남(男)'은 접미사로 인정하였다. 이주영(2015), 서사명(2009)에서도 사전에 접사로 인정하지 않은 생산성이 높은 '남(男)', '맹(盲)', '맨(man)', '꽝', '꽝' 등 준접사로 검토하지 않고 바로 접사로 귀납하였다. 고유어 중에 '집', 한자어 중

에 '배(杯), 모(母), 부(符), 혈(血)', 외래어 중에 '걸(girl)'은 1회만 나온 것, 한자어 중에 '차(車), 주의(主義)', 외래어 중에 '골(goal), 바(bar)'는 2회를 나타난 것은 모두 <표 4-34>에서 빠졌지만 국립국어연구원(2002:7-12)에서 '배(杯)', '모(母)', '부(符)', '혈(血)' 따위가 사전에서 접사로 인정하지 않은 비자립적인 한자어 어근이지만 국립국어연구원(2002)에서 접미사로 인정하였다' 라고 하는 논의가 있다.

4.3. 통사론적 구성의 단어화

[한국어]

통사론적 구성의 단어화에는 '통사론적 구성, 통사론적 구성+파생'으로 나누었다. "통사론적 구성이 X0의 지위를 얻어 하나의 단어처럼 인식될 때, 이는 통사론적 구성이 단어화 또는 어휘화한 것으로 본다. 둘 이상의 단어로 이루어진 통사론적 구성이 갖은 쓰임에 의해 하나의 단어로 인식되는 과정이 있다면, 이는 '통시적 차원'의 '통사론적 구성의 단어화'라 할 수 있다"(정한데로 2011:214).

(1) 가. 펼칠남, 늘찬배달, 키큰남 (통사론적 구성)

　　나. 집으로족, 좌로우로밀리주, 긁어주 (통사론적 구성+파생)

예문을 통해서 통사론적 구성의 단어화를 자세히 살펴보면 다음과 같다.

가. 통사론적 구성

㉮. 동사+어미+합성

1) 고유어+어미+한자어

① 동사+어미+명사

   (2) 펼칠남(펼치-+-ㄹ+男)

(2)는 '고유어 동사+어미+한자어 명사'의 구성으로 '펼칠남'은 '지하철에서 신문을 펼치고 읽어 다른 사람에게 불편을 주는 남자'를 의미한다.

㉯. 형용사+어미+합성

1) 고유어+고유어+어미+한자어

① 명사+형용사+어미+명사

   (3) 키큰남(키+크-+-ㄴ+男)

(3)은 '고유어 명사+고유어 형용사+어미+한자어 명사'의 구성으로, '키가 큰 남자'를 줄여 쓰는 표현이다.

2) 고유어+어미+고유어

① 형용사+어미+명사

(4) 늘찬배달(늘차-+-ㄴ+배달)

(4)는 '퀵서비스(quick service)'의 순화어이다.

㉤. 문장+합성

1) 고유어+한자어

(5) 일하기싫어병(일하기싫어+病), 이래서야정국(이래서야+政局)

나. 통사론적 구성+파생

㉮. 명사+조사+파생

1) 고유어+조사+한자어 접미사

① 명사+조사+한자어 접미사

(1) 집으로족(집+-으로+-族)

(1)에 '집으로족'은 '퇴근하자마자 집으로 가서 가족과 함께 시간을 보내

는 무리'를 의미한다.

2) 한자어+조사+한자어+조사+외래어+한자어 접미사

① 명사+조사+명사+조사+명사+한자어 접미사

(2) 좌로우로밀리주(左+-로+右+-로+milli+-酒)

(2)에 '좌로우로밀리주'는 '포병 부대에 근무하는 장교들이 왼쪽에서 오른쪽으로 돌아가며 마시는 폭탄주'를 뜻한다.

㉯. 동사+어미+파생

1) 고유어+어미+한자어 접미사

① 동사+어미+한자어 접미사

(3) 긁어주(긁-+-어+-酒)

(3)에 '긁어주'는 '신용 카드와 관련된 업종에 근무하는 사람들이 한 번에 마시는 폭탄주'를 의미한다.

⑭. 문장+파생

1) 고유어+한자어 접미사

    (4) 우리가남이냐족(우리가남이냐+-族)

  (4)에 '우리가남이냐족'은 '퇴근 후에 직장 동료나 친구들과 어울려 시간을 보내는 무리'를 의미한다.

  위에 내용을 도표로 정리하면 아래와 같다.

〈표 4-35〉 한국어-통사론적 구성의 단어화 분석 도표

통사론적 구성의 단어화 도표					
분류			단어 수	비율(%)	예
통사론적구성	㉮동사+어미+합성	고유어+어미+한자어	① 동사+어미+명사	1	11.11	펼칠남
	㉯형용사+어미+합성	고유어+고유어+어미+한자어	① 명사+형용사+어미+명사	1	11.11	키큰남
		고유어+어미+고유어	① 형용사+어미+명사	1	11.11	늘찬배달
	㉰문장+합성	고유어+한자어		2	22.22	일하기싫어병, 이래서야정국
통사론적구	㉮명사+조사+파생	고유어+조사+한자어 접미사	① 명사+조사+한자어 접미사	1	11.11	집으로족
		한자어+조사+한자어+조사+외래어+한자어	① 명사+조사+명사+조사+명사+한자어 접미	1	11.11	좌로우로밀리주

성+파생		접미사	사			
	㈏동사+어미+파생	고유어+어미+한자어 접미사	① 동사+어미+한자어 접미사	1	11.11	긁어주
	㈐문장+파생	고유어+한자어 접미사		1	11.11	우리가남이냐족
계				9	100	

4.4. 혼성

[한국어]

"혼성어는 두 단어에서 각각 일부를 잘라내고 결합하여 만들어진 단어와 완전한 단어에 다른 단어의 형태 일부가 결합하여 만들어진 단어 그리고 결합한 경계를 알기 어려운 단어를 가리킨 것이다. 기존의 언어 재를 이용하여 새롭게 형성되는 신어는 보통 합성이나 파생의 단어 형성기제에 의해 조어되는 것이 일반적이다. 그런데 최근 등장하는 신어들 중에는 '혼성(blending)'에 의한 단어형성 예들이 많다. 최근 3년 동안, 특히 2014년 신어에서 '혼성'은 급격한 증가를 보이고 있다. 혼성은 둘 이상의 단어에서 각각의 일부를 잘라내고 새로운 단어를 만드는 과정이다"(노명희 2010:255-256, 국립국어원 2014:24-27). 예를 들면,[147)

---

147) 갈겹살: 갈비와 삼겹살을 아울러 이르는 말(국립국어원 2003:3).
　　악티즌: 인터넷상에서, 악성 유언비어를 퍼뜨리거나 상대방을 욕하는 따위의 행동을 일삼는 네티즌(국립국어원 2003:52).
　　과학고: 과학 고등학교(科學高等學校)'를 줄여 이르는 말(국립국어원 2004:8).

(1) 가. 갈겹살

　　　(갈비+삼겹살) → 각각 일부를 잘라내고 결합함.

　　나. 악티즌

　　　(惡+netizen) → 완전한 단어에 다른 단어의 형태 일부가 결합함.

　　다. 과학고

　　　(과학+고등학교) → 결합한 경계를 알기 어려운 단어.

혼성에 대한 기존연구를 보면 아래 두 학자들의 의견을 보자.

노명희(2010:266-279)에서 혼성은 첫 번째 단어 AB의 앞부분 A와 두 번째 단어 CD의 뒷부분 D가 결합하는 것이 일반적이다. 형식화하여 'AB+CD→ AD'로 되며 전형적인 혼성은 AD구조를 갖는다. AD유형의 혼성어뿐만 아니라 다른 형태도 있다. 혼성어의 형태 분류는 'AB+CD→AD형, AB+CD→ ABD형, AB+CD→ACD형, AB+CD→BD형'과 같은 네 종류로 분류하였다. 각 유형에 대해 구체적으로 보면 아래 도표와 같다.

〈표 4-36〉 혼성어의 형태 분류(노명희 2010:266-279)

분류		예
AB+CD→AD형	계열적 혼성어	레캉스, 개그운서
	통합적 혼성어	유티즌, 모티
	선행 단어 모두 '코리아'인 단어들	코메리카, 코리우
AB+CD→ABD형	첫 번째 단어가 그대로 나타난 것	차계부, 시티텔, 빌라트
	두 번째 단어가 그대로 나타난 것	팡이제로, 엘리해커
	음절수가 같아 후행 단어를 기준으로 혼성어가 형성된 것	김치우드, 헬스로빅
	정치와 관련된 단어 · 계열적 혼성어	폴리테인먼트
	정치와 관련된 단어 · 통합적 혼성어	폴리티켓
	후행단어 모두 '텔'인 단어들	모텔, 에어텔

	후행단어 모두 '파라치'인 단어들	쓰파라치, 보파라치
	후행단어 모두 '팅'인 단어들	소개팅, 땅
AB+CD→ACD형	통합적 혼성어	컴도사, 컴닥터
	계열적 혼성어	헬리스키, 헬리보드
AB+CD→BD형		줌마렐라, 넷포터

임지룡(1996:194-207)에서 혼성어의 유형은 '동의적 혼성어, 등위적 혼성어, 연어적 혼성어'로 나누어 있다. 동의적 혼성어는 '동의관계(synonymy)'에 있는 두 낱말이 혼성되어 제3의 동의어를 낳는 경우이다. 이는 하나의 의미에 대한 두 형태의 결합이라 할 수 있다. 등위적 혼성어는 '등위관계(coordination)'에 있는 두 낱말에서 형태와 함께 의미의 혼성이 일어난 것이다. 이는 동의적 혼성어보다 한결 다양하다. 연어적 혼성어는 '연어관계(collocation)'에 있는 선행 낱말과 후행 낱말의 한 요소가 혼성된 것이다. 구체적인 분류는 아래 <표 4-37>과 같다.

〈표 4-37〉 혼성어의 의미유형 분류(임지룡 1996:194-207)

분류			예
동의적 혼성어	언어간의 동의어 접촉	고+한	잎초
		한+고	개살이, 탁걸리
		외+고	빨뿌리
		외+외	프로테지
	방언+방언	명사	거렁이, 뜸닭
		동사	썩갈리다, 껠끔거리다
		형용사	붗,럽다, 틀부다
등위적 혼성어	인명	인명	전삿갓, 허동택
		정보산업 사회의 인간형	아나듀서, 지피
	지명, 학교명,	지명	경라도
		학교명	계명

	회사명	아파트 단지명	청남
	먹거리	상품명	짜파게티, 짜로니
		기존의 먹거리를 합성한 경우	쫄볶이, 라볶이
	제품명		소노라마, 카습지
	거주지 및 시설물		빌라트, 탁아방
	유전공학		라이거, 타이곤
	방송 및 대중 매체		라퓨터, 나라타쥬
연어적 혼성어	거주지 및 시설물		택은, 모텔
	유토피아(이상향)		아파토피아, 디스토피아
	제품명		유러큐터, 고가차
	컴퓨터 및 인터넷	컴퓨터	컴맹, 토맹
		인터넷	코리넷, 코넷
	방송 및 영상 매체		텔레크라시, 라큐멘터리
	젊은층의 모임		반창티발, 부팅

노명희(2010)에서 혼성어의 형태는 'AB+CD→AD형(레캉스), AB+CD→ABD형(산삼돌), AB+CD→ACD형(습온도), AB+CD→BD형(선팅)'이렇게 네 가지만 제시하나 신어 자료집을 정리해보면 이 네 가지 이외에도 'AB+CDE→AD형(갈겹), AB+CD→BC형(혼테크), AB+CD→BCD형(빠순이), AB+CD→ABC형(총명파스), AB+CD→AC형(소콜), AB+CD+EF→ACF형(임고생), AB+CD+EF→ABCE형(훈녀생정), AB+CD→X(A+B)+D형(갠톡), AB+CD+EF+GH→ACEG형(자동봉진), AB+CD+EF→ACE형(장친사), AB+CD+EF→BCDEF형(채어욱), AB+CD+EF→ACDEF형(헬기스키), AB+CD+EF→ABCDF형(게임머니깡)'과 같은 13가지 유형이 존재한다. 임지룡(1996)을 읽은 후에 본 논문에서는 혼성어가 의미적으로 '동의적 혼성어, 등위적 혼성어, 연어적 혼성어'로 나누어 본 관점을 수용하겠다. 실제로 분석해 보니 한국어 신어에서도 가능한 관점이다. '선팅'은 '동의적 혼성어'이며, '할마'는 '등위적

혼성어'이고, '노파라치'는 '연어적 혼성어'이다. 위 학자들의 의견을 본 후
에 본 논문에서 한국어 신어 혼성어의 형태·의미 분류는 아래 <표 4-38>
와 같이 제시하겠다.

〈표 4-38〉 한국어 신어에서 혼성어의 형태·의미 분류

형태 분류	어원 분류	의미 분류	예
AB+CD→AD형	고유어+고유어	등위적 혼성어	할마, 할빠
		연어적 혼성어	혼밥
	고유어+외래어	연어적 혼성어	아티즌, 담파라치
	고유어·한자어+외래어	연어적 혼성어	노파라치
	고유어+한자어	연어적 혼성어	더부심, 먹부심
	고유어+한자어·고유어	등위적 혼성어	갈겹살
	한자어+고유어	연어적 혼성어	노빠, 황빠
	한자어+한자어	등위적 혼성어	일석양득
	한자어+외래어	등위적 혼성어	추다르크
		연어적 혼성어	대파라치
	외래어+한자어	등위적 혼성어	리권
		연어적 혼성어	택숙자
AB+CDE→AD형	고유어+한자어·고유어	등위적 혼성어	갈겹
AB+CD→ABD형	고유어+고유어	연어적 혼성어	혼밥
	고유어+외래어	등위적 혼성어	떡버거, 김치가스
		연어적 혼성어	쌀깡, 김치우드
	고유어·한자어+외래어	연어적 혼성어	서울시파라치
	고유어+한자어	연어적 혼성어	돈성
	한자어+고유어	연어적 혼성어	금추
	한자어+한자어	연어적 혼성어	중매혼, 자살철
	한자어+외래어	연어적 혼성어	세피아, 대프리카
	외래어+한자어	연어적 혼성어	갓수
AB+CD→ACD형	고유어+외래어	등위적 혼성어	할맘
		연어적 혼성어	몰폰카

	한자어+고유어	연어적 혼성어	사순이
	한자어+한자어	등위적 혼성어	모부자, 화장약품
		연어적 혼성어	가육류
	외래어+한자어	연어적 혼성어	토페인
AB+CD→BC형	한자어+외래어	연어적 혼성어	혼테크
AB+CD→BD형	고유어+외래어	연어적 혼성어	줌마렐라, 꾸러기템
	고유어+한자어	연어적 혼성어	털소기
	고유어+한자어·외래어	동의적 혼성어	선팅
AB+CD→BCD형	고유어+고유어	등위적 혼성어	빠순이
AB+CD→ABC형	고유어+외래어	연어적 혼성어	발퀄
	고유어·한자어+외래어	연어적 혼성어	깡통아파트
	한자어+한자어	연어적 혼성어	지방고, 과학고
	한자어+외래어	연어적 혼성어	최애캐
	외래어+한자어	연어적 혼성어	웹동
AB+CD→AC형	한자어+고유어	연어적 혼성어	오룩도
	한자어+한자어	연어적 혼성어	사오정, 육이오
	한자어+외래어	등위적 혼성어	소콜
		연어적 혼성어	건테크
	외래어+고유어	연어적 혼성어	컴켕
	외래어+한자어 +고유어	연어적 혼성어	베댓
AB+CD+EF →ACF형	한자어+한자어	연어적 혼성어	임고생
	한자어+고유어·한자어+한자어·고유어	연어적 혼성어	혐짤따
AB+CD+EF →ABCE형	한자어+한자어	연어적 혼성어	훈녀생정
AB+CD →X(A+B)+D형	한자어+외래어	연어적 혼성어	갠톡
AB+CD+EF+GH →ACEG형	한자어+한자어	연어적 혼성어	대발전지
	한자어+고유어·한자어+한자어	등위적 혼성어	자동봉진

AB+CD+EF →ACE형	한자어+한자어	연어적 혼성어	검경언
	한자어·고유어+한자어+고유어	등위적 혼성어	장친사
AB+CD+EF →BCDEF형	한자어+한자어	등위적 혼성어	채어육
	외래어+한자어	연어적 혼성어	덕통사고
AB+CD+EF →ACDEF형	외래어+한자어 +외래어	연어적 혼성어	헬기스키
AB+CD+EF →ABCDF형	한자어+외래어	연어적 혼성어	휴대폰깡
	외래어+고유어	연어적 혼성어	인뽕
	외래어+외래어 +외래어	연어적 혼성어	게임머니깡

혼성의 예들은 자세히 살펴보면 아래와 같다.

가. 혼성-단순형

1) 고유어+고유어

    (1) AB+CD→AD형: 가. 할마(할머니+엄마), 할빠(할아버지+아빠)

                나. 혼밥(혼자+밥)

    (2) AB+CD→BCD형: 빠순이(오빠+순이)

  (1가)는 '등위적 혼성어'이고 '할마'는 '할머니와 엄마가 결합된 합성어로, 육아를 전담하는 할머니'를 가리키며, (1나)는 '연어적 혼성어'이다. (2)는 '연어적 혼성어'이다.

2) 고유어＋외래어

(4) AB＋CD→AD형: 가. 아티즌(아줌마＋netizen)

　　　　　　　　나. 담파라치(담배＋paparazzi), 쓰파라치(쓰레기＋paparazzi)

(5) AB＋CD→ABD형: 가. 떡버거(떡＋hamburger), 김치가스(김치＋cheesekasu
　　　　　　　　　[치즈 가스])

　　　　　　　　나. ① 쌀깡(쌀＋Bariquand), 땅팅(땅＋meeting)

　　　　　　　　　　② 순대렐라(순대＋Cinderella)

　　　　　　　　　　③ 땅파라치(땅＋paparazzi), 쌀파라치(쌀＋paparazzi)

　　　　　　　　　　④ 김치우드(김치＋Hollywood), 밥터디(밥＋study),

　　　　　　　　　　　맛캉스(맛＋vacance),　퍼뮤니케이션(펌＋com-

　　　　　　　　　　　munication), 고래버거(고래＋hamburger), 먹스타

　　　　　　　　　　　그램(먹-＋Instagram), 지르가슴(지르-＋orgasme),

　　　　　　　　　　　냥스타그램(냥＋Instagram), 몰래뽕(몰래＋hiropon)

(6) AB＋CD→ACD형: 가. 할맘(할머니＋mom)

　　　　　　　　나. 몰폰카(몰[몰래]＋phoneca[phone＋camera])

(7) AB＋CD→BD형: 가. 줌마렐라(아줌마＋Cinderella)

　　　　　　　　나. 꾸러기템(장난꾸러기＋item)

(8) AB＋CD→ABC형: 발퀄(발＋quality)

(4)는 '연어적 혼성어'에 속한다. (4가)는 'X＋티즌'로 된 혼성이며, (4나)
는 'X＋파라치'로 된 혼성이다. '담파라치'는 '담배꽁초를 길에 버리는 장면
을 몰래 촬영해 이를 신고하여 보상금을 타 내는 일. 또는 그런 일을 하는
사람'을 의미한다.

(5가)는 '등위적 혼성어'에 속하며, (5나)는 '연어적 혼성어'에 속한다. (5

나①은 'X+깡', 'X+팅'과 같은 후행단어 모두 1음절 '깡', '팅'인 단어들이고 조어력은 비교적 강한 구조이다. '쌀깡'은 '실제로는 카드깡을 하면서 쌀을 사고파는 것으로 위장하는 일'을 가리키는 것이다. (5나②)는 'X+렐라'로 후행단어 2음절 '렐라'인 단어이고 생산력이 비교적 높은 구조이다. (5나③)은 'X+파라치'로 후행단어 3음절 '파라치'인 단어들이고 생산력은 아주 높은 구조이다.

(6가)는 등위적 혼성어이고, (6나)연어적 혼성어이다.

(7)은 연어적 혼성어에 속한다. (7가)에 '줌마렐라'는 'X+렐라'로 된 혼성인데 생산력이 비교적 높은 구조이며 '경제적인 능력을 갖추고 자신을 위해 시간과 돈을 투자하며 적극적으로 사회 활동을 하는 30대 후반에서 40대 후반의 기혼 여성'을 뜻한다.

(8)은 연어적 혼성어에 속한다. '발퀄'은 '품질이 뛰어나지 않음'을 의미한다.

3) 고유어·한자어+외래어

(9) AB+CD→AD형: 노파라치(노래房+paparazzi)

(10) AB+CD→ABD형: 서울시파라치(서울市+paparazzi)

(11) AB+CD→ABC형: 깡통아파트(깡筒+apartment)

(9~11)은 모두 선행요소가 후행요소를 수식하는 연어적 혼성어이다. (9)는 'X+파라치'로 된 혼성이며 (10)도 'X+파라치'로 된 혼성이다. (11)에 '깡통아파트'는 'X+아파트'로 된 혼성인데, '부동산 가격이 떨어지면서 집 값이 전세금과 대출금 이하로 떨어지거나 분양 가격보다 시세가 떨어져서 자산 가치가 적자인 아파트'를 의미한다.

4) 고유어+한자어

    (12) AB+CD→AD형: 더부심(더위+自負心), 먹부심(먹-+自負心)

    (13) AB+CD→ABD형: 돈성(돈+三星)

    (14) AB+CD→BD형: 털소기(개털+淸掃機)

(12~14)는 모두 선행요소가 후행요소를 수식하는 연어적 혼성어이다. (12)에 '더부심'은 '자신이 살고 있는 지역의 더위에 대한 자부심'을 의미한다.

5) 고유어+한자어·고유어

    (15) AB+CD→AD형: 갈겹살(갈비+三겹살)

    (16) AB+CDE→AD형: 갈겹(갈비+三겹살)

(15~16)은 모두 등위적 혼성어에 속한 것이다. '갈겹살'과 '갈겹'은 다 먹을거리를 중심으로 한 혼성어이고 다 식품의 명칭이다. '갈겹살' 및 '갈겹'은 모두 '갈비'와 '三겹살'의 혼성이며 '갈비'와 '三겹살'은 다 돼지의 뼈와 살을 식용으로 쓰는 말이라서 등위적 관계를 보인데 두 개가 합친 경우이다.

6) 고유어+한자어·외래어

    (17) AB+CD→BD형: 선팅(맞선+紹介ting)

(17)은 'X+팅'로 된 동의적 혼성어에 속하고 생산성이 높은 구조이다.

'맞선'과 '소개팅'의 의미가 거의 같은데 '선팅'은 두 개가 합친 경우이다. 여기서 '동의관계'를 볼 수 있다.

7) 한자어+고유어

    (18) AB+CD→AD형: 가. 강짱(强盜+얼짱)

                      나. 노빠(盧武炫+오빠), 황빠(黃禹錫+오빠)

    (19) AB+CD→AC형: 오륙도(五六歲+도둑)

    (20) AB+CD→ABD형: 금추(金+배추)

    (21) AB+CD→ACD형: 사순이(四修生+순이)

(18~21)은 모두 선행요소가 후행요소를 수식하는 연어적 혼성어에 속한다. (18가)는 'X+짱'로 된 생산성이 높은 구조이고, (18나)는 'X+빠'로 된 혼성이다. (18나)에 '노빠'는 '노무현(盧武鉉) 대통령과 친밀한 관계에 있는 인사나 노무현(盧武鉉) 대통령을 적극 지지하는 사람'을 뜻하며, (19)에 '오륙도'는 '56세까지 직장에 있으면 도둑이라는 뜻으로 정년을 채우지 못하고 직장에서 내몰리는 직장인의 처지'를 비유적으로 쓰는 신어이다.

8) 한자어+고유어 · 한자어+한자어

    (22) AB+CD+EF+GH→ACEG형: 자동봉진(自律活動+동아리活動+奉仕活

                             動+進路活動)

(22)는 등위적 혼성어에 속한다. '자동봉진'은 등위관계에 있는 '活動'을 나타난 명사 '自律活動', '동아리活動', '奉仕活動', '進路活動'을 혼성한 것이다.

9) 한자어+고유어 · 한자어+한자어 · 고유어

(23) AB+CD+EF→ACF형: 혐짤따(嫌惡+짤房+王따)

(23)에 '혐짤따'는 연어적 혼성어에 속하며, '다른 사람의 혐오스러운 모습을 게시판에 올려 왕따를 시키는 일'을 가리킨다.

10) 한자어 · 고유어+한자어+고유어

(24) AB+CD+EF→ACE형: 장친사(丈母님+親舊+사위)

(24)는 등위적 혼성어에 속한다. '丈母님', '親舊', '사위'는 모두 '사람'과 관련된 말이라서 '장친사'는 '등위관계'에 있는 세 낱말을 혼성한 것이다.

11) 한자어+한자어

(25) AB+CD→AD형: 일석양득(一石二鳥+一擧兩得)
(26) AB+CD→AC형: 육이오(六二歲+五賊), 사오정(四五歲+停年), 삼일절(三
    一絶[三一歲+絶望]), 국사(國武道+師範), 방벌(放送+
    財閥), 권방(權力層+放送界), 훈초딩(薰薰-+初等學生)
(27) AB+CD→ABD형: 중매혼(仲媒+結婚), 자살철(自殺+地下鐵)
(28) AB+CD→ACD형: 가. 모부자(母子+父子), 화장약품(化粧品+藥品), 습
    온도(濕度+溫度)

    나. 가육류(加工+肉類)
(29) AB+CD→ABC형: 과학고(科學+高等學校), 지방고(地方+高等學校)

(30) AB+CD+EF→ACE형: 검경언(檢察+警察+言論)

(31) AB+CD+EF→BCDEF형: 채어육(야채+魚+肉)

(32) AB+CD+EF→ACF형: 임고생(任用+考試+準備生)

(33) AB+CD+EF→ABCE형: 훈녀생정(薰女+生活+情報)

(34) AB+CD+EF+GH→ACEG형: 대발전지(代辯人+發表+全的으로+支持
하다)

(25)는 등위적 혼성어이다. (26)은 연어적 혼성어에 속하며 '훈초딩'은 '보
는 사람의 마음을 훈훈하게 하는 초등학생'을 의미하며, (27)은 연어적 혼성
어에 속한다. (28가)는 등위적 혼성어이며 '모부자'는 모자(母子)와 부자(父子)
를 아울러 이르는 말이다. (28나)는 연어적 혼성어이다. (29~30)은 연어적
혼성어이고, (31)은 등위적 혼성어이며, (32~34)는 연어적 혼성어에 속한다.

12) 한자어+외래어

(35) AB+CD→AD형:

가. 추다르크(秋美愛+Jeanned'Arc)

나. ① 대파라치(大統領選擧+paparazzi), 식파라치(食品+paparazzi), 자파
라치(自販機+paparazzi), 과파라치(課外+paparazzi), 선파라치(選擧
+paparazzi), 자파라치(自販機+paparazzi), 보파라치(補助金+paparazzi),
신파라치(新聞+paparazzi), 실파라치(失業+paparazzi), 부파라치(不
動産+paparazzi), 지파라치(地下鐵+paparazzi)

② 노피아(盧武炫+Mafia), 여티즌(女子+netizen), 민텔(民泊+hotel),
통플스테이(統一+templestay)

(36) AB+CD→AC형: 가. 소콜(燒酒+cola), 태보(taebo[跆拳道+boxing])

나. 건테크(健康+technology)

(37) AB+CD→ABD형:

　　가. 책팅(冊+meeting)

　　나. 명품깡(名品+Bariquand), 회사채깡(會社債+Bariquand), 금깡(金+Bariquand),
　　　할인깡(割引+わりかん[割り勘]/バリカン[Bariquand]), 현물깡(現物+わ
　　　り　かん[割り勘]/バリカン[Bariquand])

　　다. 욕티즌(辱+netizen), 악티즌(惡+netizen)

　　라. 농파라치(農+paparazzi), 의파라치(醫+paparazzi), 요파라치(料+paparazzi),
　　　주파라치(株+paparazzi), 표파라치(票+paparazzi), 성파라치(性+paparazzi),
　　　차파라치(車+paparazzi)

　　마. 맥덕(麥+otaku), 휴덕(休+otaku)

　　바. 세피아(稅+Mafia)

　　사. 대프리카(大+Africa), 수트라이커(守+striker), 외밍아웃(外+coming-out),
　　　산삼돌(山蔘+idol), 삼프터(三+after)

(38) AB+CD→BC형: 혼테크(婚tech[結婚+technology])

(39) AB+CD→ABC형:

　　가. 최애캐(最愛+캐릭터), 차애캐(次愛+캐릭터)

　　나. 체테크(體+technology), 직테크(職+technology)

　　다. 총명파스(聰明+Pasta), 최하옵(最下+option), 저퀄(低+quality)

(40) AB+CD+EF→ABCDF형: 휴대폰깡(携帶+phone+わりかん[割り勘]/バ
　　　リカン[Bariquand])

(35가)는 등위적 혼성어이고, (35나)는 연어적 혼성어이며, (35나①)은 'X+
파라치'로 된 혼성이고 '자파라치'는 '불법적으로 자동판매기를 설치하여
영업하는 사람을 찾아내 이를 신고하여 보상금을 타 내는 일. 또는 그런 일

을 하는 사람'을 가리킨다. (36가)는 등위적 혼성어이며 (36나)에 '건테크'는 연어적 혼성어에 속하고 '건강을 지키기 위하여 계획을 세워 실천하는 일'을 의미한다. (37)는 연어적 혼성어이다. (37가)는 'X+1음절 팅'로 된 생산성이 높은 혼성구조이며, (37나) 'X+1음절 깡'로 된 생산성이 높은 혼성구조이며, (37다) 'X+2음절 티즌'로 된 생산성이 높은 혼성구조이고, (37라) 'X+3음절 파라치'로 된 생산성이 높은 혼성구조이며 '농파라치'는 '불법적으로 농지를 전용하는 사람을 찾아내 이를 신고하여 보상금을 타 내는 일. 또는 그런 일을 하는 사람'을 뜻한다. (37마) 'X+덕'로 된 혼성이며 (37바) 'X+피아'로 된 혼성이다. (37사)에 '대프리카'는 '여름에 다른 지역보다 기온이 높아 지나치게 더운 대구'를 비유적으로 이르는 말이며, '삼프터'는 '선을 보거나 소개팅을 한 후에 남녀가 세 번째로 만남'을 가리키는 것이다. (38)은 연어적 혼성어에 속하고, (39)도 연어적 혼성어에 속한 것이다. (39다)에 '총명파스'는 '이마에 붙이기만 해도 정신이 맑아진다는 파스'를 뜻한다. (40)에 '휴대폰깡'은 연어적 혼성어이며, '신용 카드로 휴대 전화를 산 뒤 곧바로 그것을 팔아서 현금으로 돌려쓰는 일'을 가리킨다.

13) 외래어+고유어

(41) AB+CD→AC형: 컴켕(computer+켕기-)
(42) AB+CD+EF→ABCDF형: 인뽕(in-lineskate+뽕)

(41~42)는 선행요소가 후행요소를 수식하는 연어적 혼성어에 속한다. (41)에 '컴켕'은 '컴퓨터에 대해 아는 바가 전혀 없어 컴퓨터에 관한 이야기만 나오면 괜히 켕기는 사람'을 말하며, (42)에 '인뽕'은 인라인 스케이트의 매력을 마약에 비유하여 사용하는 말이다.

14) 외래어+한자어

(43) AB+CD→AD형: 가. 리권(rhythm+跆拳)

　　　　　　　　　　나. 택숙자(taxi+露宿者)

(44) AB+CD→ABC형: 웹동(web同[internet+同好會])

(45) AB+CD→ACD형: 토폐인(TOEIC[Testing of English for International

　　　　　　　　　Communication]+廢人), 케미갑(chemistry+甲)

(46) AB+CD→ABD형: 갓수(god+白手)

(47) AB+CD+EF→BCDEF형: 덕통사고(otaku[御宅]+通+事故)

(43가)는 등위적 혼성어에 속한 것이며, '리권'은 '체육'과 관련된 명사 '리듬 체조(rhythm)'와 '태권도'가 합친 경우이다. (43나)는 선행요소가 후행 요소를 수식하는 연어적 혼성어에 속한 것이다. (44~47)도 모두 연어적 혼 성어에 속한 것이다.

15) 외래어+한자어+고유어

(48) AB+CD→AC형: 베댓(best+對글)

(48)은 선행요소 '베스트(best)'가 후행요소 '댓글'을 수식하는 연어적 혼 성어에 속한 것이다. '베댓'은 '베스트(best)'와 '댓글'의 혼성이다.

16) 외래어+한자어+외래어

(49) AB+CD+EF→ACDEF형: 헬기스키(helicopter+機+ski), 헬기택시(helicopter+

機+taxi)

(49)는 '교통'에 나타나는 선행요소가 후행요소를 수식하는 연어적 혼성어에 속한 것이다.

17) 외래어+외래어+외래어

(50) AB+CD+EF→ABCDF형: 게임머니깡(game+money+わりかん)

(50)은 선행요소가 후행요소를 수식하는 연어적 혼성어에 속한 것이다.

나. 혼성-'축약+혼성'형

1) 한자어+외래어

(51) AB+CD→X(A+B)+D형: 갠톡(個人+Kakaotalk)

(51)은 선행요소 '개인'이 후행요소 '카카오톡'을 수식하는 연어적 혼성어에 속한 것이다. 선행요소 '개인'은 한 글자 '갠'으로 형태의 축약을 일어난다.

한국어 혼성의 유형 중에 'AB+CD→ABD형'은 모두 47개이며 전체의 36%로 혼성어에서 가장 큰 부분을 차지하고 있다. 그 다음 유형 'AB+CD →AD형'은 모두 32개이며 혼성어 전체의 25%로 생산력이 높은 두 번째 유형이다. 나머지 유형은 거의 비슷한 빈도로 나오는 것이다. 위에서 서술한 내용을 표로 제시하면 아래와 같다.

〈표 4-39〉 한국어-혼성의 단어화 분석 도표

한국어-혼성의 구조 분포 도표				
분류			단어 수	비율(%)	예
단순형	고유어＋고유어	AB＋CD→AD형	3	2.26	할마, 할빠, 혼밥
		AB＋CD→BD형	1	0.75	빠순이
	고유어＋외래어	AB＋CD→AD형	3	2.26	아티즌, 담파라치, 쓰파라치
		AB＋CD→ABD형	**16**	**12.03**	쌀깡, 김치가스, 떡버거…
		AB＋CD→ACD형	2	1.50	몰폰카, 할맘
		AB＋CD→BD형	2	1.50	줌마렐라, 꾸러기템
		AB＋CD→ABC형	1	0.75	발퀼
	고유어·한자어＋외래어	AB＋CD→AD형	1	0.75	노파라치
		AB＋CD→ABD형	**1**	**0.75**	서울시파라치
		AB＋CD→ABC형	1	0.75	깡통아파트
	고유어＋한자어	AB＋CD→AD형	2	1.50	더부심, 먹부심
		AB＋CD→ABD형	1	0.75	돈성(돈＋三星)
		AB＋CD→BD형	1	0.75	털소기
	고유어＋한자어·고유어	AB＋CD→AD형	1	0.75	갈겹살
		AB＋CDE→AD형	1	0.75	갈겹
	고유어＋한자어·외래어	AB＋CD→BD형	1	0.75	선팅
	한자어＋고유어	AB＋CD→AD형	3	2.26	강짱, 노빠, 황빠
		AB＋CD→AC형	1	0.75	오륙도
		AB＋CD→ABD형	**1**	**0.75**	금추

		AB+CD→ACD형	1	0.75	사순이
한자어+고유어· 한자어+한자어		AB+CD+EF+GH→ ACEG형	1	0.75	자동봉진
한자어+고유어· 한자어+한자어· 고유어		AB+CD+EF→ACF형	1	0.75	혐짤따
한자어·고유어+ 한자어+고유어		AB+CD+EF→ACE형	1	0.75	장친사
	한자어+한자어	AB+CD→AD형	1	0.75	일석양득
		AB+CD→AC형	7	5.26	육이오, 사오정 …
		AB+CD→ABD형	**2**	**1.50**	중매혼, 자살철
		AB+CD→ACD형	4	3.01	모부자, 화장약품…
		AB+CD→ABC형	2	1.50	과학고, 지방고
		AB+CD+EF→ACE형	1	0.75	검경언
		AB+CD+EF→ BCDEF형	1	0.75	채어육
		AB+CD+EF→ACF형	1	0.75	임고생
		AB+CD+EF→ ABCE형	1	0.75	훈녀생정
		AB+CD+EF+GH→ ACEG형	1	0.75	대발전지
	한자어+외래어	AB+CD→AD형	16	12.03	대파라치, 식파라치…
		AB+CD→AC형	3	2.26	소콜, 태보, 건테크
		AB+CD→ABD형	**23**	**17.29**	농파라치, 의파라치, 명품깡…
		AB+CD→BC형	1	0.75	혼테크
		AB+CD→ABC형	7	5.26	총명파스, 체테크,

					직테크…
		AB+CD+EF→ ABCDF형	1	0.75	휴대폰깡
	외래어+고유어	AB+CD→AC형	1	0.75	컴켕
		AB+CD+EF→ ABCDF형	1	0.75	인뽕
	외래어+한자어	AB+CD→AD형	1	0.75	리권, 택숙자
		AB+CD→ABC형	1	0.75	웹동
		AB+CD→ACD형	2	1.50	토폐인, 케미갑
		AB+CD→ABD형	1	0.75	갓수
		AB+CD+EF→ BCDEF형	1	0.75	덕통사고
	외래어+한자어+ 고유어	AB+CD→AC형	1	0.75	베댓
	외래어+한자어+ 외래어	AB+CD+EF→ ACDEF형	2	1.50	헬기스키, 헬기택시
	외래어+외래어+ 외래어	AB+CD+EF→ ABCDF형	1	0.75	게임머니깡
'축약+ 혼성'형	한자어+외래어	AB+CD→ X(A+B)+D형	1	0.75	갠톡
계			133	100	

혼성의 유형은 주로 아래와 같다.

(52) 가. AB+CD→AD형: 아티즌(아줌마+netizen)

　　나. AB+CDE→AD형: 갈겹(갈비+三겹살)

　　다. AB+CD→BC형: 혼테크(婚tech[結婚+technology])

　　라. AB+CD→ABD형: 산삼돌(산삼+idol)

　　마. AB+CD→ACD형: 습온도(濕度+溫度)

바. AB+CD→BD형: 선팅(맞선+紹介ting)

사. AB+CD→BCD형: 빠순이(오빠+순이)

아. AB+CD→ABC형: 총명파스(聰明+Pasta)

자. AB+CD→AC형: 소콜(소주+콜라)

차. AB+CD+EF→ACF형: 임고생(임용+고시+준비생)

카. AB+CD+EF→ABCE형: 훈녀생정(훈녀+생활+정보)

타. AB+CD→X(A+B)+D형: 갠톡(개인+Kakaotalk)

파. AB+CD+EF+GH→ACEG형: 자동봉진(자율 활동+동아리 활동+
봉사 활동+진로활동)

하. AB+CD+EF→ABCDF형: 휴대폰깡(携帶+phone+[Bariquand])

갸. AB+CD+EF→ACE형: 장친사(丈母님+親舊+사위)

냐. AB+CD+EF→BCDEF형: 채어육(야채+魚+肉)

댜. AB+CD+EF→ACDEF형: 헬기스키(helicopter+機+ski)

혼성의 유형은 위에서 제시한 17가지 종류뿐만 아니라 'AB+CD→ABCD
형'만 제외하면 다 혼성어로 볼 수 있는 경우가 많다. 그러나 혼성어 중에는
'AB+CD→AC형'이 두음절어와 구별하기 어려운 예도 자주 나타난 때가 있
다.

[중국어]

〈표 4-40〉 중국어 신어에서 혼성어의 형태·의미 분류

형태 분류	어원 분류	의미 분류	예
AB+CD→AD형	고유어+고유어	연어적 혼성어	基友, 綠游…
	외래어+고유어	연어적 혼성어	奧鈔, 奧衫, 奧運鈔
AB+CD→BD형	고유어+고유어	연어적 혼성어	川震, 肉友…
	고유어+외래어	연어적 혼성어	團博
AB+CD→ABD형	고유어+고유어	연어적 혼성어	气球貸, 熊吻…
AB+CD→ACD형	고유어+고유어	등위적 혼성어	周老虎, 越歌劇
		연어적 혼성어	國十條, 國六條…
	외래어+고유어	연어적 혼성어	微維權, 微語言, 微電商
AB+CD→BCD형	고유어+고유어	연어적 혼성어	蝠流感, 慢電視
AB+CD→BC형	고유어+고유어	연어적 혼성어	熟年, 游賄…
AB+CD→ABC형	고유어+고유어	등위적 혼성어	女子男
		연어적 혼성어	窮人跑, 次級貸
AB+CD→AC형	고유어+고유어	연어적 혼성어	鹽融, 重戶…
	외래어+고유어	연어적 혼성어	奧運婚, 奧運肉
AB+CDE→ACE형	고유어+고유어	연어적 혼성어	云博會
AB+CD+EF→ACF형	고유어+고유어	연어적 혼성어	交强險, 公意險…
	외래어+외래어+고유어	등위적 혼성어	紐倫港
	고유어+외래어+외래어	등위적 혼성어	百谷虎
AB+CD+EF→BF형	고유어+고유어	연어적 혼성어	邦癮, 寨友
AB+CD+EF→BDF형	고유어+고유어	등위적 혼성어	矮矬窮, 白富美…
AB+CD+EF→BCF형	고유어+고유어	등위적 혼성어	高孝帥, 土肥圓
AB+CD+EF+GHI→DGI형	고유어+고유어	연어적 혼성어	刊博會
ABC+DE+F→BDF형	고유어+고유어	연어적 혼성어	公健操
AB+CD+EF→AF형	외래어+외래어+고유어	연어적 혼성어	奧姐

가. 혼성-단순형

1) 고유어+고유어

(1) AB+CD→AD형:

가. 基友(基金+朋友), 晒友(晒客+朋友), 邦友(邦民+朋友)

나. 領爸(領養+爸爸), 單爸(單親+爸爸), 領媽(領養+媽媽)

다. 演風(演習+作風), 四風(四种+作風)

라. 綠游(綠色+綠游), 氯彈(氯气+炸彈), 熱榜(熱門+排行榜), 舞育(舞蹈+教育), 奧運沙(奧運會+專用沙), 鼠條(鼠年+金條), 地口膠(地上+口膠), 色聘(色相+招聘), 智弈(智商+博弈), 网政(网民+行政), 地溝机(地溝油+手机), 品委(品嘗+評委), *備胎(備用+輪胎), 元本草(元刻本+《類編圖經集注衍義本草》), 二劇(二百五+電視劇), 秒標(秒殺+競標), 小微園(小微企業+創業園)

　　(1)은 선행요소가 후행요소를 수식하는 연어적 혼성어에 속한다. (1가)는 '사람'과 관련된 'X+友'로 된 혼성이고, (1나)는 '호칭'에 나타나는 'X+爸/媽'로 된 혼성이고, (1다)는 사상・일・생활 등의 일관된 기풍이나 분위기에 나타나는 'X+風'로 된 혼성이다. (1라)에 '綠游(록유)'는 '녹색환경보호여행'을 말하며, '氯彈(록단)'은 '염소가스폭탄'을 뜻하며, '熱榜(열방)'은 '핫 차트 (hot chart)'를 의미한다.

(2) AB+CD→BD형: 川震(四川+地震), 肉友(人肉+朋友), 肉展(人肉+車展), 霾單(防霾+消費單), 碗標(紙質碗+商標), 毀料(銷毀+廢料)

(2)는 선행요소가 후행요소를 수식하는 연어적 혼성어에 속한다. '川震'은 '四川'과 '地震'의 혼성인데, '四川'은 '地震'을 수식하는 것이다. '肉友'은 '人肉'과 '朋友'의 혼성인데, '人肉'은 '朋友'을 수식하는 것이다.

(3) AB+CD→ABD형:

　가. 禪坐游(禪坐+旅游), 地震游(地震+旅游), 神七游(神七+旅游), 机關游(机關+旅游), 清肺游(清肺+旅游), 空气游(空气+旅游)

　나. 賞月險(賞月+保險), 摔倒險(摔倒+保險), 脫光險(脫光+保險), 熊孩子險(熊孩子+保險)

　다. 气球貸(气球+房貸), 熊吻(熊+親吻), 保障房(保障+住房), 漏斗屛(漏斗+顯示屛), 清華簡(清華+竹簡), 童養蟹(童養+螃蟹), 偸拍筆(偸拍+圓珠筆), 問題奶(問題+牛奶), 蛆橘(蛆+柑橘), 白領餐(白領+午餐), 嘮嗑劇(嘮嗑+影視劇), 微信圈(微信+朋友圈)

(3)은 선행요소가 후행요소를 수식하는 연어적 혼성어에 속한다. (3가)는 '유행'과 관련된 'X+游'로 된 혼성이고, (3나)는 '보험'과 관련된 'X+險'로 된 혼성이다. '地震游'은 '地震'과 '旅游'의 혼성인데, '地震'은 '旅游'를 수식하는 것이다.

(4) AB+CD→ACD형:

　가. 越歌劇(越劇+歌劇)

　나. ① 國十條(國務院+十條), 國六條(國務院+六條)

　　② 微婚礼(微型+婚礼), 微都市(微型+都市), 微公交(微型+公交), 微護照(微型+護照), 微課程(微型+課程), 微留學(微型+留學), 微媒介(微博/微信+媒介), 微拼車(微型+拼車), 微田園(微型+田園), 微訴訟(微

信+訴訟), 微音樂(微型+音樂/微博+音樂), 微打車(微信+打車), 微
腐敗(微型+腐敗), *微經濟(微型+經濟), *微理財(微博/微信+理財),
*微銀行(微信/微博+銀行)

③ 易之歌(易建聯+之歌), 周老虎(周正龍+老虎)

④ 願動力(願望+動力), 宜車貸(宜信+車貸), 崩世代(崩潰+世代), 農周
期(農産品+周期)

(4가)는 등위적 혼성어에 속한다. '越歌劇(월가극)'은 '越劇(월극)'과 '歌劇
(가극)'를 혼성한 것이다. '越劇(월극)'과 '歌劇(가극)'은 다 '연극'에 속하여 등
위적 혼성어이다. (4나)는 연어적 혼성어에 속한다. (4나①)는 '國+X'로 된
혼성이고 (4나②)는 '微+X'로 된 혼성이다. (4나③)은 '사람'과 관련된 혼성
이다. '易之歌(역지가)'는 '이지엔리엔 응원가(미국 프로농구 NBA에 진출한 중
국인 농구선수 易建聯을 위한 응원가)'를 가리킨다. '周老虎'은 '周正龍'과 '老虎'
를 혼성한 것인데, 후행요소 '老虎'는 선행요소 '周正龍'을 수식하는 것이다.

(5) AB+CD→BCD형: 蝠流感(蝙蝠+流感), 慢電視(節奏慢+電視)

(5)에 '蝠流感', '慢電視'는 선행요소 '蝙蝠', '節奏慢'이 후행요소 '流感',
'電視'를 수식하는 연어적 혼성어에 속한다.

(6) AB+CD→BC형:

가. 筆替(文筆+替身), 飯替(吃飯+替身)

나. 熟年(成熟+年紀), 游賄(旅游+賄賂), 焦癌(香蕉+癌症), 霾天(灰霾+天
气), 牛釘(最牛+釘子戶), 婚活(結婚+活動), 虫柑(幼虫+柑橘), 虫橘(幼
虫+橘子), 潮課(新潮+課程), 气商(脾气+商數), 劇傻(電視劇+傻子), 号

腐(搖号＋腐敗), 碼農(代碼＋農民), 霾情(霧霾＋情況)

(6)은 연어적 혼성어에 속한다. (6가)는 '사람'과 관련된 'X＋替'로 된 혼
성이며 '筆替(필체)'는 '영화나 TV에서 배우 대신 붓글씨를 쓰거나 그림을
그리는 대역'을 의미하며, '飯替(반체)'는 '영화나 TV에서 배우 대신 밥을 먹
어주는 대역'을 뜻한다.

(7) AB＋CD→ABC형:

　　가. 女子男(女子＋男子)

　　나. ① 次級貸(次級＋貸款), 次級債(次級＋債務)

　　　　② 微信群(微信＋群聊), 微信沃(微信＋沃卡)

　　　　③ 窮人跑(窮人＋跑車), 樣板基(樣板＋基金), 企電(企業＋電能), 私電(私
　　　　　人＋電能), 風走廊(通風＋走廊), 考研蟻(考研＋蟻族)

(7가)는 '사람'과 관련된 등위적 혼성어에 속하며 (7나)는 선행요소가 후
행요소를 수식하는 연어적 혼성어에 속한다. (7나①)은 '次級＋X'로 된 혼성
이며 (7나②)는 '微信＋X'로 된 혼성이다.

(8) AB＋CD→AC형: 鑒融(鑒定＋融資), 重戶(重夏＋戶口), 吃官(吃喝＋官員), 彩
　　　　　　　　　色跑(彩色粉末＋跑步), 輪奶(輪流＋奶粉), 証腐(証件＋腐敗)

(8)은 선행요소'鑒定', '重夏' 등 후행요소 '融資', '戶口' 등을 수식하는 연
어적 혼성어에 속한다.

(9) AB＋CDE→ACE형: 云博會(云計算＋博覽會)

(9)는 선행요소 '云計算'이 후행요소 '博覽會'를 수식하는 연어적 혼성어에 속한다.

(10) AB+CD+EF→ACF형:

　　가. 交强險(交通事故責任+强制+保險), 公意險(公路+意外傷害+保險)

　　나. 世奢會(世界+奢侈品+協會), 家斗劇(家庭+斗爭+影視劇), 慢疲征(慢性+疲勞+綜合征)

　　다. 維穩金(維持+穩定+補償金), 中銀鈔(中國+銀行+百年華誕紀念鈔)

(10)은 선행요소가 후행요소를 수식하는 연어적 혼성어에 속한다. (10가)는 'X+險'로 된 생산성이 높은 혼성구조이며 (10나)에 'X+會', 'X+劇', 'X+征'로 된 혼성도 생산성이 높은 편이다.

(11) AB+CD+EF→BF형: 邦癮(聯邦+止咳露+藥癮), 寨友(山寨+産品+朋友)

(11)은 선행요소가 후행요소를 수식하는 연어적 혼성어에 속한다.

(12) AB+CD+EF→BDF형: 矮矬窮(身材矮+長相矬+家庭窮), 白富美(皮膚白+家境富+相貌美), 白富帥(皮膚白+家境富+長相帥), 高富美(身材高+家境富+相貌美)

(12)는 등위적 혼성어에 속한다. (12)에 '矮矬窮'은 '키가 작고 돈도 없고 못생긴 남자'를 뜻하며, '白富美(백부미)'는 '피부 하얗고 돈 많고 예쁜 여자'를 가리키고 '高富美'는 '키가 크고 돈 많고 예쁜 여자'를 뜻한다.

(13) AB+CD+EF→BCF형:

　　高孝帥(身材高+孝順+長相帥), 土肥圓(長相土+肥胖+体型圓)

(13)은 등위적 혼성어에 속한다. '土肥圓'은 '촌스럽고 둥글고 못생긴 남녀'를 지칭한다.

(14) AB+CD+EF+GHI→DGI형: 刊博會(中國+期刊+交易+博覽會)

(14)는 선행요소가 후행요소를 수식하는 연어적 혼성어에 속한다.

(15) ABC+DE+F→BDF형: 公健操(辦公室+健身+操)

(15)는 선행요소가 후행요소를 수식하는 연어적 혼성어에 속한다.

2) 외래어+고유어

(1) AB+CD→AD형: 奧鈔(Olympic Games+紀念鈔), 奧衫(Olympic Games+地圖衫), 奧運鈔(Olympic Games+紀念鈔)

(1)은 선행요소가 후행요소를 수식하는 연어적 혼성어에 속한다.

(2) AB+CD→AC형: 奧運婚(Olympic Games+婚事), 奧運肉(Olympic Games+肉類)

(2)는 선행요소 'Olympic Games'가 후행요소 '婚事', '肉類'을 수식하는 연

어적 혼성어에 속한다.

(3) AB+CD→ACD형: 微維權(MicroBlog+維權), 微語言(MicroBlog+語言)微電商(MicroBlog+電商)

(3)은 선행요소가 후행요소를 수식하는 '微+X'로 된 연어적 혼성어에 속하며 '微語言(미어언)'은 '간단명료한 언어 및 미니 블로그에서 유행하는 언어'를 가리킨다.

3) 고유어+외래어

(1) AB+CD→BD형: 團博(共靑團+微博(miniblog))

(1)은 선행요소 '共靑團'가 후행요소 '微博'를 수식하는 연어적 혼성어에 속한다.

4) 외래어+외래어+고유어

(1) AB+CD+EF→AF형: 奧姐(Olympic Games+礼儀+小姐)

(1)은 선행요소 'Olympic Games', '礼儀'가 후행요소 '小姐'를 수식하는 연어적 혼성어에 속한다.

(2) AB+CD+EF→ACF형: 紐倫港(紐約(New York)+倫敦(London)+香港)

(2)는 지명에 나타나는 등위적 혼성어에 속한다. '紐倫港'은 '紐約', '倫敦', '香港'을 혼성한 것이다.

5) 고유어+외래어+외래어

(1) AB+CD+EF→ACF형: 百谷虎(百度+谷歌(Google)+雅虎(Yahoo))

(1)은 '인터넷 검색 엔진'을 나타나는 등위적 혼성어에 속한다. '百谷虎'은 '百度', '谷歌', '雅虎'을 혼성한 것이다.

나. 혼성-'기타+혼성'

1) 고유어+고유어

(1) 金十條(《關于金融支持經濟結构調整和轉型升級的指導意見》+十條)

(1)은 선행요소 '關于金融支持經濟結构調整和轉型升級的指導意見'가 후행요소 '十條'를 수식하는 연어적 혼성어에 속한다.

〈표 4-41〉 중국어-혼성의 구조 분석 도표

분류			단어 수	비율(%)	예
단순형	고유어 +고유어	AB+CD→AD형	25	17.36	基友, 綠游…
		AB+CD→BD형	6	4.17	川震, 肉友…
		AB+CD→ABD형	22	15.28	气球貸, 熊吻…
		AB+CD→ACD형	25	17.36	國十條, 國六條…

		AB+CD→BCD형	2	1.39	蝠流感, 慢電視
		AB+CD→BC형	16	11.11	熟年, 游睡…
		AB+CD→ABC형	11	7.64	窮人跑, 次級貸…
		AB+CD→AC형	6	4.17	鎰融, 重戶…
		AB+CDE→ACE형	1	0.69	云博會
		AB+CD+EF→ACF형	7	4.86	交强險, 公意險…
		AB+CD+EF→BF형	2	1.39	邦癮, 寨友
		AB+CD+EF→BDF형	4	2.78	矮矬窮, 白富美…
		AB+CD+EF→BCF형	2	1.39	高孝帥, 土肥圓
		AB+CD+EF+GHI→DGI형	1	0.69	刊博會
		ABC+DE+F→BDF형	1	0.69	公健操
	외래어+고유어	**AB+CD→AD형**	**3**	2.08	奧鈔, 奧衫, 奧運鈔
		AB+CD→AC형	2	1.39	奧運婚, 奧運肉
		AB+CD→ACD형	**3**	2.08	微維權, 微語言, 微電商
	고유어+외래어	AB+CD→BD형	1	0.69	團博
	외래어+외래어+고유어	AB+CD+EF→AF형	1	0.69	奧姐
		AB+CD+EF→ACF형	1	0.69	紐倫港
	고유어+외래어+외래어	AB+CD+EF→ACF형	1	0.69	百谷虎
'기타+혼성'형	고유어+고유어		1	0.69	金十條
계			144	100	

	전체 신어 수	혼성어 수	비율(%)
2002년	197	23	11.68
2003년	379	23	6.07
2004년	359	27	7.52
2005년	269	25	9.29
2014년	168	32	19.05

〈표 4-43〉 중국어-혼성어의 통시적인 분석 도표

	전체 신어 수	혼성어 수	비율(%)
2006년	88	8	9.09
2007년	208	23	11.06
2008년	256	30	11.72
2012년	279	40	14.34
2013년	228	43	18.86

위에 <표 4-42>와 <표 4-43>을 통해 최근 5년 동안 한·중 혼성어의 통시적인 특징을 비교해 볼 수 있다. 첫째, 한국어 혼성어의 비율은 평균적 10.72%를 차지하며 중국어 혼성어의 비율은 평균적 13.01%를 차지하는 것이라서 중국어 혼성어가 조금 더 많은 편이고 양국 혼성어의 비율은 거의 비슷한 것이다. 둘째, 한·중 양국 '혼성'은 최근에 월등히 강한 신어 생산력을 가져서 지속적 증가하는 양상을 보인다. 한국어의 경우, 2002년 혼성어는 11.68%, 2003년에 6.07%, 2004년에 7.52%, 2005년에 9.29%, 2014년에 오면 19.05%가 된 것이다. 2002년~2014년 혼성어의 비율을 지속적인 증가를 보이고 특히 2014년에 급격한 증가를 보인다. 중국어의 경우도 2006년에는 9.09%, 2007년에 11.06%, 2008년에 11.72%, 2012년에 14.34%, 2013년에 18.86%를 차지하는 것이다. 2006년~2013년 혼성어의 비율을 지

속적인 증가를 보이고 특히 2014년에 급격한 증가를 보인다.

한·중 신어 혼성어의 어원, 형태, 의미적 특징을 자세히 비교해 보자. 우선, 한·중 신어 혼성어는 어원 분류에서 비교해 본다.

한국어 혼성어의 어원 결합은 '고유어+고유어, 고유어+외래어, 고유어·한자어+외래어, 고유어+한자어, 고유어+한자어·고유어, 고유어+한자어·외래어, 한자어+고유어, 한자어+고유어·한자어+한자어, 한자어+고유어·한자어+한자어·고유어, 한자어·고유어+한자어+고유어, 한자어+한자어, 한자어+외래어, 외래어+고유어, 외래어+한자어, 외래어+한자어+고유어, 외래어+한자어+외래어, 외래어+외래어+외래어' 이렇게 17가지 유형이 있다.

중국어 혼성어의 어원 결합은 '고유어+고유어, 외래어+고유어, 고유어+외래어, 외래어+외래어+고유어, 고유어+외래어+외래어'와 같이 5가지 유형이 있다.

한국어 혼성어의 어원은 고유어, 한자어, 외래어가 있으나 중국어 혼성어 어원은 고유어와 외래어만 있다. 한국어에서 '한자어+외래어(대파라치, 식파라치)'의 어원 결합은 51개 혼성어가 생성되며 전체의 39.23%를 차지하여 그의 분포가 제일 많은 편이다. 중국어에서 '고유어+고유어(基友)'의 어원 결합은 131개 혼성어가 생성되고 전체의 90.97%를 차지하여 그의 분포가 가장 많은 편이다.

다음, 한·중 신어 혼성어의 형태 분류를 자세히 비교해 본다.

한국어 신어에서 혼성어의 형태 분류는 'AB+CD→AD형(할마), AB+CD→ABD형(몰래뽕), AB+CD→ACD형(할맘), AB+CD→BD형(줌마렐라), AB+CDE→AD형(갈겹), AB+CD→BC형(혼테크), AB+CD→BCD형(빼순이), AB+CD→ABC형(총명파스), AB+CD→AC형(소콜), AB+CD+EF→ACF형(임고생), AB+CD+EF→ABCE형(훈녀생정), AB+CD→X(A+B)+D형(갠톡), AB+CD+EF+GH

→ACEG형(자동봉진), AB+CD+EF→ACE형(장친사), AB+CD+EF→BCDEF형(채어육), AB+CD+EF→ACDEF형(헬기스키), AB+CD+EF→ABCDF형(게임머니깡)' 이렇게 17가지 유형이 있다.

중국어 신어에서 혼성어의 형태 분류는 'AB+CD→AD형(基友), AB+CD→BD형(川震), AB+CD→ABD형(熊吻), AB+CD→ACD형(國十條), AB+CD→BCD형(蝠流感), AB+CD→BC형(熟年), AB+CD→ABC형(女子男), AB+CD→AC형(鑒融), AB+CDE→ACE형(云博會), AB+CD+EF→ACF형(紐倫港), AB+CD+EF→BF형(邦癮), AB+CD+EF→BDF형(矮矬窮), AB+CD+EF→BCF형(高孝帥), AB+CD+EF+GHI→DGI형(刊博會), ABC+DE+F→BDF형(公健操), AB+CD+EF→AF형(奧姐)' 이렇게 16가지 유형이 있다.

한국어 신어 혼성어에서 형태분포가 가장 많은 유형은 'AB+CD→ABD형'이다. 이 유형은 모두 47개 단어를 생성되며 전체의 36%로 혼성어에서 가장 큰 부분을 차지하고 있다. 중국어 신어 혼성어에서 형태분포가 가장 많은 유형은 'AB+CD→AD형'과 'AB+CD→ACD형'이다. 두 유형은 똑같이 28개 혼성어를 생성되고 혼성어 전체의 19.44%를 차지하여 가장 많은 유형이다.

마지막, 한·중 신어 혼성어의 의미 분류 차이를 살펴본다.

한국어 신어 중에 혼성어의 의미 분류는 '동의적 혼성어(선팅), 등위적 혼성어(할마, 할빠), 연어적 혼성어(지방고, 과학고)' 이렇게 3종류가 있다.

중국어 신어 중에 혼성어의 의미 분류는 '등위적 혼성어(周老虎, 越歌劇), 연어적 혼성어(基友, 綠游)' 이렇게 2종류만 있다.

한·중 혼성어는 모두 연어적 혼성어의 분포가 가장 많은 편인데 중국어 혼성어에서 동의적 혼성어가 없다.

4.5. 두음절어 형성

[한국어]

한국어에 두음어(頭音語, acronym)[148]는 줄임말의 일종으로 단어의 첫 번째 소리를 따서 만든 단어이다. 두음어는 두음절어와 두자음어를 포괄한다. 이 두 유형은 원형식의 첫음절과 첫 자음이라는 소리 단위를 기준으로 만들어 진다. 두음절어는 '즐감(즐거운 감상)'과 같은 것이며, 두자음어는 'ㅈㄱ(즐감, '즐거운 감상'의 줄임말)'과 같은 것이다(이영제 2015:166). '두음절어는 혼성어 와 동일하게 절단과 합성이라는 두 가지 단어 형성기제가 적용된 것으로 볼 수 있다(노명희 2010:262).' 또한, 대부분 두음절어는 원래의 단어, 절, 구 가 갖는 의미와 두음절어 형성으로 된 형식의 의미가 같다.

두음절어의 형태·의미 분류에 관한 학자들의 의견을 정리해 보면 아래 와 같다.

노명희(2010)에서 두음절어 어원은 '한자어', '고유어', '고유어나 한자어, 외래어 등 구별하지 않음' 이렇게 세 가지 종류로 나누어 있다. 한자어에서 는 '전국 대학생 협의회'와 같이 원래 형태가 언중들에게 하나의 단위로 인 식되는 구조가 있다. 고유어에서 '노사모, 난쏘공'은 '사람들의, 작은'이라 는 한 어절을 생략하는 구조와 '노찾사'와 같은 어절을 생략하지 않는 구조 로 분류된다. 고유어나 한자어, 외래어 등 어원을 구별하지 않는 '몰카, 완 소남'은 최근에 등장한 두음절어이다.

---

148) 이영제(2015)에서 두음어를 용어로 사용하고 있지만 본 논문에서는 두음절어를 사용 한다.

<표 4-44> 한국어 두음절어의 형태 분류(노명희 2010:261-263)

어원 분류	형태 분류	예
한자어	원래 형태가 언중들에게 하나의 단위로 인식됨	전대협, 공고, 공대
고유어	한 어절을 생략하는 것	노사모, 난쏘공
	어절을 생략하지 않는 것	노찾사
고유어나 한자어, 외래어 등 구별하지 않음	비교적 최근에 등장한 두음절어	몰카, 완소남, 즐감

이영제(2015)에서 두음절어는 구성 성분에 따라서는 명사구 복합 구성의 두음어와 용언이 포함된 구성의 두음어로 나누어 있다. 명사구 복합 구성의 두음어는 '명사＋명사(강추), 명사＋명사＋명사(엄친아), 명사 병렬 구성(김떡순), 4음절로 축약된 것(자동봉진)'으로 나누어 있고 용언이 포함된 구성의 두음어는 '2음절로 축약된 것(갈비), 3음절로 축약된 것(결못녀), 용언구/체언절로부터 축약된 것(갑툭튀), 4음절로 축약된 것(낮져밤이)'으로 분류한다.

<표 4-45> 한국어의 두음어화 형태 분류(이영제 2015:168-171)

	형태 분류	예
명사구 복합 구성의 두음어	명사＋명사	강추, 모쏠, 생선, 예판
	명사＋명사＋명사	엄친아, 남사친, 대졸사
	명사 병렬 구성	김떡순, 안여멸
	4음절로 축약된 것	찐찌버거, 자동봉진
용언이 포함된 구성의 두음어	2음절로 축약된 것	갈비, 칼퇴
	3음절로 축약된 것	결못녀, 근완얼
	용언구/체언절로부터 축약된 것	갑툭튀, 길막
	4음절로 축약된 것	낄끼빠빠, 낮져밤이

이영제(2015)에서 두음절어의 의미 분류에서는 주로 '가싶남, 까도남'과 같은 원형식과 두음어의 지시대상이 동일한 것과 '금사빠, 은따, 먹튀'와 같은 본래의 의미와 다른 의미를 함께 나타나는 것으로 분류한다.

〈표 4-46〉 한국어의 두음어화 의미 분류(이영제 2015:180-183)

의미 분류			예
명사구 구성	N+N 구조	원형식과 두음어의 지시대상이 동일한 것	해투, 개콘, 무도
	N+N+N 구조		엄친아, 엄친딸
용언이 포함된 구구성	원형식과 두음어의 지시대상이 동일한 것		가싶남, 까도남
	본래의 의미와 다른 의미를 함께 나타나는 것		금사빠, 은따, 먹튀

노명희(2010)에서 어원 분류는 '한자어', '고유어', '고유어나 한자어, 외래어 등 구별하지 않음' 이렇게 세 가지 종류만 나누어 있으나 신어 자료집을 정리해 보면 더 다양하고 자세한 분류 방식을 제시할 수 있다. 예를 들면, '고유어+고유어(짱멋, 감튀), 고유어+한자어(즐감, 먹토), 고유어+고유어+한자어(닥눈삼), 고유어+한자어+고유어(너곧나), 한자어+고유어(정모, 완얼), 한자어+외래어 · 한자어+한자어+외래어 · 한자어(일톱삼박)' 등이다. 이영제 (2015)에서 품사 분류는 '명사+명사(강추), 명사+명사+명사(엄친아), 용언구/ 체언절로부터 축약된 것(갑툭튀)'만 제시하지만 신어 자료집을 정리해보면 '대명사+부사+대명사(너곧나), 명사+부사(심쿵), 부사+용언+명사(직찍사)' 와 같은 품사 결합 구조도 있다. 이영제(2015)에서는 두음절어가 '2음절로 축약된 것, 3음절로 축약된 것, 4음절로 축약된 것'으로 분류하는 방식은 이 책에서도 수용하겠다. 또한 이영제(2015)에서 두음절어가 의미적으로 '원형식과 두음어의 지시대상이 동일한 것, 본래의 의미와 다른 의미를 함께 나타나는 것'으로 나누는 방식은 본 논문도 수용하지만 신어 자료집을 정리해

보면 실은 '원형식과 두음어의 지시대상이 동일한 것(감튀), 원형식과 두음어의 지시대상이 동일하지 않은 것(평타취), 본래의 의미와 다른 의미를 함께 나타나는 것(문막튀)' 이렇게 세 가지 유형이 나타난다. 그러나 한국어 신어 두음절어 형성의 의미 분류 도표에서는 '의미 변화 있음, 의미 변화 없음(감튀)' 두 종류만 나누겠다. 위에서 서술한 문제를 정리한 후에 한국어 신어 두음절어 형성의 형태·의미 분류 도표는 다음과 같다.

〈표 4-47〉 한국어 신어 두음절어 형성의 형태·의미 분류 도표

어원	품사	음절수	의미	예
고유어+고유어	① 명사+명사	2음절	의미 변화 없음	짱멋, 감튀
	② 용언+명사	2음절	의미 변화 없음	맛저
		3음절	의미 변화 있음	누크콩, 피꺼솟
고유어+한자어	① 용언+명사	2음절	의미 변화 없음	즐감, 먹토
고유어+고유어+한자어	① 용언+명사	3음절	의미 변화 없음	닥눈삼
고유어+한자어+고유어	① 대명사+부사+대명사	3음절	의미 변화 없음	너곧나
한자어+고유어	① 명사+명사	2음절	의미 변화 없음	정모, 완얼, 현옷
	② 용언+명사	2음절	의미 변화 있음	심멋
		3음절	의미 변화 있음	문막튀, 평타취
	③ 명사+부사	2음절	의미 변화 있음	심쿵
한자어+고유어+한자어	① 명사+명사+명사	3음절	의미 변화 없음	수투위, 남사친, 여사친
	② 부사+용언+명사	3음절	의미 변화 없음	직찍사
한자어+한자어	① 명사+명사	2음절	의미 변화 없음	단관, 소폭…
한자어+한자어+한자어	① 명사+명사+명사	3음절	의미 변화 없음	이태백, 자소서…
한자어+외래어	① 명사+명사	2음절	의미 변화 없음	악개, 개파,

				종파
한자어+외래어+ 한자어	① 명사+명사+ 명사	3음절	의미 변화 없음	교카충, 약스압
한자어+외래어· 한자어+한자어+ 외래어·한자어	① 명사+명사+ 명사+명사	4음절	의미 변화 없음	일톱삼박
외래어+고유어	① 명사+명사	2음절	의미 변화 없음	빠던
외래어+한자어	① 명사+명사	2음절	의미 변화 없음	빠충
	② 용언+명사	3음절	의미 변화 없음	베커상
외래어·한자어+ 고유어	① 용언+명사	2음절	의미 변화 있음	피튀
고유어+한자어+ 고유어+외래어	① 명사+명사+ 명사+명사	4음절	의미 변화 없음	애유엄브
고유어+외래어+ 한자어	① 용언+명사	3음절	의미 변화 없음	꼬돌남
외래어+고유어+ 한자어	① 명사+명사+ 명사	3음절	의미 변화 있음	와친남

1) 고유어+고유어

① 명사+명사

(1) 짱멋(짱+멋짐), 감튀(감자+튀김)

(1)은 '명사+명사'의 명사절구성이 2음절의 두음절어로 형성된 예들이다. '짱멋'과 '감튀'는 모두 원형식과 두음절어의 지시대상이 동일하고 의미 변화가 없는 것이다.

② 용언+명사

    (2) 가. 맛저(맛있는+저녁)

       나. 누크콩(누워서+크는+콩나물), 피꺼솟(피가+거꾸로+솟-)

(2)는 '용언+명사'의 용언이 포함하는 두음절어 형성으로 된 예들이다. (2가)는 2음절로 축약된 의미변화가 없는 두음절어이고, (2나)는 3음절로 축약된 두음절어이다. '누크콩'은 '누워서 크는 콩나물이다'에서 두음절어 형성으로 된 명사구이고, '자신의 업무에 충실하지 않으면서도 봉급을 제대로 받는 나태한 직장인'을 뜻하므로 '~하는 사람'의 뜻으로 쓰이게 되어서 본래의 의미와 다른 의미를 나타난다. '피꺼솟'은 '피가 거꾸로 솟다'에서 두음절어 형성으로 된 용언구이며 '매우 화가 났을 때 쓰인 말'이므로 본래의 의미와 다른 의미를 나타난다.

2) 고유어+한자어

① 용언+명사

    (3) 즐감(즐거운+感想), 먹토(먹는+土曜日)

(3)은 '용언+명사'의 용언이 포함된 구구성이 두음절어 형성으로 된 예들이다. '즐감'은 형용사와 명사의 첫음절만 취하여 절단을 일어난 다음에 합성한 2음절 두음절어 예이고, '먹토'도 동사와 명사의 첫음절만으로 2음절 두음절어 형성이 된 예이다. '즐감'과 '먹토'는 다 원형식과 두음절어의 지시대상이 동일한 것이다.

3) 고유어+고유어+한자어

① 용언+명사

    (4) 닥눈삼(닥치고+눈팅+三個月)[149]

    (4)에 '닥눈삼'은 '이다'를 생략한 명사구를 두음절어 형성된 3음절 예이
며 원형식과 두음절어의 지시대상이 동일한 것이다.

4) 고유어+한자어+고유어

① 대명사+부사+대명사

    (5) 너곧나(너의+意見이+곧+나의+意見(이다))

    (5)에 '너곧나'는 '이다'를 생략한 명사절을 두음절어 형성된 3음절 예이
며 원형식과 두음절어의 지시대상이 동일한 것이다. 이 예문에서 '意見이',
'意見(이다)'라는 두 어절을 생략하였는데, '두음절어 형성은 반드시 모든 어
절의 첫음절을 따서 만드는 것은 아님을 보여준다(노명희 2010:262)'.

---

149) '닥눈삼'은 '닥치고 눈팅 삼 개월'을 줄여 쓰는 말로 '인터넷상에서 어떤 게시판을 처
    음 이용하는 사람이 해당 게시판의 문화에 적응할 때까지 글을 쓰지 않고 다른 사람
    의 글을 지켜보기만 한다는 것'을 뜻한다.

5) 한자어+고유어

① 명사+명사

　　(6) 정모(定期+모임), 완얼(完成은+얼굴), 현웃(現實+웃음)150)

(6)은 '명사+명사'의 명사구 복합 구조가 2음절로 축약된 두음절어들이
고 원형식과 두음절어의 지시대상이 동일한 것이다. '명사+명사' 구조에서
명사 병렬 구성을 축약된 예들이 많지만 '정모, 현웃' 같은 경우는 '명사+
동사의 명사화' 구조 때문에 병렬 구성이 아니다.

② 용언+명사

　　(7) 가. 심멋(心臟+멋-)
　　　　나. 문막튀(門을+막아놓고+튀-), 평타취(平均+打率+치-)151)

(7가)에 '심멋'는 '심장이 멋다'는 의미로부터 '심장이 멎을 만큼 멋지거
나 아름다움'의 의미변화가 일어난 2음절 두음절어이다. (7나)는 동사구의
두음절어 형성화가 된 3음절 예들이다. '문막튀'는 목적어와 용언의 첫음절
을 취하였음을 볼 수 있고, '평타취'는 명사의 첫음절과 1음절 동사 어간으
로 두음절어 형성된 예이다. '문막튀'는 '~하는 행위' 또는 '~하는 사람'의

---

150) '완얼'은 '완성은 얼굴'의 줄임말로, '얼굴이 잘생기거나 예쁘면 옷, 머리 모양 등 무엇
　　이든지 그 사람과 잘 어울림'을 뜻하며, '현웃'은 '현실 웃음'을 줄여 쓰는 말로 'ㅋㅋ'
　　따위를 타자로 쳐서 웃음을 표현하는 것이 아니라 실제 웃음'을 가리킬 때 쓰인다.
151) '문막튀'는 '문을 열지 못하게 막아 놓고 도망치는 일. 또는 그런 사람'을 의미한다.

뜻으로 쓰이게 되어서 본래의 의미와 다른 의미를 함께 나타낸 것이다. '평타취'는 게임에서 나온 말로 지금은 '일상에서 평균과 비슷한 수준'의 뜻이므로 의미의 변화를 보인다.

③ 명사+부사

(8) 심쿵(心臟+쿵쾅쿵쾅)[152]

(8)의 '심쿵'은 '하다'를 생략한 서술절을 두음절어 형성된 의미의 변화가 있는 2음절 두음절어이다.

6) 한자어+고유어+한자어

① 명사+명사+명사

(9) 가. 남사친(男子+사람+親舊), 여사친(女子+사람+親舊)
　　나. 수투위(首都+지키기+鬪爭+委員會)

(9)는 의미 변화가 없는 3음절 두음절어이다. (9가)에 '남사친, 여사친'의 경우는 유추와 같은 유사한 패턴의 반복에 의한 두음절어 형성을 만든 예이다. (9나)에는 '지키기'라는 한 어절을 생략하고, '首都, 鬪爭, 委員會'의 명사 병렬구성을 축약한 예이다.

---

152) '심쿵'은 '심장이 쿵할 정도로 놀라움'을 의미한다.

② 부사+용언+명사

(10) 직찍사(直接+찍은+寫眞)

(10)은 원형식과 두음절어의 지시대상이 동일한 의미 변화가 없는 3음절 두음절어이다.

7) 한자어+한자어

① 명사+명사

(11) 단관(團體+觀覽), 소폭(燒酒+爆彈), 기변(機器+變更), 대오(大學+五學
年), 봉활(奉仕+活動), 개총(開講+總會)

(11)은 원형식과 두음절어의 지시대상이 동일한 의미 변화가 없는 2음절 두음절어들이다.

8) 한자어+한자어+한자어

① 명사+명사+명사

(12) 이태백(二太白[二十臺+太半이+白手]), 자소서(自己+紹介+書), 청백전
(靑年+白手+全盛時代)

(12)는 원형식과 두음절어의 지시대상이 동일한 의미 변화가 없는 3음절 두음절어들이다.

9) 한자어+외래어

① 명사+명사

(13) 개파(開講＋party), 악개(惡質＋個人＋fan), 종파(終講＋party)

(13)은 원형식과 두음절어의 지시대상이 동일한 의미 변화가 없는 2음절 두음절어들이다.

10) 한자어+외래어+한자어

① 명사+명사+명사

(14) 교카충(交通＋card＋充電), 약스압(若干＋scroll＋壓迫)

(14)는 원형식과 두음절어의 지시대상이 동일한 의미 변화가 없는 3음절 두음절어들이다. '약스압'은 '약간 스크롤 압박'을 줄여 쓰는 말로 '웹페이지상 게시글의 내용이 약간 긺'을 의미한다.

11) 한자어+외래어 · 한자어+한자어+외래어 · 한자어

① 명사+명사+명사+명사

(15) 일톱삼박(一面＋top記事＋三面＋box記事)

(15)에 '일톱삼박'은 의미 변화가 없는 4음절 두음절어이고 '제1면 톱기사와 3면 박스기사의 줄인 말로 그날 신문의 가장 중요한 기사'를 의미한다.

12) 외래어+고유어

① 명사+명사

(16) 빠던(bat+던지기)

(16)에 '빠던'은 의미 변화가 없는 2음절 두음절어이다.

13) 외래어+한자어

① 명사+명사

(17) 빠충(patteri+充電器)

(17)에 '빠충'은 의미 변화가 없는 2음절 두음절어이다.

② 용언+명사

(18) 베커상(Best+Couple+賞)

(18)에 '베커상'은 의미 변화가 없는 3음절 두음절어이다.

14) 외래어 · 한자어+고유어

① 용언+명사

    (19) 피튀(PC房＋튀-)

(19)에 '피튀'는 '피시방을 이용한 후에 요금을 내지 않고 도망치는 일. 또는 그런 사람'을 가리켜서 '～하는 행위', '～하는 사람'의 뜻으로 쓰이게 된다. 그리하여 본래의 의미와 다른 의미를 함께 나타낸 2음절 두음절어이다.

15) 고유어+한자어+고유어+외래어

① 명사+명사+명사+명사

    (20) 애유엄브(애들은+幼稚園, 엄마는+brunch)

(20)에 '애유엄브'는 의미 변화가 없는 4음절 두음절어이다.

16) 고유어+외래어+한자어

① 용언+명사

    (21) 꼬돌남(꼬시고+싶은+돌아온+single+男子)

(21)에 '꼬돌남'은 '싶은', '싱글' 두 어절을 생략하여 만든 의미변화가 없

는 3음절 두음절어이다.

17) 외래어+고유어+한자어

① 명사+명사+명사

(22) 와친남(wife + 친구 + 男便)

(22)에 '와친남'은 '와이프 친구 남편'을 줄인 말에서 '능력 있고, 잘생기고, 자상한 남자'를 가리키므로 '~하는 남자'의 의미변화가 일어나는 3음절 두음절어이다.

위에 서술한 내용을 표로 제시하면 아래와 같다.

〈표 4-48〉 한국어-두음절어 형성의 구조 분석 도표

분류		단어 수	비율(%)	예
고유어+고유어	① 명사+명사	2	4.76	짱멋, 감튀
	② 용언+명사	3	7.14	누크콩, 맛저, 피꺼솟
고유어+한자어	① 용언+명사	2	4.76	즐감, 먹토
고유어+고유어+한자어	① 용언+명사	1	2.38	닥눈삼
고유어+한자어+고유어	① 대명사+부사+대명사	1	2.38	너곤나
한자어+고유어	① 명사+명사	3	7.14	정모, 완얼, 현웃
	② 용언+명사	3	7.14	문막튀, 심멋, 펑타취
	③ 명사+부사	1	2.38	심쿵

한자어+고유어+한자어	① 명사+명사+명사	3	7.14	수투위, 남사친, 여사친
	② 부사+용언+명사	1	2.38	직찍사
한자어+한자어	① 명사+명사	6	14.29	단관, 소폭…
한자어+한자어+한자어	① 명사+명사+명사	3	7.14	이태백, 자소서…
한자어+외래어	① 명사+명사	3	7.14	악개, 개파, 종파
한자어+외래어+한자어	① 명사+명사+명사	2	4.76	교카충, 약스압
한자어+외래어·한자어+ 한자어+외래어·한자어	① 명사+명사+명사 +명사	1	2.38	일톱삼박
외래어+고유어	① 명사+명사	1	2.38	빠던
외래어+한자어	① 명사+명사	1	2.38	빠충
	② 용언+명사	1	2.38	베커상
외래어·한자어+고유어	① 용언+명사	1	2.38	피튀
고유어+한자어+고유어 +외래어	① 명사+명사+명사 +명사	1	2.38	애유엄브
고유어+외래어+한자어	① 용언+명사	1	2.38	꼬돌남
외래어+고유어+한자어	① 명사+명사+명사	1	2.38	와친남
계		42	100	

신어 중에 두음절어 형성은 다른 대상보다 높은 비율을 차지하는 것이 아니지만 2014년에 들어오면 비율이 많이 증가를 보인다.

'기변, 즐감' 등은 '기기변경, 즐거운 감상'에서 앞 음절을 취하므로 줄여 이르는 말인 두음절어(acronym)로 볼 수 있다. 일부 통신언어나 문자메시지 에 'ㄱㅅ(감사), ㅅㄹ(사랑)' 등과 같이 초성만 취하여 표기상으로 쓰는 경우 가 두음절어에 속하지만 일상언어나 음성언어 환경에서는 안 쓰이는 편이 다. 신어 두음절어 형성의 예로는 '감튀(←감자+튀김), 개총(←개강+총회), 교카충(←교통+카드+충전)' 등이 있다. 두음절어는 일종의 약어라 할 수 있으며, 두음절어가 형성 되는 말은 구 단위 라도 고유명칭(proper name)처럼 하나의 단위로 인식된다는 특성이 있다(노명희 2010:257).

두음절어 형성은 모든 어절의 첫 글자를 취해 만든 것과 부분 어절의 첫 글자를 취해 만든 것이라는 두 종류 나누어 보인다. 표로 제시하면 다음과 같다.

〈표 4-49〉 두음절어 형성의 분류 유형

분류		예
두음절어	1. **모든 어절**의 첫 글자를 취해 만든 것	①. 종파(종강+파티) ②. 빠충(빠떼리+충전기) ③. 여사친(여자+사람+친구) ④. 애유엄브(애들은+유치원, 엄마는+브런치) ⑤. 누크콩(누워서+크는+콩나물) ⑥. 닥눈삼(닥치고+눈팅+삼개월)
	2. **부분 어절**의 첫 글자를 취해 만든 것	①. 너곧나(너의+의견이+곧+나의+의견이다) ②. 꼬돌남(꼬시고+싶은+돌아온+싱글+남자) ③. 수투위(수도+지키기+투쟁+위원회) ④. 악개(악질+개인+팬)

(1.) 중에 예문은 모든 어절의 첫 글자를 취해 만든 예이다. '애유엄브'의 경우는 '애들은+유치원, 엄마는+브런치'가 명사구의 선행성분과 후행성분의 사이에 동등한 양상을 보여준다. 그 동등한 명사구 각각의 첫 글자를 추출해서 생성한 것이다. (2.) 중에 예문의 조어 방식은 조금 다르다. '너곧나'의 경우 '의견이, 의견이다'라는 두 어절을 생략하였다. '꼬돌남'도 마찬가지로 '싶은, 싱글'이라는 두 어절을 생략하였다. 이렇게 보면, 명사구의 핵심부분을 생략하는 특징을 보인다. 그러므로 두음절어 형성은 반드시 모든 어절의 첫음절을 취하여 만드는 것은 아님을 알 수 있다. 표로 제시하면 다음과 같다.

〈표 4-50〉 **모든 어절**의 첫 글자를 취해 만든 두음절어 형성

핵 포함	①. 종파(죵강+**파티**) ⇩ **핵** ⇒ 핵 포함
	②. 빠충(빠떼리+**충전기**) ⇩ **핵** ⇒ 핵 포함
	③. 여사친(여자+사람+**친구**) ⇩ **핵** ⇒ 핵 포함
	④. 애유엄브(애들은+**유치원**, 엄마는+**브런치**) ⇩ **핵** ⇩ **핵** ⇒ 핵 포함
	⑤. 누크콩 (노워서+크는+**콩나물**) ⇩ **핵** ⇒ 핵 포함
	⑥. 닥눈삼(닥치고+눈팅+**삼개월**) ⇩ **핵** ⇒ 핵 포함
핵 생략	/

〈표 4-51〉 **부분 어절**의 첫 글자를 취해 만든 두음절어

핵 포함	①. 꼬돌남(꼬시고+싶은+돌아온+싱글+**남자**) ⇩ **핵** ⇒ 핵 포함
	②. 수투위(수도+지키기+투쟁+**위원회**) ⇩ **핵** ⇒ 핵 포함
핵 생략	①. 너곧나(너의+**의견**이+곧+나의+**의견**이다) ⇩ **핵** ⇩ **핵** ⇒ 핵 생략
	②. 악개(악질+개인+**팬**) ⇩ **핵** ⇒ 핵 생략

위 표를 정리해보면, 모든 어절의 첫 글자를 취해 만든 두음절어들은 다 단어나 명사구의 핵심 부분을 포함해 있는 특징을 알 수 있다. 반면에, 부분 어절의 첫 글자를 취해 만든 두음절어들은 단어향성과 구나 문장형성을 할 때 가장 중요한 부분인 핵이 포함한 것도 있고 생략한 것도 있는 특징을 가진다.

그러나 두음절어 형성을 통해 만드는 말은 갖는 형태가 변하지만 의미가 변하지 않는다. '감튀, 개총' 등은 원래 형태인 '감자튀김, 개강총회'와 동일한 대상을 가리키고 단어나 구의 첫음절을 취하여 형성된 것이다.

[중국어]

가. 두음절어 형성-단순형

〈표 4-52〉 중국어-두음절어 형성의 형태 · 의미 구조 도표

어원	품사	음절수	의미	예
고유어 +고유어	① 명사(명사구)+명사(명사구)	2음절	의미 변화 없음	法商, 文替…
	② 동사+명사	2음절	의미 변화 없음	超權, 拓詞
	③ 형용사+명사	2음절	의미 변화 없음	快男, 宅青
	④ 명사+동사	2음절	의미 변화 없음	文催, 微搜…
			의미 변화 있음	医訴, 医鬧…
	⑤ 명사(명사구)+명사(명사구) +명사(명사구)	3음절	의미 변화 없음	售租比, 調惠上
	⑥ 명사+동사+명사	2음절	의미 변화 없음	次債
		3음절	의미 변화 없음	小洽會
	⑦ 수사+명사+명사	3음절	의미 변화 없음	零利肉
	⑧ 동사+명사+명사	3음절	의미 변화 없음	限聲規
	⑨ 동사+동사+명사	3음절	의미 변화 없음	融洽會
	⑩ 명사+명사+동사	2음절	의미 변화 없음	定投

		3음절	의미 변화 없음	陳江會, 胡吳會…
	⑪ 명사+동사+동사		의미 변화 없음	次貸
	⑫ 명사+형용사+형용사	3음절	의미 변화 없음	黑富帥
	⑬ 형용사+형용사+형용사	3음절	의미 변화 없음	過勞肥, 恬素純
	⑭ 명사+명사+동사+동사+명사	3음절	의미 변화 없음	金改區
외래어+고유어	① 명사+명사	2음절	의미 변화 없음	博文, 迷債, 微光
고유어+외래어	① 명사+명사	2음절	의미 변화 없음	電的
외래어+외래어	① 명사+명사	2음절	의미 변화 없음	倫奧
고유어+외래어+고유어	① 동사+명사+명사	3음절	의미 변화 없음	觀奧点
	② 명사+명사+동사	3음절	의미 변화 없음	習奧會, 習普會
외래어+외래어+고유어	① 명사+명사+동사	3음절	의미 변화 없음	普奧會
외래어+고유어+고유어	① 명사+명사+명사	3음절	의미 변화 없음	奧博會, 奧標猪

1) 고유어+고유어

① 명사(명사구)+명사(명사구)

(1) 가. 法商(法治＋商數), 文替(文戱＋替身), 裸替(裸戱＋替身), 詞商(詞匯＋商數), 義庄(義気＋庄家), 基盲(基金＋盲), 倫8(倫敦＋8分鐘), 蛆柑(蛆＋柑

橘), 暴恐(暴力＋恐怖), 婚商(婚姻＋商數), 社官(社區＋官), 碩蟻(碩士＋
蟻族), 音商(音樂＋商數), 唱商(唱歌＋商數), 微商(微信＋商家), 微視(微
型＋視頻), 媒商(媒体＋商數), 微淘(微型＋淘宝), 站价(站票＋价格), 樓瘋
(樓价＋瘋漲), *虛庫(虛擬＋庫存)

나. 猫纜(猫空地區＋纜車), 宅愛(宅男宅女＋愛情), 同孩(同性戀者＋孩子), 單
獨(單方＋獨生子女), 大居(大型＋居住社區), 四非(四种＋非法活動), 次按
(次級＋按揭貸款)

(1)은 원형식과 두음절어의 지시대상이 동일한 2음절 두음절어이다. (1가)
에 신어는 '명사＋명사'의 결합이다. 명사 '裸替(라체)'는 '누드 대역'을 의미
하며, '站价'는 '(기차나 극장 등의) 서 있는 입석권의 가격'을 말한다. (1나)에
신어는 '명사/명사구＋명사/명사구'의 결합이다. '單獨'는 '부부 쌍방은 한쪽
만 독자나 독녀'를 가리킨다.

② 동사+명사

(2) 超權(超越/超生＋權利), 拓詞(拓展＋詞匯)

(2)에 '超權, 拓詞'는 원형식과 두음절어의 지시대상이 동일한 2음절 두음
절어이다.

③ 형용사+명사

(3) 快男(快樂＋男聲), 宅靑(宅＋靑年)

(3)에 '快男, 宅青'는 원형식과 두음절어의 지시대상이 동일한 2음절 두음절어이다. '快男(쾌남)'은 '중국 후난(湖南)' 방송국의 '콰이러난성(快樂男聲)'프로그램'의 줄임말.

④ 명사+동사

(4) 가. 文催(文字+催討), 微搜(微型+搜索), 官賒(官員+賒賬), 空堵(空中交通+堵塞)

나. 医訴(医療+訴訟), 医鬧(医療+鬧事), 机鬧(机場+鬧事)

(4가)에 '文催, 微搜' 등 원형식과 두음절어의 지시대상이 동일한 2음절 두음절어들이다. (4나)에 '医訴(의소)'는 '의료소송'의 뜻에서 '의료소송한 사람'으로 쓰이게 되며, '医鬧(의뇨)'는 '의료분쟁, 의료사고를 위해 환자가 고용하는 사람'을 가리킨다. 그리하여 '医訴, 医鬧, 机鬧'는 '~하는 행위'뿐만 아니라 '~하는 사람'까지의 본래의 의미와 다른 의미를 함께 나타나는 2음절 두음절어들이다.

⑤ 명사(명사구)+명사(명사구)+명사(명사구)

(5) 售租比(售价+租金+比值), 調惠上(調結构+惠民生+上水平), 小農合(小型+農村+合作医療), 專貼柱(專門+貼广告+柱子), 公咨委(公共+咨詢監督+委員會), 金証會(金融+証券+會議)

(5)는 원형식과 두음절어의 지시대상이 동일한 3음절 두음절어들이다. '公咨委(공자위)'는 '公共咨詢監督委員會(공공자문감독위원회)'의 약칭.

⑥ 명사+동사+명사

  (6) 가. 次債(次級＋抵押＋債務)

     나. 小洽會(小企業＋洽談＋會)

(6가)에 '次債'는 '抵押'라는 한 어절을 생략하는 원형식과 두음절어의 지시대상이 동일한 2음절 두음절어이며, (6나)는 원형식과 두음절어의 지시대상이 동일한 3음절 두음절어이다.

⑦ 수사+명사+명사

  (7) 零利肉(零＋利潤＋肉)

(7)에 '零利肉'은 원형식과 두음절어의 지시대상이 동일한 3음절 두음절어이다.

⑧ 동사+명사+명사

  (8) 限聲規(限制＋聲音＋規定)

(8)에 '限聲規'은 원형식과 두음절어의 지시대상이 동일한 3음절 두음절어이다.

⑨ 동사+동사+명사

　(9) 融洽會(融資+洽談+會)

　(9)에 '融洽會'은 원형식과 두음절어의 지시대상이 동일한 3음절 두음절어이다.

⑩ 명사+명사+동사

　(10) 가. 定投(定期+定額+投資)
　　　 나. 陳江會(陳云林+江丙坤+會談), 胡吳會(胡錦濤+吳伯雄+會談), 習連會
　　　　　(習近平+連戰+會晤), 習馬會(習近平+馬英九+會晤), 習吳會(習近平
　　　　　+吳伯雄+會晤)
　　　 다. 縣金流(縣城+金額+流動)

　(10가)에 '定投'은 원형식과 두음절어의 지시대상이 동일한 2음절 두음절어이며, (10나)에 '陳江會, 胡吳會' 등은 '회담'과 관련된 원형식과 두음절어의 지시대상이 동일한 3음절 두음절어이다. (10다)에 '縣金流'은 원형식과 두음절어의 지시대상이 동일한 3음절 두음절어이다.

⑪ 명사+동사+동사

　(11) 次貸(次級+抵押+貸款)

　(11)에 '次貸'은 '抵押'라는 한 어절을 생략한 원형식과 두음절어의 지시

대상이 동일한 2음절 두음절어이다.

⑫ 명사+형용사+형용사

(12) 黑富帥(黑煤＋富有＋帥气)

(12)에 '黑富帥'는 '피부가 검고 돈이 많고 멋진 남자'를 가리키고, 원형식과 두음절어의 지시대상이 동일한 3음절 두음절어이다.

⑬ 형용사+형용사+형용사

(13) 過勞肥(過度＋勞累＋肥胖), 甛素純(甛美＋素雅＋純洁)

(13)은 원형식과 두음절어의 지시대상이 동일한 3음절 두음절어이다. '過勞肥'는 '직장에서 스트레스를 많이 받고 생활이 불규칙하고 새벽녘에야 잠을 자며 직장에서 바쁘면 바쁠수록 살이 찌기 쉽다'. 이런 현상은 '過勞肥(과로비)'라고 한다.

⑭ 명사+명사+동사+동사+명사

(14) 金改區(金融＋綜合＋改革＋試驗＋區)

(14)에 '金改區'는 원형식과 두음절어의 지시대상이 동일한 3음절 두음절어이다.

2) 외래어+고유어

①명사+명사

(1) 博文(blog＋文章), 迷債(mini＋債務), 微光(MicroBlog＋光芒)

(1)에 '博文, 迷債, 微光'은 원형식과 두음절어의 지시대상이 동일한 2음절 두음절어들이다.

3) 고유어+외래어

①명사+명사

(1) 電的(電動＋的士(taxi))

(1)에 '電的'는 원형식과 두음절어의 지시대상이 동일한 2음절 두음절어 이다.

4) 외래어+외래어

①명사+명사

(1) 倫奧(London＋Olympic Games)

(1)에 '倫奧'는 원형식과 두음절어의 지시대상이 동일한 2음절 두음절어

이다.

5) 고유어+외래어+고유어

① 동사+명사+명사

(1) 觀奧点(觀+Olympic Games+点)

(1)에 '觀奧点'는 원형식과 두음절어의 지시대상이 동일한 3음절 두음절
어이다.

② 명사+명사+동사

(2) 習奧會(習近平+Obama+會晤), 習普會(習近平+Putin+會晤)

(2)에 '習奧會, 習普會'는 원형식과 두음절어의 지시대상이 동일한 3음절
두음절어이다.

6) 외래어+외래어+고유어

① 명사+명사+동사

(1) 普奧會(Putin+Obama+會談)

(1)에 '普奧會'는 원형식과 두음절어의 지시대상이 동일한 3음절 두음절

어이다.

7) 외래어+고유어+고유어

① 명사+명사+명사

(1) 奧博會(Olympic Games＋博覽＋會), 奧標猪(Olympic Games＋標准＋猪)

(1)에 '奧博會, 奧標猪'는 원형식과 두음절어의 지시대상이 동일한 3음절 두음절어이다.

〈표 4-53〉 중국어-두음절어 형성의 구조 분석 도표

분류		단어 수	비율(%)	예
고유어+고유어	① 명사(명사구)＋명사(명사구)	32	43.84	法商, 文替…
	② 동사+명사	2	2.74	超權, 拓詞
	③ 형용사+명사	2	2.74	快男, 宅青
	④ 명사+동사	7	9.59	医訴, 医鬧…
	⑤ 명사(명사구)＋명사(명사구)＋명사(명사구)	2	2.74	售租比, 調惠上
	⑥ 명사+동사+명사	2	2.74	次債, 小洽會
	⑦ 수사+명사+명사	1	1.37	零利肉
	⑧ 동사+명사+명사	1	1.37	限聲規
	⑨ 동사+동사+명사	1	1.37	融洽會
	⑩ 명사+명사+동사	7	9.59	陳江會, 胡吳會…
	⑪ 명사+동사+동사	1	1.37	次貸
	⑫ 명사+형용사+형용사	1	1.37	黑富帥
	⑬ 형용사+형용사+형용사	2	2.74	過勞肥,, 甛素純
	⑭ 명사+명사+동사+동사+명사	1	1.37	金改區

외래어 +고유어	① 명사+명사	3	4.11	博文, 迷債, 微光
고유어 +외래어	① 명사+명사	1	1.37	電的
외래어 +외래어	① 명사+명사	1	1.37	倫奧
고유어 +외래어 +고유어	① 동사+명사+명사	1	1.37	觀奧点
	② 명사+명사+동사	2	2.74	習奧會, 習普會
외래어 +외래어 +고유어	① 명사+명사+동사	1	1.37	普奧會
외래어 +고유어 +고유어	① 명사+명사+명사	2	2.74	奧博會, 奧標猪
계		73	100	

〈표 4-54〉 한국어-두음절어 형성의 통시적인 분석 도표

	전체 신어 수	두음절어 형성어 수	비율(%)
2002년	197	3	1.52
2003년	379	5	1.32
2004년	359	3	0.84
2005년	269	4	1.49
2014년	168	27	16.07

〈표 4-55〉 중국어-두음절어 형성의 통시적인 분석 도표

	전체 신어 수	두음절어 형성어 수	비율(%)
2006년	88	6	6.82
2007년	208	17	8.17
2008년	256	9	3.52
2012년	279	19	6.81
2013년	228	22	9.65

위에 <표 4-54>와 <표 4-55>를 통해 최근 5년 동안 한·중 두음절어의 통시적인 특징을 비교해 볼 수 있다. 첫째, 한국어 두음절어 형성의 평균적 비율은 4.25%이며 중국어는 평균적 6.7%이라서 중국어 신어에서 두음절어 형성의 비중을 조금 더 많이 차지하는 편이다. 둘째, 모두 지속적 증가하는 양상을 보인다. 한국어의 겨우, 2002년~2014년 두음절어 형성의 비율을 보면, 아주 큰 차이를 보이고 있다. 특히 2014년에 오면, 이전의 16배로 뛰어오른 정도로 조어력이 강해져서 신어 생산에 대폭 급격한 증가를 보인다. 중국어의 경우, 2006년에는 6.82%, 2007년에 8.17%, 2008년에 3.52%, 2012년에 6.81%, 2013년에 9.65%로 5년 동안 지속적인 증가를 보이고 2013년에 오면 급격한 증가를 보이고 있다.

어원에서 비교해보면, 한국어는 주로 '한자어+한자어(단관, 소폭)'의 결합유형은 가장 많고 전체의 14.29%를 차지하나 중국어에서는 '고유어+고유어(法商, 文替)'의 결합유형은 가장 많고 전체의 84.93%를 차지한다. 이렇게 보면 한국어의 어원 결합은 아주 다양한 것도 발견할 수 있다. 중국어에서 없는 '한자어+외래어·한자어+한자어+외래어·한자어(일톱삼박), 고유어+한자어+고유어+외래어(애유엄브)' 등도 있다.

품사결합에서 보면 한국어는 '명사+명사(단관), 명사+명사+명사(이태백, 자소서), 대명사+부사+대명사(너곧나), 명사+명사+명사+명사(애유엄브), 용언+명사(문막튀, 심멧), 명사+부사(심쿵)' 등 유형이 있으나 그 중에 주로 '명사+명사(단관)'형의 구성으로 이루어지는 신어가 50%이상을 넘어서 가장 많은 편이다. 중국어는 '명사(명사구)+명사(명사구)(法商, 文替), 동사+명사(超權, 拓詞), 형용사+명사(快男, 宅青), 명사+동사(医诉, 医闹), 명사(명사구)+명사(명사구)+명사(명사구)(售租比, 調惠上), 명사+동사+명사(次债, 小洽會), 수사+명사+명사(零利肉)' 등 유형이 있고 그 중에 '명사(명사구)+명사(명사구)(法商, 文替)'가 전체의 43.84%를 차지하여 제일 많은 편이다.

음절수에서 보면, 한국어는 '2음절(짱멋), 3음절(닥눈삼), 4음절(일톱삼박)' 이렇게 세 가지 유형이 있지만 중국어는 '2음절(次債), 3음절(售租比)' 두 가지 유형만 있고 '4음절' 유형이 없다.

의미적으로 보면 한·중 모두 '의미 변화 있음(누크콩, 医訴), 의미 변화 없음(맛저, 陳江會)'의 두 가지 유형이 있으며 모두 '의미 변화 없음'의 유형이 더 많은 비중을 차지하고 있다.

4.6. 절단

[한국어]

절단(clipping)은 한 단어 내부에서 일어나는 현상으로, 단어의 일부가 잘리면서 동일한 의미를 가진 단어를 형성한 것을 절단어라 할 수 있다(노명희 2010:257). 절단어는 두음절어와 같이 원래 형태와 동일한 지시 대상을 가리킨다는 특성이 있다.[153]

다음은 학자들은 절단에 대한 형태적 분류 방식을 살펴보자.

노명희(2010:257-258)에서 절단에 의한 단어형성 예는 영어와 한국어로 나눈 후에, 한국어에서 외래어뿐만 아니라 한자어에도 많이 나타나고 고유어에도 있다는 양상을 보여준다. 영어에서는 앞부분, 뒷부분, 양쪽 부분을 잘라낸 경우가 모두 있으나 한국어에서 잘라낸 부분은 뒷부분만 있다는 모습을 보여준다.

---

153) 황진영(2009:27-28)에서 준말, 두자어, 절단어의 본딧말은 하나의 발화단위로서 줄어들기 이전과 이후가 모두 동일한 대상을 가리킨다는 점을 지적한 바 있다.

〈표 4-56〉 절단의 형태적 분류 도표(노명희 2010:257-258)

어원		잘라낸 부분	예	
			원 단어	절단형
영어		앞부분	telephone	phone
		뒷부분	advertisement	ad
		양쪽 부분	influenza	flu
한국어	고유어	뒷부분	곰배팔이	곰패
	한자어		고속철도	고속철
	외래어		내비게이(navigation)	내비

이호승(2011:82)에서 절단어는 어원과 절단 부위에 따라 분류한다. 영어에서는 단어의 앞부분, 뒷부분, 양쪽 부분을 모두 잘라낸 경우가 있지만, 한국어에서는 앞부분과 뒷부분을 잘라낸 경우만 있고 양쪽 부분을 잘라낸 경우가 없다고 한다.

〈표 4-57〉 절단의 형태적 분류 도표(이호승 2011:81-82)

어원		잘라낸 부분	예	
			원 단어	절단형
영어		앞부분	telephone	phone
		뒷부분	advertisement	ad
		양쪽 부분	influenza	flu
한국어	고유어	앞부분	화살	살
		뒷부분	가마니	가마
	한자어	앞부분	세균	균
		뒷부분	고속철도	고속철
	외래어	앞부분	트랜스미션	미션
		뒷부분	내비게이(navigation)	내비

위에 학자들의 의견을 본 후에, 노명희(2010), 이호승(2011)에서 절단은 어

원, 잘라낸 부분에 따라 분류한 후에 앞의 형태를 잘라내는 절단형, 뒤의 형태를 잘라내는 절단형 그리고 양쪽을 잘라낸 절단형으로 나눌 수 있는 것을 본 논문에서 수용하겠다. 노명희(2010)에서 고유어, 한자어, 외래어의 뒷부분을 잘라낸 경우만 제시하나 이호승(2011)에서 고유어, 한자어, 외래어의 뒷부분을 잘라낸 경우뿐만 아니라 앞부분을 잘라낸 예도 보여준다. 그러나 한국어 신어 자료집에서 양쪽을 잘라낸 예와 앞부분을 잘라낸 예가 없고 '카폭(car暴族)'과 같은 뒷부분을 잘라낸 경우만 나타난다.154) 본 논문에서 한국어 신어 절단의 형태적 분류 도표는 아래와 같다.

〈표 4-58〉 한국어 신어 절단의 형태적 분류 도표

어원	잘라낸 형태	예	
		원 단어	절단형
외래어+한자어+한자어	뒤 형태	카폭족(car暴族)	카폭

1) 외래어+한자어+한자어

① 명사+어근

(1) 카폭

(1)에 '카폭'는 '카폭족(car暴族)'의 같은 말이라서 원 단어 뒤의 형태를 잘라내는 절단형이고, '오토바이 폭주족과 반대로 대부분의 차들이 속도를 내

---

154) 이 책 수록된 신어 자료집에서 양쪽을 잘라낸 예를 못 봤지만 노명희(2010:257)에서 'flu(influenza)'와 같은 양쪽을 잘라낸 예가 언급하였다. 그리고 앞의 형태를 잘라내는 절단형도 '조어법별 신어의 분포-외래어'에서만 '보더(스노보더snowboarder)'와 같은 예를 참고할 수 있는 것이다.

는 심야에 엉금엉금 기어감으로써 차량 흐름을 방해하는 일련의 차들'을 의미한다.

〈표 4-59〉 한국어-절단의 구조 분석 도표

한국어-절단의 구조 분포 도표			
분류	단어 수	비율(%)	예
외래어+한자어+한자어 ① 명사+어근	1	100	카폭(car暴族)
계	1	100	

[중국어]

중국어-절단의 형태적 분류 도표는 다음과 같다.

〈표 4-60〉 중국어-절단의 형태적 분류 도표

어원	잘라낸 형태	예	
		원 단어	절단형
고유어	뒤 형태	中國云科技發展 "十二五" 專項規划	中國云
고유어+고유어	뒤	网絡大謠	大謠
고유어+고유어+고유어	앞 형태	招標串串	標串串

절단-단순형

1) 고유어

① 명사구

　(1) 中國云(《中國云科技發展"十二五"專項規划》)

(1)에 '中國云'은 뒷부분 '科技發展"十二五"專項規划'을 잘라내고 앞부분을 취하는 경우이다.

2) 고유어+고유어

① 명사+명사

    (1) 大謠(网絡＋大謠)

(1)에 '大謠'은 앞부분 '网絡'을 잘라내고 뒷부분을 취하는 경우이다.

절단+첩어형성

1) 고유어+고유어+고유어

① 명사+명사+명사

    (1) 糖娃娃(糖尿病＋娃＋娃)

(1)에 '糖娃娃'는 앞 단어 '糖尿病'의 뒷부분 '尿病'을 잘라낸 후에 앞부분 '糖'만 취하고 첩어 '娃娃'와 결합하는 경우이다. '糖娃娃'는 '당뇨병 아기'를 가리킨 것이다.

② 명사(명사구)+동사+동사

    (2) 范跑跑(范美忠＋跑＋跑), 郭跳跳(郭松民＋跳＋跳), 姚抄抄(姚牧云＋抄＋抄),

洋跑跑(洋人老板＋跑＋跑), 季挖挖(季建業＋挖＋挖), 朱搶搶(朱光兵＋搶＋搶)

(2)에 '范跑跑', '郭跳跳' 등은 모두 앞 단어 '范美忠', '郭松民'의 뒷부분 '美忠', '松民' 등을 잘라낸 후에 앞부분 '范', '郭'만 취하고 첩어 '跑跑', '跳跳'와 결합하는 경우이다. '范跑跑(범포포)'는 2008년 '5·12' 사천성 대지진이 났을 때 범미충 교사는 한 개 반의 학생들을 모두 버리고 혼자만 도망을 갔다. 이로 인하여 '范跑跑'는 사람들이 범미충을 우스개로 부르는 호칭이다.

③ 동사+동사+동사

(3) 標串串(招標＋串＋串)

(3)에 '標串串'는 앞 단어 '招標'의 앞부분 '招'을 잘라낸 후에 뒷부분 '標'만 취하고 '串串'과 결합하여 '標串串'를 생성되는 것이다.

④ 명사+형용사+형용사

(4) 戶多多(戶口＋多＋多)

(4)에 '戶多多'는 앞 단어 '戶口'의 뒷부분 '口'을 잘라낸 후에 앞부분 '戶'만 취하고 '多多'와 결합하는 예이다.

중국어 절단의 어원을 보면 '고유어+고유어+고유어'의 비율은 전체의 81.82%를 차지하여 압도적으로 높은 것이며, 품사 중에 '명사(명사구)+동사+동사'은 54.55%를 차지하니 가장 많이 나타나는 결합방식이다.

중국어-'절단'의 구조 분포 도표				
분류		단어 수	비율(%)	예
단순형	고유어	명사구	1	9.09	中國云
	고유어 +고유어	명사+명사	1	9.09	大謠
절단+ 첩어형성	고유어 +고유어 +고유어	① 명사+명사+명사	1	9.09	糖娃娃
		② 명사(명사구)+동사+ 동사	6	54.55	范跑跑, 郭跳跳…
		③ 동사+동사+동사	1	9.09	標串串
		④ 명사+형용사+형용사	1	9.09	戶多多
계			11	100	

한·중 신어 절단어의 '결합유형, 어원분류, 품사분류, 잘라낸 형태 차이' 이 네 가지 면을 통해 비교해 보자.

우선, 한·중 신어 절단어의 결합유형에서 비교해 본다. 한국어는 '단순형' 한 가지 유형만 있지만, 중국어는 '단순형', '절단+첩어형성' 두 가지 결합 양상을 나타난다. 중국어 신어 절단에서의 가장 큰 특징은 한 단어를 반복적으로 결합한 '跑跑, 多多'와 같은 '첩어'를 나타난 것이다.

다음, 한·중 신어 절단어의 어원분류에서 비교해 본다. 한국어에는 '외래어+한자어+한자어(카폭(car暴族))'의 형태만 있으나 중국어에는 '고유어(中國云)', '고유어+고유어(大謠)', '고유어+고유어+고유어(范跑跑)'의 다양한 형태가 나타난다.

셋째, 한·중 신어 절단어의 품사분류에서 비교해 본다. 한국어에는 '명사+어근(카폭)'의 형태만 있지만 중국어에는 '명사구(中國云(『中國云科技發展 "十二五"專項規划』))', '명사+명사(大謠)', '명사+명사+명사(糖娃娃)', '명사(명사구)+동사+동사(范跑跑)', '동사+동사+동사(標串串)', '명사+형용사+형용사(尸多多)'의 여섯 가지 유형을 생성된다.

마지막으로, 한·중 신어 절단어의 잘라낸 형태 차이를 비교해 본다. 한 국어에는 뒤 형태(카폭(카폭족))를 잘라낸 현상만 나타나는 반면에 중국어에 는 앞 형태(大謠(网絡大謠)) 및 뒤 형태(中國云(『中國云科技發展"十二五"專項規划』)) 를 잘라낸 양상을 모두 볼 수 있다.

4.7. 기타

아직 명확한 기준을 내기는 어렵고 주로 영어를 많이 첨가하여 생성한 단어는 기타에 분류되었다. 그중에 '고유어/한자어+영어 접미사'형은 많이 나타난 조어 방식이다. 이 책에서 자세히 논의 하지 않겠다.

[한국어]

1) 고유어+외래어

> (1) 귀차니스트(귀찮-+-nist), 귀차니즘(귀찮-+-ism), 부셔이즘(부수-+-어
> +-ism), 네타티즘(네+탓+-ism), 언니즘(언니+-ism), 퍼머(펌+-er), 서
> 울라이트(Seoulite[서울+-ite]), 우리나라리즘(우리+나라+rism)

2) 한자어+한자어

> (2) 동북공정(東北工程[동북변강사여현장계열연구공정(東北邊疆史與現狀系列研
> 究工程)])

3) 한자어+외래어

(3) 악플러(惡pl[惡+reply]+-er), 현대이즘(現代+-ism), 지규너(地域+均衡+-er)

4) 외래어+한자어

(4) 아르피(RP[알뜰-+避暑)

(5) 가. 동북공정(東北工程[동북변강사여현장계열연구공정(東北邊疆史與現狀

系列硏究工程)]) → 한자어형

나. 지규너(지역+균형+-er) → 한자어+영어 접미사형

다. 아르피(RP[알뜰-+피서) → 고유어+한자어형

라. 우리나라리즘(우리+나라+rism) → 고유어+영어 접미사형

[중국어]

動臥(臥鋪+動車組)

4.8. 요약

위에서 서술한 한·중 신어의 형성기제와 조어 방식을 정리하면 다음 표
들과 같다.

[한국어]

조어법에 따른 한국어 신어의 분포는 아래의 <표 4-62>와 같다.

분류		단어 수	비율(%)	예
합성	단순형	337	31.12	갯작업, 고대짤…
	합성+합성	34	3.14	백허두, 위골샷…
	혼성+합성	6	0.55	노빠당, 마스컨 키…
	두음절어 형성+합성	7	0.65	디찍병, 모압탄…
	절단+합성	15	1.39	푼짱, 비걸…
	파생+합성	23	2.12	달림방, 상품권방…
	합성+첩어형성	0	0	/
	기타+합성	4	0.37	모즈룩, 엑스게임…
	계	. 432	39.89	
파생	접두파생	단순형	33	3.05	곁요리, 노테크…
		합성+파생	12	1.11	역삼팔륙, 초열대야…
		혼성+파생	0	0	/
		두음절어 형성+파생	1	0.09	초강추
		절단+파생	0	0	/
		절단+합성+파생	0	0	/
		파생+파생	1	0.09	초신인류
		첩어형성+파생	0	0	/
		축약+파생	0	0	/
		기타+파생	0	0	/
	접미파생	단순형	226	20.87	가제트족, 갤러리촌…
		합성+파생	86	7.94	모바일오피스족, 먹튀족…
		혼성+파생	34	3.14	프리터족, 숍캉스족…
		두음절어 형성+파생	10	0.92	내디내만식, 듀크족…
		절단+파생	10	0.92	꽁족, 잎채류…
		절단+합성+파생	1	0.09	악플족, 폰카짱
		파생+파생	18	1.66	모둠전, 봄맞이족…
		첩어형성+파생	0	0	
		축약+파생	2	0.18	퐁족, 성장
		기타+파생	5	0.46	비투비족, 더블엘족…

			단순형	17	1.57	역유학생, 역유학파…
접두 · 접미 파생			합성+파생	0	0	/
			혼성+파생	0	0	/
			두음절어 형성+파생	0	0	/
			절단+파생	0	0	/
			절단+합성+파생	0	0	/
			파생+파생	0	0	/
			첩어형성+파생	0	0	/
			축약+파생	0	0	/
			기타+파생	0	0	/
계				456	**42.11**	
통사론적 구성의 단어화	통사론적 구성	㉮동사+어미+합성		1	0.09	펼칠남
		㉯형용사+어미+합성		2	0.18	늘찬배달, 키큰남
		㉰문장+합성		2	0.18	이래서야정국, 일하기싫어병
	통사론적 구성 + 파생	㉮명사+조사+파생		2	0.18	집으로족, 좌로우로밀리주
		㉯동사+어미+파생		1	0.09	긁어주
		㉰문장+파생		1	0.09	우리가남이냐족, 일하기싫어병
계				9	0.83	
혼성			단순형	129	11.91	꾸러기템, 냥스타그램…
			축약+혼성	1	0.09	갠톡
계				130	12	
두음절어 형성				42	3.88	여사친, 정모…
계				42	3.88	
절단			단순형	1	0.09	카폭
			절단+첩어 형성	0	0	/
계				1	0.09	

기타	13	1.2	엔로니티스, 티에이치엑스…
합계	1083	100	

한국어 신어 자료의 전체적인 특징을 보면, 전체 신어 1083개 가운데 파생어가 456개로 42.11%를 가장 많이 차지한다. 그 중에서 접미 파생이 제일 많고 '접미파생-단순형'은 전체의 20.87%의 높은 비율을 차지한다. 그 다음 많은 유형인 합성은 432개로 전체의 39.89%를 차지한다. 합성 중에 '단순형'으로 만든 신어가 31.12%로 압도적으로 많다. 세 번째로 많은 유형은 11.91%를 차지하는 혼성이다.

[중국어]

조어법에 따른 중국어 신어의 분포는 아래의 <표 4-63>과 같다.

〈표 4-63〉 중국어 신어의 조어 방식 분포

분류		단어 수	비율(%)	예
합성	단순형	117	11.39	白銀書(白銀+書)백은 책(백은+책)…
	합성+합성	471	45.86	丑帥男(丑+帥+男)못 생겼지만 멋있는 남(못 생기-+멋있-+남)…
	혼성+합성	65	6.33	樂活族(快樂+生活+族)웰빙족(즐겁-+생활+족)…
	두음절어 형성+합성	32	3.12	炒基團(炒賣+基金+團)공모펀드(전매-+펀드+단)…

		절단+합성	78	7.59	節奴(節日+奴) 절노(명절+노예)…
		파생+합성	5	0.49	筷子論, 籠子論…
		합성+첨어형성	17	1.66	抱抱裝(抱抱+裝)포옹하는 느낌을 나눌 수 있는 셔츠(포옹-+복장)…
		기타+합성	1	0.10	/
		계	789	**76.83**	
파 생	접 두 파 생	단순형	1	0.10	*小白菜(小-+白菜)상해 엑스포 지원자 애칭(소-+배추)
		합성+파생	0	0	/
		혼성+파생	0	0	/
		두음절어 형성+파생	1	0.10	小高考(小-+高中+學業+ 水平+考試) 작은 대학 수학 능력 시험(소-+고등학교+학 업+능력+시험)
		절단+파생	0	0	/
		절단+합성+파생	0	0	/
		파생+파생	0	0	/
		첨어형성+파생	0	0	/
		축약+파생	0	0	/
		기타+파생	0	0	/
	접 미 파 생	단순형	1	0.10	骨性(骨+-性) 패기(기골+-성)
		합성+파생	5	0.49	江南范儿(江南+范+-儿) 강남 스타일 (강남+스타일+-r)…
		혼성+파생	1	0.10	招优生(招收+优秀+-生) (고입 입시에서) 우수한 학생 모집하기 (모집-+우수-+-생)

		두음절어 형성+파생	0	0	/
		절단+파생	0	0	/
		절단+합성+파생	0	0	/
		파생+파생	0	0	/
		첩어형성+파생	0	0	/
		축약+파생	0	0	/
		기타+파생	0	0	/
	접두·접미파생	단순형	0	0	/
		합성+파생	0	0	/
		혼성+파생	0	0	/
		두음절어 형성+파생	0	0	/
		절단+파생	0	0	/
		절단+합성+파생	0	0	/
		파생+파생	0	0	/
		첩어형성+파생	0	0	/
		축약+파생	0	0	/
		기타+파생	0	0	/
	계		9	0.88	
통사론적 구성의 단어화	통사론적 구성	㉮동사+어미+합성	0	0	/
		㉯형용사+어미+합성	0	0	/
		㉰문장+합성	0	0	/
	통사론적 구성+파생	㉮명사+조사+파생	0	0	/
		㉯동사+어미+파생	0	0	/
		㉰문장+파생	0	0	/
	계		0	0	
혼성	단순형		143	13.92	博士工(博士+勞工)

				박사공(박사+노동자)…
	기타+혼성	1	0.10	金十條
	계	144	14.02	
두음절어 형성		73	7.11	地補(地方+補貼) 지보(지방+보조금)…
	계	73	7.11	
절단	단순형	2	0.19	金掃帚(金掃帚獎)골드빗 자루(골드 빗자루 상)…
	절단+첩어 형성	9	0.88	范跑跑(范美忠+跑跑) 범뜀(범미충+뛰-)…
	계	11	1.07	
기타		1	0.10	動臥(臥鋪+動車組) 동와(침대+탄환 열차)
합계		1027	100	

중국어 신어 자료의 전체적인 특징을 보면, 전체 신어 1027개 중에 합성 어가 789개로 가장 많은 76.83%를 차지한다. 그 중에서 '합성+합성'형은 45.86%의 제일 큰 비중을 차지한다. 중국어는 고립어에 속하여 형태표지와 형태변화가 결핍되어 있으며 조어 방식은 주로 합성법을 위주로 한다. 파생 법은 0.88%의 매우 작은 비율만 차지한다. 그리하여 중국어의 조어 방식은 대다수가 합성법이다. 두 번째 많은 유형은 14.02%를 차지하는 혼성이며, 세 번째 순위는 7.11%를 차지하는 두음절어 형성이다.

지금까지의 한·중 신어의 조어 방식을 비교해 보자.

(1) 합성. ① 비율에서 보면, 한국어 신어에서 '합성-단순형'의 비율이 31.12%로 가장 많지만 중국어 신어에서 '합성-합성+합성'형의 비율이 45.86%로서 제일 많이 차지하는 편이다. ② 원어결합에서 보면, 한국어 합 성어에서 '한자어+한자어'[155]로 생성한 신어수가 가장 많으나, 중국어에서 '고유어+고유어+고유어'로 만든 신어수가 제일 많이 차지한다. ③ 품사

결합 방식에서 보면, 한·중 모두 있는 결합 방식은 '명사+명사', '동사+명사', '형용사+명사', '명사+명사+명사', '동사+동사+명사' 등 있다. 예를 들자면, '땅줄, 人球', '먹짱, 吃貨', '희귀짤, 牛樓', '누리사랑방, 猫狗稅', '부비부비춤, 抱抱裝' 등이 이에 해당한다. 한국어 신어만 있는 대표적 결합방식은, '명사+'ㅅ'+명사(잿개비)', '부사+명사(납작머리)', '어근+명사(싱싱회)', '명사+어근(도우미견)', '동사 어간+명사(어울통신)', '동사 어간+어미+명사(안다박수)', '관형사+명사+명사(새싹비누)', '형용사의 관형사형+명사(존맛)' 등이다. 중국어 신어만 있는 대표적 결합방식은, '동사+수사+명사(晒一族)', '개사+동사+명사(被催族)', '접속사+개사+명사(因爲体)', '대명사+동사+동사(她經濟)', '형용사+수사+양사(后三届)', '자모+명사+명사(E爸媽)', '자모+동사+명사(e摘客)' 등이다. ④ 조어 방식 분류에서 보면, 한국어에서 '합성+접어형성'이 없지만 중국어에서 이 구조로 17개 신어가 확인된다. 그리하여 첩어는 중국어에서 두드러지는 특징이다.

(2) 파생. ① 비율에서 보면, 한국어 신어에 파생어는 아주 발달해서 42.11%의 거의 반수를 차지하지만 중국어 파생어는 1%도 안 된다. 그리고 접두·접미 파생어는 신어에서 보이지 못한 것이다. ② 원어결합에서 보면, 접두사의 경우는 한국어 신어에 '한자어 접두사+명사(냉미남)'의 방식을 가장 많이 사용하며, 중국어 접두사의 비율이 아주 적어서 '고유어 접두사+명사(小平行)'와 '접두사+명사+명사+명사'의 두 가지 결합 방식만 있다. 접미사의 경우는, 한국어 신어에 '한자어+한자어 접미사(국제족)'가 가장 많으

---

155) 현대한국어 신어 중에서 한자어가 차지하는 비율이 가장 높은데, 이는 한자가 가지는 광범위한 조어력 때문이며, 한자어 신어는 문어 중에서 신문의 정치나 경제 관련 기사에 빈번히 나타나며, 학술적인 글에도 많이 출현한다(문금현 1999:314-315). 한자어 합성어가 풍부하게 생성되는데, 이는 단음절 하나하나가 대부분 독립된 형태소인 한자의 성질 때문이며(남기심 1983:205-6), 두 개의 한자 형태소를 결합하기만 하면 형태의 변화 없이 새로운 단어가 형성되기 때문이다(문금현 1999:314).

며, 중국어는 고유어끼리의 결합이 제일 많은 편이다. 접두·접미사의 경우는, 중국어 없고 한국어에서 '한자어 접두사+한자어+한자어 접미사(역유학생)'의 방식을 가장 많이 사용한다. 한국어 파생 신어에서 한자어 접사가 많이 나타나는 이유는 고유어의 경우는 파생접사의 결합에 제약이 많아 하나의 접사가 만들 수 있는 파생어가 한정되어 비생산적인 데 비해, 한자어 접사는 제약이 없기 때문에 훨씬 생산적이고 언중들도 선호하기 때문이다(문금현(1999:314-315)). ③ 품사 결합 방식에서 보면, 한·중 모두 '명사'와 '접사'의 결합이 제일 많이 나타난 것이다.

(3) 통사론적 구성의 단어화. 한국어에서 교착어로서의 특징을 가장 잘 나타내고 있는 것이 '어미'와 '조사'이다. 그러므로 '통사론적 구성의 단어화'는 한국어 신어에만 있는 조어 방식이며 한국어로서의 특징이다.

(4) 혼성. ① 원어결합에서 보면, 한국어에서 '한자어+외래어'의 결합이 가장 많으며 중국어에서 '고유어+고유어'의 결합이 제일 많이 사용하는 것이다. ② 결합방식에서 보면, 한국어에서 'AB+CD→ABD형(농파라치)'이 가장 많이 나타나고, 중국어에서 'AB+CD→AD형(綠游)'와 'AB+CD→ACD형(國+條)'이 제일 많이 나타난 것이다. ③ 조어 방식 분류에서 보면, 한국어는 '축약+혼성'으로 만든 '갠톡(個人+Kakaotalk)'이 있으나 중국어에서는 '축약+혼성'으로 만든 예가 없다.

(5) 두음절어 형성. ① 원어결합에서 보면, 한국어는 '한자어+한자어' 구조가 가장 많으며 중국어는 '고유어+고유어'구조가 제일 많이 나타난다. ② 품사 결합 방식에서 보면, 한국어는 '명사+명사(단관)'를 가장 많이 사용하고, 중국어에는 '명사(명사구)+명사(명사구)(文替)'를 제일 많이 사용한다.

(6) 절단. 한국어에서 '절단'으로 만든 신어가 하나만 나타나서 그렇게 발달하지 않는 조어 방식으로 판단되지만 중국어는 '절단+첩어형성'을 통해 어떤 '사건이나 일'을 반영하기 위해서 최근 많이 사용하고 있다. 첩어는 중

국어의 큰 특징이다. ① 원어결합에서 보면, 한국어는 '외래어＋한자어＋한자어'를 사용하며, 중국어는 '고유어＋고유어＋고유어'를 더 많이 사용한다. ② 품사 결합 방식에서 보면, 한국어는 '명사＋어근(카폭)'을 사용하며, 중국어는 '명사(명사구)＋동사＋동사(范跑跑)'가 많이 나타난다.

제5장

한·중 신어 연구의 요약과 한계

5.1. 연구 내용 요약

신어는 일정한 시기에 사용되는 새롭게 만들어진 말로서 전에 없던 새로운 나타난 개념이나 새물을 표현할 수도 있고 기존 개념이나 사물에 신선함을 더하여 만들 수도 있다. 그렇다면, 신어의 형태·의미적인 특징은 기존 등재어와 어떻게 다를 것인가? 신어에 대한 연구가 많이 이루어진 바 있으나, 여러 자료를 대상으로 종합적인 관점에서 유형별로 하나하나 분류하여 논의한 논의는 많지 않다. 특히 신어 각각의 형태적 특징을 체계적으로 분류하고, 또 한국어 외의 다른 언어와의 비교를 통한 접근 역시 본격화되지 않았다.

이 책에서 필자는 크게 두 가지 측면에 집중하여 논의를 전개해 왔다. 첫째, 한·중 신어를 대상으로 '생성, 유추, 차용, 축소, 확대, 이의'의 형성기제를 탐구하는 것이다. 둘째, 한·중 신어를 '복합어, 통사론적 구성의 단어화, 혼성, 두음절어 형성, 절단'로 분류하는 조어 방식을 제시한 후에 형태·의미적 특징을 관찰하고 대조 분석하는 것이다.

이 책은 한국 국립국어원의 신어 자료집『2002년 신어』,『2003년 신어』, 『2004년 신어』,『2005년 신어』,『2014년 신어 조사 보고서』및 중국 교육부 언어문자정보관리사(司)에서 기획하는『2006漢語新詞語』,『2007漢語新詞語』, 『2008漢語新詞語』,『2012漢語新詞語』,『2013漢語新詞語』을 통해 조사된 신 어를 대상으로 하여 우선 신어가 형성기제에 속하는지 조어 방식에 속하는 지에 따라 분류한 후에 형태적 특징과 의미적 특징을 살펴보고 한·중 신어 의 다른 점과 같은 점을 고찰하고자 하였다. 1단계 분류는 어원별로 고유어, 한자어, 외래어인지에 따라 나누는 것이다. 2단계 작업은 품사 결합, 품사와 'ㅅ', 어근, 숫자나 자모의 결합에 따라 정리한다. 다음 3단계에서는 2음절, 3음절, 4음절과 같이 음절수별로 나눈다. 4단계에서는 형태적 특징, 음성적 유사성, 의미관계에 의한 의미유형에 따라 분류하였다.

최근 10년을 대표하는 한·중 신어를 선정하고 분석하였다는 점에서, 또 본 논문이 기존 연구보다 더 전면적이고 체계적인 고찰을 진행하였다는 점 에서 기존 논의와는 다른 차별성을 찾을 수 있다. 한·중 명사 신어를 하나 하나 분석하며 분류하였기 때문에, 그 결과가 더 체계화된 방식으로 정밀하 게 진행될 수 있었다.

제2장에서는 이 책의 전체적인 문법 배경을 제시하고, 한·중 신어의 기 본적 논의를 대조하였다.

기존 연구에서 신어는 '신어는 일정한 시기에 사용되는 새로운 만든 말 로서, 가리킨 말의 대상·형태·의미적인 면에서 새로운 특징을 가진 말 또 는 원래 있던 말에 새로운 의미를 부여한 사전에 등재되지 않은 말'로 정의 된다.

기존 연구를 보면 한·중 신어의 특징은 대체로 세 가지 측면에서 대조 되어 왔다. 품사별 특징을 보면, 한·중 신어는 모두 85% 이상 명사인 것이 공통적 특징이다. 어원별 특징에서 보면, 한국어 신어에 외래어가 과반수를 차지하나 중국어 신어에 대부분 거의 고유어인 것이고 외래어의 비율이 높지 않다. 조어적 특징을 보면, 한국어 신어 전체 유형 중에 거의 대부분은 파생어의 비율이 가장 많은 반면에 중국어 신어는 '합성어' 비율이 5년 동안 모두 제일 많다는 결과가 나온 것이다(<표 5-1> 참고).

<표 5-1> 한·중 신어의 특징

분류			비율(%)
품사별 특징	한	명사	97.5
	중		85.58
어원별 특징	한	고유어	32.23
		한자어	57.91
		외래어	63.58
	중	고유어	96.14
조어적 특징	한	파생	50
	중	합성	67.42

한편, 기존 논의에서의 신어 분류 방식을 검토한 후에 수용할 만한 사항들을 조사하였다. 반면, 기존 연구의 한계를 보완하여 이 책의 형성기제와 조어 방식 기준을 설정하는 데 도움을 얻었다.

제3장과 제4장은 이 책의 핵심 부분인데 '형성기제'와 '조어 방식'의 체계를 세우는 데 주력하였다. 따라서 한·중 '생성, 유추, 차용, 축소, 확대, 이의' 및 '합성, 파생, 통사론적 구성의 단어화, 혼성, 두음절어 형성, 절단'의 분류와 판별하는 기준을 세밀하게 내며 언어 내적 형태구조, 의미관계를 밝혔다.

〈표 5-2〉한·중 신어의 형성기제 대조 도표

분류			비율(%)		예
생성	한			36.74	곰사(-舍), 빛삭(-削)
	중			23.33	魚浮灵, 兎斯基
유추	한	음성적 유사성	4.17	17.05	헹자(行者), 먹사(牧師)
		의미적 유사성	12.88		반수(半修), 고사(高四)
	중	음성적 유사성	16.67	23.33	壓洲, 樂羊羊
		의미적 유사성	6.67		金立方, 藍立方
차용	한	서구 외래어	33.33	37.88	덕트(duct), 드로어즈(drawers)
		동양권 외래어	4.55		오타쿠(おたく[お宅]), 치우미(球迷)
	중	서구 외래어	23.33	36.67	谷歌(Google), 跑酷(park-our)
		동양권 외래어	13.33		世宗(sejong), 控(コン)
축소	한	음운 탈락	1.52	2.65	곰신(고무(gomme)신), 펌(퍼 옴)
		음절 탈락	1.14		미자(未成年者)
	중	형태소 탈락	3.33	3.33	三胺(三聚氰胺, Melamine)
확대	한	음운 추가	0.38	0.76	즈엄집(점+집)
		음절 추가	0.38		소오름(소름)
	중	/	/	/	/
이의	한	/	5.68	5.68	귀때기, 어중치기
	중	/	13.33	13.33	叉腰肌, 奇葩

한·중 신어의 형성기제 구조 분석 도표를 참고할 때, 한국어 '차용'은 전체의 37.88%를 차지하고 중국어 '차용'은 전체의 36.67%를 차지해서 한·중 '차용'은 모두 가장 높은 비율을 차지하는 것을 알 수 있다. 두 번째로 많이 나타난 형성기제로, 한국어는 36.74%를 차지하는 '생성', 중국어는 23.33%를 차지하는 '생성'과 '유추'이다. 세 번째로 많이 사용하는 형성기제로, 한국어는 17.05%를 차지하는 '유추'가 있으며 중국어는 13.33%를 차지하는 '이의'가 확인된다. 한국어 '이의'는 5.68%를 차지한다. '축소'의 비율은 비슷하게 나타나며, '확대'는 중국어 신어에서 확인되지 않는다.

한국어 생성의 비율은 중국어보다 조금 더 높은 편이다. '유추'를 보면 한국어에서는 '의미적 유사성'을 더 많이 차지하는 반면에 중국어에서는 '음성적 유사성'을 더 많이 차지한 것이다. 차용을 보면, 한·중 모두 '동양권 외래어'보다 '서구 외래어'의 비율이 훨씬 더 높은 것을 볼 수 있다. '축소'를 보면 한국어에서는 '음운 탈락' 및 '음절 탈락'을 통해 신어를 만들었지만 중국어에서는 '형태소 탈락'을 통해 만든 것이다. '확대'를 보면 한국어에서 '음운 추가'와 '음절 추가'의 방법을 통해 생성되나 중국어에서 '확대'를 통해 만든 것을 못 보인다. '이의'를 보면 중국어 신어에서 더 높은 비율을 차지하는 것이다.

〈표 5-3〉 한·중 신어의 조어 방식 대조 도표

분류			비율(%)	예
합성	단순형	한	31.12	갯작업, 고대짤…
		중	11.39	白銀書(白銀+書) 백은 책(백은+책)…
	합성+합성	한	3.14	백허두, 위꼴샷…
		중	45.86	丑帥男(丑+帥+男) 못 생겼지만 멋있는 남 (못 생기-+멋있-+남)…
	혼성+합성	한	0.55	노빠당, 마스컨 키…
		중	6.33	樂活族(快樂+生活+族) 웰빙족(즐겁-+생활+족)…
	두음절어 형성+합성	한	0.65	디찍병, 모압탄…
		중	3.12	炒基團(炒賣+基金+團) 공모펀드(전매-+펀드+단)…
	절단+합성	한	1.39	푼짱, 비걸…
		중	7.59	節奴(節日+奴)

					절노(명절+노예)…
		파생+합성	한	2.12	달림방, 상품권방…
			중	0.49	筷子論, 籠子論…
		합성+첩어형성	한	0	/
			중	1.66	抱抱裝(抱抱+裝) 포옹하는 느낌을 나눌 수 있는 셔츠(포옹-+복장)…
		기타+합성	한	0.37	모즈룩, 엑스게임…
			중	0.10	/
	계		한	39.89	
			중	**76.83**	
파생	접두파생	단순형	한	3.05	곁요리, 노테크…
			중	0.10	*小白菜(小-+白菜)상해엑스포 지원자 애칭(소-+배추)
		합성+파생	한	1.11	역삼팔룩, 초열대야…
			중	0	/
		혼성+파생	한	0	/
			중	0	/
		두음절어 형성+파생	한	0.09	초강추
			중	0.10	小高考(小-+高中+學業+水平+考試)작은 대학 수학 능력 시험(소-+고등학교+학업+능력+시험)
		절단+파생	한	0	/
			중	0	/
		절단+합성+파생	한	0	/
			중	0	/
		파생+파생	한	0.09	초신인류
			중	0	/
		첩어형성+파생	한	0	/
			중	0	/

	축약+파생	한	0	/
		중	0	/
	기타+파생	한	0	/
		중	0	/
접미파생	단순형	한	20.87	가제트족, 갤러리촌…
		중	0.10	骨性(骨+-性)패기(기골+-성)
	합성+파생	한	7.94	모바일오피스족, 먹튀족…
		중	0.49	江南范儿(江南+范+-儿)강남 스타일(강남+스타일+-r)…
	혼성+파생	한	3.14	프리터족, 숍캉스족…
		중	0.10	招优生(招收+优秀+-生)(고입 입시에서) 우수한 학생 모집하기(모집-+우수-+-생)
	두음절어 형성+파생	한	0.92	내디내만식, 듀크족…
		중	0	/
	절단+파생	한	0.92	꽁족, 잎채류…
		중	0	/
	절단+합성+파생	한	0.09	악플족, 폰카짱
		중	0	/
	파생+파생	한	1.66	모둠전, 봄맞이족…
		중	0	/
	첩어형성+파생	한	0	/
		중	0	/
	축약+파생	한	0.18	퐁족, 성장
		중	0	/
	기타+파생	한	0.46	비투비족, 더블엘족…
		중	0	/
접두·접미	단순형	한	1.57	역유학생, 역유학파…
		중	0	/
	합성+파생	한	0	/
		중	0	/

파생		혼성+파생	한	0	/
			중	0	/
		두음절어 형성+파생	한	0	/
			중	0	/
		절단+파생	한	0	/
			중	0	/
		절단+합성+파생	한	0	/
			중	0	/
		파생+파생	한	0	/
			중	0	/
		첩어형성+파생	한	0	/
			중	0	/
		축약+파생	한	0	/
			중	0	/
		기타+파생	한	0	/
			중	0	/
계			**한**	**42.11**	
			중	0.88	
통사론적 구성의 단어화	통사론적 구성	㉮동사+어미 +합성	한	0.09	펼칠남
			중	0	/
		㉯형용사+ 어미+합성	한	0.18	늘찬배달, 키큰남
			중	0	/
		㉰문장+합성	한	0.18	이래서야정국, 일하기싫어병
			중	0	/
	통사론적 구성 + 파생	㉮명사+조사 +파생	한	0.18	집으로족, 좌로우로밀리주
			중	0	/
		㉯동사+어미 +파생	한	0.09	긁어주
			중	0	/
		㉰문장+파생	한	0.09	우리가남이냐족, 일하기싫어병

		중	0	/
	계	한	0.83	
		중	0	/
혼성	단순형	한	11.91	꾸러기템, 냥스타그램…
		중	13.92	博士工(博士＋勞工) 박사공(박사＋노동자)…
	축약＋혼성	한	0.09	갠톡
		중	0	/
	기타＋혼성	한	0	/
		중	0.10	金十條
	계	한	12	
		중	14.02	
두음절어 형성		한	3.88	여사친, 정모…
		중	7.11	地補(地方＋補貼) 지보(지방＋보조금)…
	계	한	3.88	
		중	7.11	
절단	단순형	한	0.09	카폭
		중	0.19	金掃帚(金掃帚奬) 골드빗자루(골드 빗자루 상)…
	절단＋첩어 형성	한	0	/
		중	0.88	范跑跑(范美忠＋跑跑) 범뜀(범미충＋뛰-)…
	계	한	0.09	
		중	1.07	
기타		한	1.2	엔로니티스, 티에이치엑스…
		중	0.10	動臥(臥鋪＋動車組) 동와(침대＋탄환 열차)

한·중 신어의 조어 방식 대조 도표를 보면, 한국어 1083개 신어 가운데 파생어가 456개로 가장 많은 42.11%를 차지한다. 그중에서 접미 파생이 제

일 많고 '접미 파생-단순형'은 전체의 20.87%로 가장 높은 비율을 차지한다. 중국어 1027개 신어 중에 합성어가 789개로 가장 많은 76.83%이다. 그 중에서 '합성+합성'형은 전체의 45.86%로 제일 큰 비중을 차지한다. 두 번째 많은 유형을 보면, 한국어는 합성이 432개로 전체의 39.89%를 차지하는데 그 중에 '단순형'으로 만든 신어는 31.12%로 압도적으로 많다. 그러나 중국어는 14.02%를 차지하는 혼성이 그 다음 순위이다. 세 번째로 많은 유형으로 한국어는 11.91%를 차지하는 혼성인데 중국어는 7.11%를 차지하는 두음절어 형성이다.

'합성'의 비율을 보면, 한국어 신어에서 '합성-단순형'의 비율이 가장 높지만 중국어 신어에서 '합성-합성+합성'형의 비율이 제일 높은 수치를 차지한다. 조어 방식 분류에서 보면, '합성+접어형성'은 한국어에 없지만 중국어에는 1.66%의 신어가 형성되었다. 접어는 중국어에서 두드러지는 특징이다.

'파생'의 비율을 보면, 한국어 신어에 파생어는 아주 활발하게 형성되는 편이라서 거의 반수를 차지하지만 중국어 파생어는 1%도 안 된다. 그리고 접두 · 접미 파생어는 신어에서 보이지 않는다. 접두사의 경우, 중국어 접두사의 비율이 한국어보다 더 적은 편이다. 접미사의 경우는, 한국어 신어에 '단순형'의 비율이 가장 높으나 중국어에 '합성+파생'의 비율이 상대적 높은 편이다. 접두 · 접미사는 중국어 신어에서 나타나지 못하는 조어 방식이다.

통사론적 구성의 단어화는 한국어 신어에만 있는 조어 방식이며 한국어가 교착어이기에 나타나는 특징이다.

'혼성'의 경우, 한 · 중 혼성의 비율이 비슷하다. 그러나 조어 방식 분류에서 보면, 중국어에서 '축약+혼성'으로 만든 예가 없는 것이 특징적이다.

'두음절어 형성'의 경우, 중국어 두음절어 형성이 차지하는 비율은 한국어보다 더 많은 편이다.

'절단'의 경우, 중국어에서 '절단'으로 만든 신어의 비율이 더 높을 뿐만 아니라 중국어에만 있는 '절단+첩어형성'의 조어 방식을 통해 어떤 '사건이나 일'을 뜻하는 신어를 생성한다. 첩어는 중국어가 지닌 특징이다.

5.2. 연구의 한계

지금까지 우리는 한·중 신어 형성기제 중에 '생성', '유추', '차용', '축소', '확대', '이의'와 조어 방식 중에 '합성', '파생', '통사론적 구성의 단어화', '혼성', '두음절어 형성', '절단'을 대상으로 이들의 형태적, 의미적 특징에 대해 비교적 체계적인 분석과 대조 연구를 살펴보았다. 이 책은 주로 형태론적 방법을 활용하여 한·중 신어의 대조 연구하는 데에 주력하였지만 그 중간에 의미론 등 방법도 사용하여 체계화하고자 하는 노력이 있었다. 그러나 몇 가지 문제에서는 아직 이 책이 갖고 있는 한계와 부족함이 분명하다.

첫째, 연구 대상 자료의 측면에 한계가 있다. 한국어의 신어 조사 보고서는 1994년부터 시작되었으며 국립국어연구원에서 추진한 『신어의 조사 연구』(1994), 『95년 신어』, 『신어의 조사 연구—현대시의 신어 연구』(1996), 『2000년 신어』, 『2001년 신어』, 『2002년 신어』, 『2003년 신어』, 『2004년 신어』, 『2005년 신어』, 『2014년 신어 조사 보고서』 총 10권이 출판되었다. 중국어 신어 자료집은 교육부언어문자정보관리사(司)에서 기획한 『2006漢語新詞語』, 『2007漢語新詞語』, 『2008漢語新詞語』, 『2009漢語新詞語』, 『2010漢語新詞語』, 『2011漢語新詞語』, 『2012漢語新詞語』, 『2013漢語新詞語』 총 8권을 출판되었다. 그러나 이상의 18권 책을 모두 일일이 정리하는 일은 매우 거대한 작업이라는 점에서 이 책에서는 연구 대상을 한정하는 방식을 취하였다. 한·중 신어 각각 대표적인 5권만 선정하여 연구하였기에, 그 밖의 신어 자료를 함께 다루지 못한 것은 아쉬움이 남는다. 이는 후속 연구를 통해 진행하고자 한다.

둘째, 이 책은 언어학적 접근에서 한·중 신어의 형태와 의미적 특징을 관찰하고, 양국 신어 어휘의 공통점과 차이점을 대조 분석하고자 하였다. 그러나 신어의 역사적 형성 과정을 밝히지 못하는 것은 아쉬운 점이다. 같은 한자 문화권에 속하는 두 언어의 신어를 대상으로 이들의 역사적 형성 과정, 변화 및 시기별 시대적 특징을 밝힐 수 있다면, 사회언어학적 의미뿐만 아니라 대중들의 의식 변화 등까지도 함께 탐구할 수 있기 때문이다. 또한 정치, 경제, 의학, 과학 등 영역별 신어를 대조 연구한다면 한·중 신어의 사회언어학적 특징을 발견할 수 있는 작업도 가능하다.

셋째, 명사 이외에 품사 특징을 연구 범위 안에서 다루지 못하였다. 후속 연구를 통하여 고찰 가능한 문제이다. 한국어 신어의 품사는 대부분 명사이지만 그 이외에도 동사, 형용사, 구 구성 등이 있다. 중국어 신어도 마찬가지로 명사의 비율이 압도적으로 많지만 동사, 동명겸류사도 나타난다. 이것들의 생산성이 명사에 비해 대단히 낮다는 점에서 이 책의 범위에 설정하지 않았지만, 이들 역시 함께 연구해 볼 수 있다.

넷째, 한·중에서 공통적으로 많이 나타나는 명사, 접사 연구를 통해 양국의 시대별 신어 특징을 비교하는 작업도 시도할 수 있을 것이다. 1990년대, 2000년대, 2010년대에 양국에서 많이 나타나는 명사는 각각 무엇인지, 공통적으로 나타나는 명사가 무엇인지 등을 연구함으로써 양국 사회의 발전 및 국민 의식의 변화 그리고 시대별 특징을 파악하며 비교해 볼 수 있다.

다섯째, 각각의 표 안에서는 '외래어 신어'를 함께 정리하였으나, 이들 외래어 신어가 어떻게 형성되었는지는 본격적으로 다루지 않았다. 외래어 신어의 생성이나 구체적 어원을 비교하는 일도 이루어질 수 있다.

여섯째, 혼성, 두음절어 형성, 절단의 특성을 더 깊게 비교하지는 못하였다. 그러나 후속 연구에서 검토할 필요가 있다. 특히 혼성과 두음절어 형성을 구별하는 문제, 두음절어 형성과 절단을 비교하는 문제, 혼성과 절단에 관련된 문제는 더 명확한 기준이 필요한 연구 과제이다.

　위에서 서술한 문제는 신어를 연구할 때 언어학분야 뿐만 아니라 사회언어학적 접근을 활용해 분석 가능한 것들이다. 따라서 신어 연구가 다양한 방법론을 통하여 꾸준히 탐구되어야 하는 과제임을 보여 준다. 지금까지 '한·중 신어 대조 연구－형태론 중심으로'에 초점을 맞추어 문법 영역에서 시도한다면, 앞으로의 후속 연구에서는 이러한 다양한 문제들도 함께 상세히 검토될 필요가 있다.

● 참고문헌

[한국]

강신항, 『현대 국어 어휘 사용의 양상』, 태학사, 1991.

고영근, 『國語形態論硏究』, 서울大學校出版部, 1991.

고영근 · 구본관, 『우리말 문법론』, 집문당, 2008.

구본관 · 박재연 · 이선웅 · 이진호 · 황선엽, 『한국어 문법 총론 Ⅰ-개관, 음운, 형태, 통사』, 집문당, 2015.

국립국어연구원, 『2002년 신어』, 2002.

국립국어연구원, 『2003년 신어』, 2003.

국립국어원, 『2004년 신어』, 2004.

국립국어원, 『2005년 신어』, 2005.

국립국어원, 『2014년 신어 조사 보고서』, 2014.

김광해, 『국어어휘론 개설』, 집문당, 1993.

김일병, 『국어 합성어 연구』, 역락, 2000.

김한샘, 「국어 신어 자료의 현황」, 『한국어학』 34, 한국어학회, 2007, 1-19면.

남기심, 「새말[新語]의 생성과 사멸」, 『한국어문의 제문제』, 일지사, 1983, 192-223면.

남기심 · 고영근, 『표준국어문법론』, 박이정, 2015.

노명희, 「최근 신어의 조어적 특징」, 『새국어생활』(국립국어원) 16, 2006, 31-46면.

노명희, 『현대국어 한자 연구』, 태학사, 2007.

노명희, 「혼성어(混成語) 형성 방식에 대한 고찰」, 『국어학』 58, 국어학회, 2010, 255-281면.

金星奎,「語彙素 設定과 音韻現象」,『國語硏究』77, 1987.

문금현,「현대국어 신어(新語)의 유형 분류 및 생성 원리」,『국어학』33, 국어학회, 1999, 295-325면.

박선옥,「축약에 의해 생성된 줄임말의 구조 분석-2014년 신어를 대상으로」,『漢城語文學』34, 한성대학교 한성어문학회, 2015, 59-80면.

박정구,「중국어 허화의 원리와 조건」,『중국 언어 연구』10, 2000.

박흥수·김영희,「준접사의 조어 특성에 관하여」,『언어와 언어학』48, 한국외국어대학교 언어연구소, 2010, 27-45면.

박흥수·진윤영,「신생 준접사의 생성원인 및 조어 특징」,『중국학보』73, 한국중국학회, 2015, 3-21면.

서사명,「한·중 신어의 대비연구」, 석사학위논문, 연변대학교, 2009.

송철의,『국어의 파생어형성 연구』, 태학사, 2008.

양명희·박미은,「형식 삭감과 단어형성법」,『우리말 글』64, 우리말글학회, 2015, 1-25면.

왕염,「한·중 신어에 사용된 명사 파생 접미사의 비교 연구: 한자어·외래어 접미사를 중심으로」, 석사학위논문, 아주대학교, 2011.

유영식,「중한신조어 대비연구: 1994년-2010년」, 박사학위논문, 계명대학교, 2013.

이가익,「한·중 신어에 대한 대조 연구」, 석사학위논문, 서울시립대학교, 2016.

이광호,「국어 파생 접사의 생산성에 대한 계량적 연구」, 박사학위논문, 서울대학교, 2007.

이영제,「한국어의 두음어화 연구-통사적 구성의 두음어화를 중심으로」,『한국어학』69, 한국어학회, 2015, 165-198면.

이익섭·채완,『국어문법론 강의』, 學硏社, 2000.

이주영,「한국어 신어 형성 유형 연구」, 석사학위논문, 경희대학교, 2015.

이주영·김정남,「형태 축소를 통한 한국어 신어 형성 연구: 문자화된 구어 자료를 중심으로」,『형태론』16, 2014, 46-66면.

이찬영,「혼성어 형성에 대한 인지적 고찰」,『형태론』18-1, 2016, 1-27면.

이현미, 「國語合成名詞에 관한 硏究: 意味 類型을 중심으로」, 석사학위논문, 전남대학교, 1995.

이호승, 「절단어와 혼성어에 관련된 몇 문제」, 『개신어문연구』 33, 개신어문학회, 2011, 79-103면.

임지룡, 「혼성어의 인지적 의미분석」, 『언어과학연구』 13, 1996, 191-214면.

전명미 · 최동주, 「신어의 단어 형성법 연구」, 『韓民族語文學』 50, 한민족어문학회, 2007, 37-70면.

전명미 · 최동주, 「신어의 단어 형성법 연구: 2002 · 2003 · 2004 신어를 대상으로」, 『韓民族語文學』 50, 한민족어문학회, 2007, 37-70면.

정한데로, 「임시어의 형성과 등재-"통사론적 구성의 단어화"를 중심으로」, 『한국어학』 52, 한국어학회, 2011, 211-241면.

채현식, 『유추에 의한 복합명사 형성 연구』, 태학사, 2003.

허웅, 『우리 옛말본』, 샘문화사, 1975.

허철구 · 김명광 · 조지연 · 한명주 · 정한데로, 『단어와 어휘부』, 역락, 2014.

황진영, 「현대국어 혼성어 연구-단어형성적 측면을 중심으로」, 석사학위논문, 연세대학교, 2009.

[외국]

符淮靑, 『現代漢語詞匯』, 北京大學出版社, 2014.

郭良夫, 「現代漢語的前綴和后綴」, 『中國語文』 4, 1983.

侯敏 · 周荐, 『2007 漢語新詞語』, 商務印書館, 2008.

侯敏 · 周荐, 『2008 漢語新詞語』, 商務印書館, 2009.

侯敏 · 鄒煜, 『2012 漢語新詞語』, 商務印書館, 2013.

侯敏 · 鄒煜, 『2013 漢語新詞語』, 商務印書館, 2014.

康軍帥, 「当代漢語新詞族硏究」, 博士學位論文, 中央民族大學, 2012.

劉叔新, 『漢語描寫詞匯學』, 商務印書館, 2005.

劉月華 · 潘文娛 · 故韡, 『實用現代漢語語法』, 商務印書館, 2004.

呂叔湘,『漢語語法分析問題』, 商務印書館, 1979.

馬慶株,「著名中年語言學家自選集·馬慶株卷－現代漢語詞綴的性質, 范圍和分類」, 安徽教育出版社, 2002, pp.69-70.

沈光浩,「現代漢語類詞綴的界定標准与范圍」,『河北師范大學學報』3, 渤海大學文學院, 2011.

王鐵昆,「十年來的漢語新詞語研究」,『語文建設』4, 1991, pp.9-13.

王鐵昆,「新詞語的判定標准与新詞語詞典編纂的塬則」,『語言文字應用』4, 1992, pp.14-20.

尹海良,「現代漢語類詞綴研究」, 博士學位論文, 山東大學, 2007.

俞永植,「中韓新詞語的對比研究(1994年-2010年)」, 博士學位論文, 中國社會科學院研究生院, 2013.

張斌,『新編現代漢語』, 上海復旦大學出版社, 2002.

趙艷平,「現代漢語詞綴研究」, 博士學位論文, 河北大學, 2014.

周荐,『漢語詞匯結构論』, 人民教育出版社, 2015.

朱彥,「創造性類推构詞中詞語模式的范疇擴展」,『中國語文』2, 北京大學中文系, 2010.

周荐,『2006 漢語新詞語』, 商務印書館, 2007.

Haspelmath, M.,『Understanding Morphology』, Oxford University Press, 2002.

[사전]

中國社會科學院語言研究所詞典編輯室編,『現代漢語詞典』, 商務印書館(修訂本), 1998.

생산성 16, 30, 58, 96, 99, 100, 103, 106, 107, 109, 113, 115-117, 119, 121, 126-128, 130, 132-134, 139, 142, 149, 157-160, 162, 165-167, 169, 170, 172, 174, 177-179, 181, 188, 202, 210, 211, 218, 227, 229, 235, 238, 243, 249, 281, 284, 285, 298, 313, 314, 318, 330, 396

생성 18, 19, 21, 25, 32, 35, 36, 45, 46, 48, 49, 51, 78, 80-82, 385, 387-389, 395, 396

신어 15-17, 19-25, 27-43, 45-49, 51, 53, 61, 68, 69, 78, 80, 81, 85, 86, 89, 106, 109, 121, 139, 148, 149, 160, 209, 210, 212, 214, 224, 225, 237, 245, 247-249, 254, 257, 260, 270, 279, 280, 284, 285, 291, 292, 296, 297, 304, 307, 308, 325, 335-337, 340, 341, 352, 357, 365, 366, 369, 373, 374, 376, 378, 381-383, 385-389, 393-395, 397

신어 조사 보고서 16, 395

ㅇ

양상 16, 22-25, 86, 111, 210, 211, 234, 284, 297, 335, 353, 366, 367, 374

어근 18, 20

어미 18

어원별 특징 25, 31, 81, 387

어휘화 299

연어관계 306

연어적 혼성어 24, 306-320, 326, 327, 329-332, 337

외래어 16, 18

외래어 어근 39

유정명사 241, 257

유추 18-20, 22, 25, 35, 40, 45, 51-54, 57-60, 78, 80-82, 102, 113, 346, 385, 387-389, 395

음성적 유사성 20, 22, 51-60, 78, 80, 82, 386, 388, 389

음운 추가 74, 75, 80, 83, 388, 389

음운 축약 22, 23, 67, 69

음운 탈락 20, 22, 67-72, 79, 82, 388, 389

음절 18

음절 추가 74, 75, 80, 83, 388, 389

음절 축약 23

음절 탈락 20, 22, 67-72, 79, 82, 388, 389

의미관계 20, 23, 92, 94, 95

의미구조 100, 104, 115, 119, 165-167, 201

의미유형 20, 92, 106-108, 111-115, 119, 121-125, 127-130, 132, 133, 135, 155, 172, 174, 188-193, 195, 198, 202, 203, 306, 386

의미적 유사성 20, 22, 52-54, 56, 58-60, 79, 80, 82, 388, 389

의존명사 88, 111

이의 18, 19, 25, 35, 40, 45, 75-78, 80, 81, 83, 385, 387-389, 395

여익현(呂翌炫) lyx_1130@126.com

중국 산동성 쯔보시 출생
가천대학교 한국어문학 학사, 가천대학교 국어학 문학석사, 가천대학교 국어학 문학박사
현 중국 산동대외무역직업대학 한국어학과 전임강사
형태론이 주전공이고, 문법 교육 및 외국어로서의 한국어 교육도 함께 연구하고 있다.

주요논저
「중·한 신어의 대조-유추를 중심으로」(2020)
「韓國高校學生國際視野培養路徑硏究」(2020)
『韓國國情』(2021)

한 · 중 신어의 대조 연구

초판 1쇄 인쇄 2021년 7월 20일
초판 1쇄 발행 2021년 7월 30일

지은이 여익현(呂翌炫)
펴낸이 이대현
책임편집 강윤경 | **편집** 이태곤 권분옥 문선희 임애정
디자인 안혜진 최선주 이경진 | **마케팅** 박태훈 안현진
펴낸곳 도서출판 역락 | **등록** 1999년 4월 19일 제303-2002-000014호
주소 서울시 서초구 동광로46길 6-6 문창빌딩 2층(우06589)
전화 02-3409-2060(편집부), 2058(영업부) | **팩스** 02-3409-2059
전자우편 youkrack@hanmail.net | **홈페이지** www.youkrackbooks.com

ISBN 979-11-6742-036-7 93710